THE STATUS OF INTERNATIONAL LABOR DIVISION OF CHINA'S MANUFACTURING

河南大学经济学学术文库

中国制造业的国际分工地位

——增加值角度下的垂直专业化

张咏华 著

社会科学文献出版社
SOCIAL SCIENCES ACADEMIC PRESS (CHINA)

总序

　　河南大学经济学科自 1927 年诞生以来，至今已有近 90 年的历史了。一代一代的经济学人在此耕耘、收获。中共早期领导人之一的罗章龙、著名经济学家关梦觉等都在此留下了足迹。

　　新中国成立前夕，曾留学日本的著名老一辈《资本论》研究专家周守正教授从香港辗转来到河南大学，成为新中国河南大学经济学科发展的奠基人。1978 年我国恢复研究生培养制度以后，周先生率先在政治经济学专业招收、培养硕士研究生，并于 1981 年获得首批该专业的硕士学位授予权。1979 年，河南大学成立了全国第一个专门的《资本论》研究室。1985 年以后，又组建了河南大学历史上的第一个经济研究所，相继恢复和组建了财经系、经济系、贸易系和改革与发展研究院，并在此基础上成立了经济学院。目前，学院已发展成拥有 6 个本科专业、3 个一级学科及 18 个二级学科硕士学位授权点、1 个一级学科及 12 个二级学科博士学位授权点、2 个博士后流动站、2 个一级省重点学科点、3000 多名师生规模的教学研究机构。30 多年中，河南大学经济学院培养了大批本科生和硕士、博士研究生，并且为政府、企业和社会培训了大批专门人才。他们分布在全国各地，服务于大学、企业、政府等各种各样的机构，为国家的经济发展、社会进步、学术繁荣做出了或正在做出自己的贡献，其中也不乏造诣颇深的经济学家。

　　在培养和输出大量人才的同时，河南大学经济学科自身也造就了一支日益成熟、规模超过 120 人的学术队伍。近年来，60 岁左右的老一代学术带头人以其功力、洞察力、影响力，正发挥着越来越大的引领和示范作

1

用；一批 50 岁左右的学者凭借其扎实的学术功底和丰厚的知识积累，已进入著述的高峰期；一批 40 岁左右的学者以其良好的现代经济学素养，开始脱颖而出，显现领导学术潮流的志向和实力；更有一大批 30 岁左右受过系统经济学教育的年轻人正蓄势待发，不少已崭露头角，初步展现了河南大学经济学科的巨大潜力和光辉未来。

我们有理由相信河南大学经济学科的明天会更好，经过数年的积累和凝练，它已拥有了支撑自己持续前进的内生动力。这种内生动力的源泉有二：一是确立了崇尚学术、尊重学人、多元发展、合作共赢的理念，营造了良好的学术氛围；二是形成了问题导向、服务社会的学术研究新方法，并据此与政府部门共建了中原发展研究院这一智库型研究平台，获批了新型城镇化与中原经济区建设河南省协同创新中心。学术研究越来越得到社会的认同和支持，也对社会进步产生了越来越大的影响力和推动力。

河南大学经济学科组织出版相关学术著作始自世纪交替的 2000 年前后，时任经济学院院长许兴亚教授主持编辑出版了数十本学术专著，在国内学术界产生了一定的影响，也对河南大学经济学科的发展起到了促进作用。

为了进一步展示河南大学经济学院经济学科各层次、各领域学者的研究成果，更为了能够使这些成果与更多的读者见面，以便有机会得到读者尤其是同行专家的批评，促进河南大学经济学学术研究水平的不断提升，为繁荣和发展中国的经济学理论、推动中国经济发展和社会进步做出更多的贡献，我们从 2004 年开始组织出版"河南大学经济学学术文库"。每年选择若干种河南大学经济学院在编教师的精品著述资助出版，也选入少量国内外访问学者、客座教授及在站博士后研究人员的相关著述。该文库分批分年度连续出版，至今已持续 10 年之久，出版著作总数多达几十种。

感谢曾任社会科学文献出版社总编辑的邹东涛教授，是他对经济学学术事业满腔热情的支持和高效率工作，使本套丛书的出版计划得以尽快达成并付诸实施，也感谢社会科学文献出版社具体组织编辑这套丛书的相关负责人及各位编辑为本丛书的出版付出的辛劳。还要感谢曾经具体负责组织和仍在组织本丛书著作遴选和出版联络工作的时任河南大学经济学院副院长刘东勋教授和现任副院长高保中教授，他们以严谨的科学精神和不辞劳苦的工作，回报了同志们对他们的信任。最后，要感谢现任河南大学经济学院院长宋丙涛教授，他崇尚学术的精神和对河南大学经济学术事业的执着，以及对我本人的信任，使得"河南大学经济学学术文库"得以继续编撰出版。

　　分年度出版"河南大学经济学学术文库"，虽然在十几年的实践中积累了一些经验，但由于学科不断横向拓展、学术前沿不断延伸，加之队伍不断扩大、情况日益复杂，如何公平和科学地选择著述品种，从而保证著述的质量，需要在实践中不断探索。此外，由于选编机制的不完善和作者水平的限制，选入丛书的著述难免会存在种种问题，恳请广大读者及同行专家批评指正。

耿明斋

　　2004 年 10 月 5 日第一稿，2007 年 12 月 10 日修订稿，2014 年 6 月 21 日第三次修订

摘　要

当前，全球生产共享将世界各国联系起来，形成一个庞大的国际垂直专业化分工体系，在这个体系中各国所处的生产环节、扮演的角色和地位是不同的，本书从增加值这一新的视角探讨和分析中国制造业的国际分工地位问题。

随着中国融入国际垂直专业化分工体系的程度不断加深，中国制造业出口增长迅速，并具有明显的垂直专业化特征，即出口中包含大量他国创造的价值。在这种情况下，传统的衡量国际分工地位的指标在分析新形势下的国际分工地位时不免出现偏颇。如何正确看待中国制造业的出口规模、合理审视中国制造业的国际分工地位，成为当前的重要课题。本书从增加值角度，在一般均衡框架下，通过对"价值流"的衡量和分析，重新审视了中国制造业在国际垂直专业化分工体系中的地位。本书的结构安排与主要内容如下。

第一章为导论，阐述了本书的研究背景和意义，对国际垂直专业化分工体系中分工地位的相关研究文献做了综述，介绍了本书的研究思路和方法、创新和不足，并对书中所用数据做了说明。

第二章为理论基础。阐释了垂直专业化分工的基础和动因，并构建了一个两个国家、两种要素、两种商品的一般均衡分析框架，用以分析垂直专业化分工、贸易和增加值的变动。理论分析表明，要素禀赋差异仍然是垂直专业化分工的基础，资本丰裕的国家会专业化从事资本密集型环节的生产，而劳动丰裕的国家则会进口资本密集型环节中间品，从事加工组装这种劳动密集型生产环节，出口最终产品。最终产品价格的上升会使劳动密集型国家的增加值在产品价值中的比重降低，从而使在国际垂直专业化分工体系中从事下游环节的国家处于不利地位。

第三章分析了中国制造业参与国际垂直专业化分工的基础和条件。这一部分对应于第二章垂直专业化分工动因的理论分析，从要素禀赋、技术和规模经济、制度和交易成本几个方面考察了中国制造业参与国际垂直专业化分工的基础。研究表明，劳动力成本优势、产业聚集、关税的降低和政策优惠措施对中国制造业融入国际垂直专业化分工体系起到了极大的促进作用。

第四章测度了中国制造业参与国际垂直专业化分工的程度及其在国际垂直专业化分工体系中的位置。中国制造业参与国际垂直专业化分工的程度在逐步提高，并具有明显的高技术特征。中国制造业在国际垂直专业化分工体系中的位置是通过勾勒中国制造业参与的国际垂直专业化分工链条和勾画制造业国际垂直专业化分工网络来反映的。研究发现，第一，中国制造业参与的国际垂直专业化分工链条有从"三角模式"向"欧美－中国－欧美"模式转变的态势；第二，国际垂直专业化分工网络具有明显的区块特征，各区块间通过主要国家/地区的联系而连接，该网络是动态演变的，在其演变过程中，中国的角色越来越重要；第三，在国际垂直专业化分工体系中，具有影响力的中国制造业行业主要包括焦炭、石油炼制和核燃料行业，化学和化工产品行业，橡胶和塑料行业以及电子和光学设备行业；第四，全球金融危机影响了制造业国际垂直专业化分工网络的布局，可能会引起全球分工格局的调整。

第五章对中国制造业在国际垂直专业化分工体系中的地位做了实证研究。此部分的研究基于"价值流"的视角，从价值流出和价值流入两个角度做了考察，具体包括以下三个方面的分析。第一，从增加值贸易角度重新对中国制造业的出口规模进行了评估，发现用增加值贸易衡量，中国制造业的出口规模下降了，中高和高技术制造业行业尤甚，反映出中国中高和高技术制造业行业在国际垂直专业化分工体系中的地位并没有传统贸易方法衡量的那么高。第二，在对增加值贸易规模加以计算的基础上，利用 CA 指数和 CTB 指数衡量了中国制造业的国际竞争力水平，结果表明中国制造业的国际竞争力主要表现在低技术制造业行业上；尽管在不断提升，但与国际垂直专业化分工网络中其他主要国家/地区相比，中国制造业（尤其是中高和高技术制造业行业）的国际竞争力水平并不高，进一步验证了中国制造业国际分工地位并不高的事实。第三，利用全球价值链收入这一指标，分析了中国制造业在国际垂直专业化分工体系中的要素收益。从总额上看，中国制造业在国际垂直专业化分工体系中的获益不断增加且占全球整体的份额也在扩大，已能够和德国、美国等发达国家的制造业相提并论。然而，从人均获益的角度看，中国制造业在国际垂直专业化分工体系中的获益水平不论是在总体上还是在分技术类别上均是最低的，反映出中国制造业在全球价值链上的获益是依赖于高投入而得到的，实际分工地位并不高。

第六章给出了全书的主要结论和政策建议。纵览全书，可以发现，中国制造业在国际垂直专业化分工体系中的地位在提升，但是和其他经济体相比国际分工地位并不高。全球金融危机后，面临潜在的国际分工格局新调整，中国制造业要提高国际分工地位，只有向国际分工体系的价值链高端环节攀升。

Abstract

Nowadays, countries in the world are linked by the global production sharing and integrated into a huge international vertical specialization system. In this system, different country are in different location, playing different roles and having different status. From the perspective of value added, which is a new angle, the author analyzes the status of international labor division of China's manufacturing.

The export of China's manufacturing grows rapidly with China deeply integrating into the international vertical specialization division system. But the exported goods contain much value created by other countries, which means that China's export has the characteristics of vertical specialization. Under such circumstances, the traditional measures of international division of labor lose its generality. How to correctly measure China's export scale and reasonably judge China's status in the international division of labor are currently important topics. Under the general equilibrium framework, based on the measurement and analysis of "value stream", the author analyzes the international labor division status of China's manufacturing in the international vertical specialization division system. The structures and contents of this book are as follows.

Chapter 1 introduces the research backgrounds and significances, related researches, research perspectives, framework and methods, major innovations and some directions for further research of this book. Also the author explaines the data used in this book.

Chapter 2 shows the theoretical basis. In this part, the author introduces the basis and motivations of vertical specialization, and builds a general equilibrium analysis framework of two countries, two goods and two factors to analyze the changes of labor division, trade and value added. Theoretical analysis shows that the differences of factor endowments are still the basis of vertical specialization: countries abundant in capital tend to specialize in capital-intensive production stage; countries abundant in labor tend to import the intermediates produced by capital-abundant countries, and engage in labor-intensive production stage such as processing and assembling to produce final products for export. When the price of final product rises, the value added share of labor-abundant countries will reduce, that is to say, countries engaging in production of downstream have disadvantages in the international vertical specialization division system.

Chapter 3 focuses on the basis of China's manufacturing participating in the international vertical specialization division system. In this section, the author analyzes the factors from three aspects: factor endowments, technology and economies of scale, institution and transaction costs. The results show that labor cost advantage, industry clustering, tariff reduction and preferential policies are the incentives for China's manufacturing integrating into international vertical specialization division system.

Chapter 4 is empirical analysis of the degree and the position of China's manufacturing in the international vertical specialization division system. The degree of China's manufacturing integrating into the international vertical specialization division increases rapidly, with the obvious characteristics of high technology. By outlining the chain of vertical specialization division of China's manufacturing and mapping manufacturing's international vertical specialization division network, the author analyzes the position of China's manufacturing in the international vertical specialization division system. The results show that: first, the chain has shifted from "triangle pattern" to "EU/US-China-EU/US pattern". Second, the international vertical specialization division network is made up of "blocks", and the blocks are connected by major countries or areas. The network is dynamic, in which China is more and more important. Third, there are four main sectors/industries: coke, refined petroleum and nuclear fuel, chemicals and chemical products, rubber and plastics, electrical and optical equipment, all of which have more influences than other industries in the system of international vertical specialization division. Fourthly, the global financial crisis affected the layout of international vertical specialization division network, and might lead to the adjustment of international labor division.

Chapter 5 is the empirical study on the international labor division status of China's manufacturing from the perspective of "value stream". The empirical study includes three aspects: first, the author revalues the scale of China's manufacturing exports with the method of trade in value added, and the results show that China's manufacturing export scale shrinks, especially the medium-high & high-technology manufacturing, which reflects that China's status in the international labor division of manufacturing is not so high as measured with the traditional "total export statistical method". Second, the author measures international competitiveness ot China's manufacturing with the index of CA and CBT which are calculated by using the data of trade in value added, and the results show that the international competitiveness of China's manufacturing is mainly embodied in the low technology manufacturing, the international competitiveness of China's manufacturing (especially the middle and high technology manufacturing) is rising, but is not so high compared with other major countries or area in the international vertical specialization division system, which proves the fact that the international labor division status of China's manufacturing is not high. Third, the author analyzes the factors income of China's manufacturing in the international vertical specialization division system by calculating the GVC income. The results show that China's total GVC income is increasing and can compete with developed economies such as Germany and the US, but measured with GVC income per capita, factors income of China's manufacturing, in total or every type of technologies, are the lowest compared with other major economies, which shows that China's gains in the global value chain come from the high input, so its division status is low.

The last part puts forward the main conclusions and policy recommendations. The status of China's manufacturing is rising in the international vertical specialization division system, but is still low compared with other economics. Faced with potential adjustment of international division of labor in the post-crisis era, to promote the international division of labor status of China's manufacturing, the only way is to climb up to the upstream of global value chain and grasp the key linkage in international vertical specialization division system.

目　录

第一章　导论 ·· 1

　第一节　研究背景和意义 ·· 1

　第二节　文献综述 ··· 8

　第三节　研究思路和方法及数据说明 ······························· 19

　第四节　研究创新点和不足 ·· 22

第二章　垂直专业化分工的动因与利益分配的理论分析 ··········· 25

　第一节　垂直专业化分工的基础和动因 ····························· 25

　第二节　垂直专业化的利益分配：基于增加值角度的分析 ········· 30

　第三节　小结 ··· 35

第三章　中国制造业参与国际垂直专业化分工的基础和条件 ········ 36

　第一节　要素禀赋 ··· 37

　第二节　生产能力及规模经济 ··· 49

　第三节　制度与交易成本 ·· 57

　第四节　小结 ··· 65

第四章　中国制造业融入国际垂直专业化分工体系的程度和位置 ⋯⋯ 66

　　第一节　方法和说明：投入产出模型及其应用 ⋯⋯⋯⋯⋯⋯⋯ 66

　　第二节　中国制造业参与国际垂直专业化分工的程度及

　　　　　　结构特征 ⋯⋯⋯⋯⋯⋯⋯⋯⋯⋯⋯⋯⋯⋯⋯⋯⋯⋯ 84

　　第三节　中国制造业的国际垂直专业化分工链条分析 ⋯⋯⋯⋯ 87

　　第四节　国家/地区间产业关联和垂直专业化分工网络 ⋯⋯⋯ 94

　　第五节　小结 ⋯⋯⋯⋯⋯⋯⋯⋯⋯⋯⋯⋯⋯⋯⋯⋯⋯⋯⋯⋯ 116

第五章　中国制造业在国际垂直专业化分工体系中的地位 ⋯⋯⋯ 118

　　第一节　增加值贸易与传统总量贸易分析的比较及

　　　　　　在中国的应用 ⋯⋯⋯⋯⋯⋯⋯⋯⋯⋯⋯⋯⋯⋯⋯⋯ 121

　　第二节　增加值贸易与中国制造业的国际竞争力 ⋯⋯⋯⋯⋯ 130

　　第三节　国际垂直专业化分工体系中要素收入分配与

　　　　　　中国分工地位 ⋯⋯⋯⋯⋯⋯⋯⋯⋯⋯⋯⋯⋯⋯⋯⋯ 147

　　第四节　小结 ⋯⋯⋯⋯⋯⋯⋯⋯⋯⋯⋯⋯⋯⋯⋯⋯⋯⋯⋯⋯ 161

第六章　结论和政策建议 ⋯⋯⋯⋯⋯⋯⋯⋯⋯⋯⋯⋯⋯⋯⋯⋯ 163

　　第一节　主要结论 ⋯⋯⋯⋯⋯⋯⋯⋯⋯⋯⋯⋯⋯⋯⋯⋯⋯⋯ 163

　　第二节　政策建议 ⋯⋯⋯⋯⋯⋯⋯⋯⋯⋯⋯⋯⋯⋯⋯⋯⋯⋯ 166

参考文献 ⋯⋯⋯⋯⋯⋯⋯⋯⋯⋯⋯⋯⋯⋯⋯⋯⋯⋯⋯⋯⋯⋯ 171

附　录 ⋯⋯⋯⋯⋯⋯⋯⋯⋯⋯⋯⋯⋯⋯⋯⋯⋯⋯⋯⋯⋯⋯⋯ 186

图目录

图 1-1　垂直一体化示意 ……………………………………………… 3

图 1-2　垂直专业化示意 ……………………………………………… 3

图 1-3　垂直专业化概念的图解（3 个国家的例子） ……………… 9

图 2-1　封闭条件下的生产均衡 …………………………………… 26

图 2-2　要素禀赋与产品内分工 …………………………………… 26

图 2-3　规模经济与产品内分工 …………………………………… 28

图 2-4　单位成本及变化 …………………………………………… 32

图 3-1　1995～2009 年单位劳动成本国际比较：制造业总体 …… 38

图 3-2　1995～2009 年单位劳动成本国际比较：低技术制造业行业 … 38

图 3-3　1995～2009 年单位劳动成本国际比较：

　　　　中低技术制造业行业 …………………………………… 39

图 3-4　1995～2009 年单位劳动成本国际比较：

　　　　中高和高技术制造业行业 …………………………………… 39

图 3-5　1995～2009 年投资率国际比较：制造业总体 …………… 42

图 3-6　1995～2009 年投资率国际比较：低技术制造业行业 ……… 42

图 3-7　1995～2009 年投资率国际比较：中低技术制造业行业 …… 42

图 3-8　1995～2009 年投资率国际比较：中高和高技术制造业行业 … 43

图 3 - 9　　1995～2009 年专业化指数国际比较：制造业总体 …………… 51

图 3 - 10　 1995～2009 年专业化指数国际比较：低技术制造业行业 …… 52

图 3 - 11　 1995～2009 年专业化指数国际比较：

　　　　　　中低技术制造业行业 ……………………………………… 52

图 3 - 12　 1995～2009 年专业化指数国际比较：

　　　　　　中高和高技术制造业行业 ……………………………… 52

图 3 - 13　 1995～2011 年外商投资企业数及投资额变化 ……………… 62

图 3 - 14　 港口集装箱运输量的国际比较：2000 年和 2008 年 ……… 65

图 4 - 1　　钢（生产）对电力的直接消耗和间接消耗 ……………… 74

图 4 - 2　　制造业垂直专业化分工网络：1995 年和 2009 年对比 ……… 109

图 4 - 3　　1997～2008 年制造业国际垂直专业化分工网络的

　　　　　　主要形式 ……………………………………………………… 112

图 4 - 4　　2007～2009 年中国大陆制造业主导行业的价值链 ………… 115

图 5 - 1　　1995～2009 年中国制造业的出口规模 ……………………… 119

图 5 - 2　　1995～2009 年中国制造业出口的国际市场占有率 ………… 119

图 5 - 3　　1995～2009 年中国低技术制造业行业出口规模：

　　　　　　两种方法的比较 ……………………………………………… 127

图 5 - 4　　1995～2009 年中国中低技术制造业行业出口规模：

　　　　　　两种方法的比较 ……………………………………………… 128

图 5 - 5　　1995～2009 年中国中高和高技术制造业行业出口规模：

　　　　　　两种方法的比较 ……………………………………………… 128

图 5 - 6　　传统方法统计的 1995～2009 年中国制造业出口结构 ……… 129

图 5 - 7　　增加值方法统计的 1995～2009 年中国制造业出口结构 …… 129

图 5 - 8　　基于增加值贸易数据计算的 1995～2009 年中国制造业

　　　　　　国际竞争力（CA） ……………………………………… 135

图 5 - 9　　基于增加值贸易数据计算的 1995～2009 年中国制造业

　　　　　　国际竞争力（CTB） …………………………………… 135

图 5 - 10 1995~2009 年制造业总体国际竞争力：
          国际比较（*CA*） …………………………………………… 137

图 5 - 11 1995~2009 年制造业总体国际竞争力：
          国际比较（*CTB*） ………………………………………… 137

图 5 - 12 1995~2009 年低技术制造业行业国际竞争力：
          国际比较（*CA*） …………………………………………… 138

图 5 - 13 1995~2009 年低技术制造业行业国际竞争力：
          国际比较（*CTB*） ………………………………………… 138

图 5 - 14 1995~2009 年中低技术制造业行业国际竞争力：
          国际比较（*CA*） …………………………………………… 139

图 5 - 15 1995~2009 年中低技术制造业行业国际竞争力：
          国际比较（*CTB*） ………………………………………… 139

图 5 - 16 1995~2009 年中高和高技术制造业行业国际竞争力：
          国际比较（*CA*） …………………………………………… 140

图 5 - 17 1995~2009 年中高和高技术制造业行业国际竞争力：
          国际比较（*CTB*） ………………………………………… 140

图 5 - 18 1995~2009 年全球价值链总收入中各经济体份额 ………… 151

图 5 - 19 2009 年全球价值链总收入中各经济体的份额 ……………… 152

图 5 - 20 1995~2009 年全球价值链人均收入的国际比较：
          制造业总体 …………………………………………………… 155

图 5 - 21 1995~2009 年全球价值链人均收入的国际比较：
          低技术制造业行业 …………………………………………… 155

图 5 - 22 1995~2009 年全球价值链人均收入的国际比较：
          中低技术制造业行业 ………………………………………… 156

图 5 - 23 1995~2009 年全球价值链人均收入的国际比较：
          中高和高技术制造业行业 …………………………………… 156

表目录

表 1 – 1　世界各国的垂直专业化比率及垂直专业化对出口的贡献 ……… 4

表 1 – 2　离岸外包率最高的 5 个行业及其离岸外包率 ……………… 5

表 3 – 1　1995～2009 年中国资本积累水平 ……………………… 41

表 3 – 2　1995～2009 年用于教育的公共支出占 GDP 的比重：
国际比较 ……………………………………………… 44

表 3 – 3　2003～2011 年中国制造业 R&D 经费支出占行业
GDP 的比重 ………………………………………… 45

表 3 – 4　1996～2009 年的科技投入力度：国际比较 ………… 47

表 3 – 5　2011 年世界部分国家高技术产业 R&D 经费占工业
总产值比重 ………………………………………… 48

表 3 – 6　1995～2009 年中国制造业生产的专业化程度 ……… 50

表 3 – 7　2002～2008 年中国制造业行业的聚集度 …………… 55

表 3 – 8　1992～2011 年中国的平均关税水平 ………………… 58

表 3 – 9　2000～2006 年中国工业品的平均关税水平（HS 二分位） … 59

表 3 – 10　外商投资企业和外国企业税收优惠一览 …………… 61

表 3 – 11　1995～2008 年外商投资企业和加工贸易的出口占比 ……… 62

表 3 – 12　1995～2009 年中国的货物运输周转量 …………… 64

表 4 - 1　竞争型投入产出表 ·················· 68

表 4 - 2　非竞争型投入产出表 ·············· 69

表 4 - 3　国际投入产出表 ···················· 76

表 4 - 4　1995～2009 年中国制造业的垂直专业化比率：分行业 ······· 85

表 4 - 5　1995～2009 年中国制造业的垂直专业化比率：
　　　　分技术类别 ···························· 87

表 4 - 6　1995～2009 年中国制造业对外贸易的中间品占比：
　　　　总体分析 ······························ 88

表 4 - 7　1995～2009 年中国（大陆）制造业对外贸易的中间品占比：
　　　　区域分析 ······························ 89

表 4 - 8　中国大陆典型制造业行业的垂直专业化比率：
　　　　进口来源分解 ······················ 91

表 4 - 9　中国大陆典型制造业行业的垂直专业化比率：
　　　　出口方向分解 ······················ 93

表 4 - 10　1995～2009 年中国大陆制造业总体与世界各主要
　　　　经济体的关联度 ···················· 99

表 4 - 11　1995～2009 年中国大陆各制造业行业的世界关联度 ······· 101

表 4 - 12　1995～2009 年中国大陆制造业主导行业主要关联
　　　　国家/地区的变化 ················· 104

表 4 - 13　2009 年中国大陆制造业主导行业和主要关联
　　　　国家/地区行业间的平均产业链长度 ················· 105

表 4 - 14　1995 年制造业总体国家/地区间关联 ··············· 110

表 4 - 15　1995 年制造业总体国家/地区间平均产业链长度 ············ 111

表 5 - 1　2009 年中国和 G7 国家及韩国制造业出口的国际
　　　　市场占有率比较 ················· 120

表 5 - 2　1995～2009 年世界和中国的制造业出口：两种统计
　　　　方法的对比 ······················ 123

表 5 - 3 1995~2009 年中国制造业的出口规模：
两种方法的比较 …………………………………………… 125

表 5 - 4 1995~2009 年按技术类别区分的中国制造业出口结构：
两种方法的比较 …………………………………………… 126

表 5 - 5 基于两种不同贸易统计数据的
中国制造业国际竞争力指标 …………………………… 133

表 5 - 6 1995~2009 年中国行业 10 和行业 14 的增加值出口 ………… 144

表 5 - 7 1995~2009 年橡胶和塑料行业国际竞争力的国际比较 …… 145

表 5 - 8 1995~2011 年中国电子与光学设备行业部分产品产量 …… 146

表 5 - 9 1995~2009 年电子与光学设备行业国际竞争力的
国际比较 …………………………………………………… 147

表 5 - 10 1995~2009 年中国制造业的全球价值链收入及结构 ……… 149

表 5 - 11 1995~2009 年中国制造业全球价值链收入占全球
总收入的份额 …………………………………………… 150

表 5 - 12 1995~2009 年中国制造业的全球价值链人均收入水平 …… 153

表 5 - 13 2009 年制造业各行业人均收入的国际比较 ……………… 153

表 5 - 14 1995~2009 年行业 10、行业 14 全球价值链人均
收入的国际比较 ………………………………………… 160

第一章　导论

自改革开放以来，顺应经济全球化的趋势，从"复关"到"入世"，中国积极融入全球化进程。如今，中国经济已经全面融入世界经济体系和国际分工中，面对全球范围内资源和市场竞争的挑战，中国制造业在国际市场上崭露头角，出口规模迅速扩张：出口额从 1984 年的 249 亿美元增长到 2011 年的 18984 亿美元，年均增长速度接近同期世界出口总额年均增速的两倍[①]，显示出中国制造业的强大实力。然而，对于这种"量"的扩张是否伴随着"质"的提升，出口的扩张是否意味着中国制造业在当今的国际分工中已处于较高的地位，尚待探究。本书将从增加值视角出发对"世界制造"中中国制造业的国际分工地位做出分析和阐述。

本章首先介绍本书的研究背景和意义，其次提出本书的研究思路、框架结构并对主要数据进行说明，最后指出本书的创新点和不足。

第一节　研究背景和意义

一　研究背景

随着国际分工的深化和发展，经济全球化已经深入产品生产领域的每一个环节，"世界制造"（made in the world）成为生产全球化的典型写照。

---

① 数据来自联合国 COMTRADE 数据库，世界出口总额为加总的各国出口额。经笔者计算，1984～2011 年中国出口额增长速度年均为 17.4%，世界出口总额的年均增长速度为 8.8%。

以美国波音 787 的生产为例，完成一架波音 787 的制造，至少有 7 个国家参与，它们各自生产不同的部件或负责不同的生产环节（IDE – JETRO，2011）。改革开放后，随着融入世界经济的程度加深，中国制造业发展迅速，"中国制造"（made in China）逐渐受到世界市场的认可，但是从玩具娃娃到手机等很多"中国制造"产品并非完全由中国制造的。事实上，随着国际分工深入产品生产环节，"中国制造"仅仅是"世界制造"的一个或多个环节而已。

至今，国际分工的演变经历了两次空间分离：第一次是工业革命使得工厂和消费者分离；第二次是当前全球化过程中生产阶段在国家间的分离。第一次分离是由伴随着蒸汽机的改良而出现的运输技术革命引发和推动的。在第二次分离中，商品和人员的流动起了重要作用，但是其"触发器"（trigger）是信息和通信技术革命，这次革命大大降低了远距离组织复杂经济行为的成本。20 世纪 80 年代中期至 90 年代末，互联网的出现和快速发展、电话的普及，使得远距离通信可以快速、便宜地实现。廉价、可靠的电子通信技术和高容量计算能力的实现改善了信息管理方法、改变了团队工作的跨空间组织方式，使得原来必须在足够近的距离布局以方便协调的生产阶段可以远距离分布和执行，而不会降低效率或浪费时间。一方面，信息传播和信息处理效率的提高，使得技术扩散、外溢和模仿加快，产品生命周期缩短。为维持在市场上的竞争优势，很多公司不得不专注于生产过程中的优势环节，而将其他环节"承包"出去。另一方面，运输和信息交流成本的下降，使得这些公司可以在全球范围内寻找"承包商"，"承包"得以较容易地实现。另外，在制度层面，全球范围内关税水平的降低和多边贸易协定的制定也极大地推动了国际贸易的发展，如计算机、半导体等中间品贸易及供应链在地理方向上的分割就得益于 WTO《信息技术协定》（ITA）的签订。这些因素均推动了生产模块化和网络化的发展，从而，在全球范围内，生产过程的垂直分割越来越普遍，产品生产过程的不同阶段分布到多个国家进行。

图 1 - 1 和图 1 - 2 分别是垂直一体化和垂直专业化的示意图。前者通过兼并或收购上游的供应商或下游的销售商而将上游或下游环节控制在公司内部；后者则是前者的反过程和细化过程，不再将上下游环节控制在公司内部，而是通过一系列的分割将上游、下游，甚至原企业（公司）内部

过程分散到其他国家。因此，垂直专业化至少要有三个国家参与，其中至少要有两个国家参与到价值增值过程，而且，至少要有一个国家在生产过程中进口中间投入品，出口部分或全部产成品。

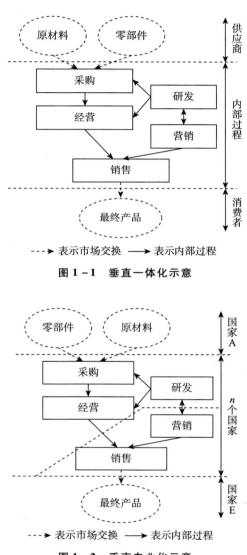

图1-1　垂直一体化示意

图1-2　垂直专业化示意

目前，垂直专业化已经成为国际贸易蓬勃发展的重要力量，根据WTO发布的《2008年世界贸易报告》知，1995～2008年，在所分析的28个国家中，除英国外，所有国家的垂直专业化比率均有不同程度的增长，且垂直专业化平均解释了一半以上的出口（出口占 GDP 的比重）增长，其中垂直专业化对中国出口占 GDP 比重的贡献为 42.7%（见表 1－1）。从具体的制造业行业和部门看，垂直专业化一般出现在高技术行业，以离岸外包率反映垂直分割的程度，前五名行业依次为：办公、会计和计算机设备行业，广播、电视和通信设备行业，医药、精密光学仪器行业，电子机械和设备行业以及化学和制药行业，这五个行业的离岸外包率均超过 25%，且在 1995～2000 年均有所增加（见表 1－2）。

表 1－1　世界各国的垂直专业化比率及垂直专业化对出口的贡献

单位：%

国家	VSS		出口占GDP比重的变化率	VS 对出口占 GDP 比重的贡献	国家	VSS		出口占GDP比重的变化率	VS 对出口占 GDP 比重的贡献
	1995 年	2000 年				1995 年	2000 年		
匈牙利	52.3	65.0	9.7	146.5	德国	23.0	29.9	9.9	53.1
捷克	41.8	53.0	11.1	87.5	意大利	26.2	28.7	3.3	49.7
比利时	46.9	52.7	10.7	92.6	英国	26.3	26.2	-1.7	28.8
斯洛伐克	40.6	49.6	15.9	70.0	法国	22.8	24.5	9.7	28.8
荷兰	40.6	45.6	14.4	69.9	希腊	20.7	21.7	0.8	42.0
韩国	33.0	41.5	7.9	64.3	土耳其	17.9	21.7	3.9	33.6
葡萄牙	32.2	41.2	10.0	65.0	中国	16.6	21.0	2.1	42.7
奥地利	34.6	40.3	11.8	61.8	印度尼西亚	17.2	20.6	12.9	25.2
西班牙	30.6	39.9	7.3	68.3	澳大利亚	15.7	17.4	2.6	31.3
瑞典	32.0	36.2	4.6	79.4	美国	12.3	15.1	0.6	66.8
芬兰	31.0	35.0	6.6	59.7	印度	11.8	14.9	1.6	28.9
加拿大	33.8	34.9	0.4	186.6	巴西	11.6	14.3	1.3	31.0
波兰	21.9	31.5	5.7	64.4	俄罗斯	13.2	14.3	9.0	16.6
丹麦	30.6	31.4	7.9	37.1	日本	9.5	14.0	3.5	28.6

　　数据来源：WTO，"World Trade Report 2008：Trade in Globalizing World，" http://www.wto.org/english/res_e/booksp_e/anrep_e/world_trade_report08_e.pdf，p.104。

　　注：VS 表示垂直专业化，VSS 表示垂直专业化比率。

表 1 - 2　离岸外包率最高的 5 个行业及其离岸外包率

单位：%

年份	OACM	RTCE	MPOI	EMA	CP
1995	38. 0	27. 8	26. 1	25. 3	28. 3
2000	45. 6	35. 8	32. 9	31. 1	30. 1

注：OACM 表示办公、会计和计算设备行业，RTCE 表示广播、电视及通信设备行业，MPOI 表示医药、精密光学仪器行业，EMA 表示电子机械和设备行业，CP 表示化学和制药行业。

数据来源：WTO，"World Trade Report 2008：Trade in Globalizing World，"http：//www. wto. org/english/res_e/booksp_e/anrep_e/world_trade_report08_e. pdf，p. 104。

自改革开放以来，逐步开放的贸易和投资政策推动着中国融入国际经济体系的进程，及至加入 WTO，中国制造业对外贸易开放度已经达到很高的程度（Branstetter and Lardy，2006）。加入 WTO 之后，中国政府进一步履行不断开放市场的义务，并享有了加入 WTO 带来的利益，逐步发展成为全球最开放的发展中大国。中国积极主动推动对外开放的过程恰逢第三次和第四次全球产业转移这一大好时机。其中，第三次全球产业转移始于20 世纪 70 年代后期，因两次石油危机和滞胀经济、结构性经济危机的出现，发达国家集中精力发展微电子、新能源、新材料等高附加值、低能耗的技术密集和知识密集型行业，将钢铁、造船和化工等重化工业以及汽车、家电等部分资本密集型产业转移到"亚洲四小龙"，而"亚洲四小龙"积极承接从发达国家转移出的资本密集型产业，进一步将劳动密集型产业转移到亚洲其他国家和地区如东盟、中国等。第四次全球产业转移出现在20 世纪 90 年代以后，产业的发展出现"模块化"经营和管理，产业链中的工序按照"模块"进行调整、分割，模块各自独立运行，然后按照一定的规则与标准连接成整体。模块化的生产和经营使得专业化从产品深入生产的具体环节，进一步提高了生产的效率，推动着产业的发展。比如，模块化战略对计算机的发展乃至信息产业的崛起和汽车产业的发展均曾发挥过巨大作用。随着产品生产的垂直分割和产品内分工的进一步深化，结合各国的优势，产品的不同生产模块可以在全球范围内布局，并分布到不同国家，从而某产品的生产往往成为多国共同参与的"世界性生产"，如前文所述波音 787 的制造。这样，产品的价值链将世界各国联系起来，形成包含多国的国际垂直专业化分工体系。在全球产业转移过程中，中国制造逐步由承接产业转移向承接模块生产转变，积极融入"世界制造"中，逐步发展成为国际垂直专业化分工体系中的重要一环。目前，中国已经成为全球贸易体系中重要的一部分。

一方面，中国融入国际垂直专业化分工体系影响着全球贸易体系的结构和变迁。早在中国加入 WTO 之初，就有学者对中国的全球经济影响做过分析，如 Eichengreen 和 Hatase（2005）就认为，中国经济在 20 世纪 80～90 年代基本上以年均 10% 的速度增长，而该增长主要来源于现代工业，尤其是出口导向型部门平均每年带动了 2000 万人从农业转移到工业部门就业，相当于每年向世界经济增加一个中型工业国家产生的冲击。另一方面，中国在融入国际垂直专业化分工体系的过程中也不断推进着产业结构升级。至今，伴随着全球产业转移，中国产业结构升级大体经历了四个阶段：从劳动密集型的纺织化纤业，到资本密集型的钢铁、造船、石油炼化行业，再到资本和技术密集型的汽车、机械、电器制造业，及至目前技术密集型的微电子和信息技术制造业。产业结构的升级和融入国际垂直专业化分工体系是相辅相成、相互推进的。

尽管中国整体产业结构在不断升级，但是细化到具体模块，中国参与国际垂直专业化分工仍主要在低附加值环节。一国在国际垂直专业化分工体系中的地位，决定了其在国际垂直专业化分工体系中的获益水平。据 2007 年《纽约时报》的报道，以 30GB 的 iPod 的生产为例，其零售价大约为 299 美元，其中最贵的零部件是硬盘，由东芝制造，价格大约为 73 美元；之后是显示器（价格大约为 20 美元）、视频/多媒体处理器芯片（价格大约为 8 美元）、控制器芯片（价格大约为 5 美元）；而中国完成最后的组装程序，仅赚取其中的 4 美元（Varian，2007）。在全球价值链上，发达国家和发展中国家根据各自比较优势参与分工，并根据各自所处的价值链环节分享国际分工的利益。但是，发达国家的企业往往将一些不具备竞争力的生产环节转移出去，特别是将劳动投入较多而附加值较低的组装环节外包到劳动要素充裕的发展中国家，仅在国内保留一些关键性的零部件生产、研发和销售环节，专注于核心竞争力的提升。发展中国家的企业大多只参与生产过程的特定阶段，生产什么、生产多少、如何生产都要依靠发达国家企业的"指令"，对发达国家企业具有较高的依附性，在贸易上表现为从商品（goods）向任务（task）的转移。从而，像中国这样的发展中国家，尽管制造业出口在全球市场上占据了相当大的份额，但是由于没有掌握价值链的关键和核心环节，在全球价值链上的获益是很低的。如果不能在国际分工过程中通过有效的学习和创新来主动提升价值链层级，中国制造就可能被锁定在国际分工的低端层次，而中国则可能沦为廉价劳动力、资源品和原材料的供应基地。例如，Gaulier等（2005）就考察了东亚生产网络中的价值链分布，发现日本和新兴经济体出口附加值较高的精密零部件和资本品，由东盟和中国等发展中经济体进行再加工，并将低附加值的最终消费品出口至国际市场，分工生产的大部分利益归于前者，而后者投入大量劳动只换来很少的分工利益。反过来，通过分析一国在国际生产价值链中的获益可以判断其分工地位，如果一国在国际垂直专业化生产中获益比较低，那么可以推断该国没有控制价值链的关键环节，从而处于较低的国际分工地位。基于这种逻辑，通过分析一国在国际垂直专业化生产具体环节上的增加值，和一国在产品价值链上的获益，可以推断出该国在国际垂直专业化分工体系中的地位。

二　研究意义

中国是国际贸易体系中最大的发展中国家，世界市场上的制造业大国，对其制造业所处的国际分工地位进行科学评判是非常重要的课题。尤其是，在当今世界经济复苏缓慢、国际贸易摩擦增多的情况下，正确地审视中国制造业的国际分工地位有助于相关理论的拓展和应用，并能够为政府制定相应的产业政策和贸易政策提供有益的参考。

（一）理论意义

国内现有文献多从产业或产品角度来评判中国制造业的竞争力水平和国际分工地位，从价值增值角度和价值链环节出发展开相关分析是对现有研究的丰富和补充。一方面，以增加值取代总量贸易指标的研究方法能够较为科学地体现一国在当前全球价值链中的获益，增加值比传统的总量贸易指标更能真实反映一国在国际垂直专业化分工体系中的真实分工地位。另一方面，在国际垂直专业化分工体系中，各经济体相互关联、复杂交织，已不能照搬传统的贸易理论和分析方法来解释和分析这种新型的国际分工现象和相关问题。本书基于投入产出理论，主要利用国际投入产出表来挖掘国际垂直专业化分工体系中的重要关联，衡量价值的流动。国际投入产出表能够区分中间品进口的来源和最终品的去向，能够较为清晰地展示垂直专业化中的前后向关联，所以将投入产出技术用于国际垂直专业化分工体系的分析是比较恰当的做法。

（二）现实意义

中国制造业行业融入国际垂直专业化分工体系的程度有多深，和其他国家在国际贸易和分工上有何联系，处于何种位置和有何种地位，这样的位置和地位如何影响中国制造业在国际垂直专业化分工中的获益，中国制造业在国际垂直专业化分工体系中享有的分工利益如何合理衡量。这些问题的回答能够为正确审视中国制造业的国际分工地位提供有益的视角，从而为现阶段探寻新的经济增长点、制定恰当的产业和贸易政策提供有益的参考。

第二节　文献综述

传统国际分工理论创立至今，国际分工逐步深化，经历了产业间—产业内—产品内的过程。逐步形成不同产业之间、相同产业不同产品之间和相同产品内不同工序、不同增值环节之间多层次分工交织并存、相互融合的国际分工大格局。但其中，以生产过程的垂直分割、生产环节或阶段的全球布局为主要特征的产品内分工已经成为当今国际分工的重要形式。

一国参与国际分工的基础直接决定了该国在国际分工中的地位。根据传统的分工理论，中国制造业主要依赖于要素禀赋优势参与国际分工，从而在国际分工中处于不利的地位，但随着中国资金储备水平的提高和技术创新能力的增强，在新型国际分工中，中国的国际分工地位又是在不断变化的。本节首先介绍本书涉及的主要概念，并对中国制造业国际分工地位的实证研究、分析角度做相关综述。

一　相关概念的界定

本书从增加值角度分析中国制造业在国际垂直专业化分工体系中的地位，主要通过衡量商品流动带动的价值流动进行实证分析，在此，对分析中涉及的相关概念做阐述。

（一）垂直专业化的概念及相关界定

垂直专业化描述的是生产工序或阶段分割以及生产在全球范围内布局这种分工现象，这一概念最早是由 Balassa（1967）提出的，Findlay（1978）、Sanyal（1983）也均曾用到，但是对于这一概念更加清晰和明确的表述是由 Hummels 等（2001）完成的。他们将产品的生产看作某一顺序制造的过程，各国专业化参与生产过程的不同阶段。垂直专业化的产生必须满足三个条件：第一，产品的生产必须依次经历两个或以上阶段；第二，在该产品生产中需有两个或以上国家参与价值创造活动；第三，其中至少有一个国家在生产过程中必须使用进口的中间品作为投入，且产出中至少有一部分用于出口。Hummels 等（2001）用图形象地描述了垂直专业化的过程（见图 1－3），国家 1 生产中间品并出口到国家 2，国家 2 利用进口的中间品、国内资本和劳动及国内生产的中间品组织生产，并将部分或全部产成品出口到国家 3。

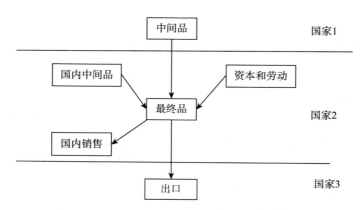

图 1－3　垂直专业化概念的图解（3 个国家的例子）

其他类似的概念还有：多阶段生产（Dixit and Grossman，1982）、国际生产分割（Jones and Kierzkowski，1990）、价值链切片（Krugman et al.，1995）、国际生产分散化（Feenstra，1998）、产品内分工（Arndt，1997，1998）、全球生产共享（Yeats，2001）、国际外包（Grossman and Helpman，2002，2005）等。这些概念尽管阐述的角度有所不同，但描述的是同一分

工现象，与垂直专业化在本质上是一致的。本书在研究中将这些概念视为同一事物，并主要使用垂直专业化这一概念进行表述。

（二）与价值流动有关的概念

本书研究国际垂直专业化分工体系中中国制造业的地位是基于增加值的，所谓增加值是指生产过程中的新增价值或者转移价值。这是一个静态的概念，然而在当今国际垂直专业化分工体系中，无论是中间品还是最终品，其贸易均很频繁，而附着在商品上的增加值会伴随商品的流动而流动。本书研究的视角从商品流动转向价值流动，用到的与价值流动相关的概念有增加值贸易和全球价值链收入。

1. 增加值贸易

增加值贸易（trade in value added）是区别于传统贸易的一个概念，计算的是一国创造却直接或间接包含于他国最终消费中的增加值（Johnson and Noguera，2012）。与之相近的一个概念是贸易中的增加值（value added in trade），计算的是贸易流量中包含的由国内生产、创造的价值。前者是从国内所创造价值的流向和使用用途考察的，后者是从产品价值来源角度考察的。

以前文所述 iPod 的生产和贸易为例，由于该产品的最后组装程序在中国完成，当 iPod 在国际市场销售时，按照传统的贸易统计方法，中国是该产品的出口地，假设不存在任何贸易障碍，则中国的出口额为 299 美元（单件商品），这是不可思议的。事实上，其中中国附加的价值只有 4 美元，其余部分均是从其他国家进口的中间产品价值。若该产品被销往日本，其中由日本东芝公司生产硬盘而附加的 73 美元价值被重复计算了；若销往美国，其中由美国博通公司生产的视频/多媒体处理器芯片和控制器芯片共 13 美元的价值被重复计算了，以此类推。这样，我们可以分析出一个悲哀的事实：中国 iPod 的出口是为其他国家作嫁衣，其中包含的本国国内增加值只有 4 美元。再仔细分析，东芝公司的确是日本的公司，但是，它将很多硬盘的生产放在中国和菲律宾；同样，博通公司生产芯片也会选择不同的生产基地；当然在中国生产的东芝硬盘中的某一细小零件可能是其他地区生产的……如此看来，当前产品的生产是一个复杂的、非常细化的分工和合作过程，也无法简单地用 4 美元概括出 iPod 出口中中国国内增加值的额度。为了反映这种交织和循环的状况，在实证分析中一般都利用投入产出表进行分析，如刘遵义等（2007）、黄先海和杨高举（2010）、郭晶和赵越（2012）。

从国内创造价值的流向和使用用途看：第一，一部分会用于国内，而另一部分会被他国吸收；第二，可能会用于最终消费，也可能会作为中间品用于生产。仍以上文提及的 iPod 为例，这个由各国生产的中间品（各中间品仍然可能是由中间品组成）组装成的产品，可以看作中国的产出（事实上在统计中是这样处理的），该产出一部分会用于国内消费，一部分会用于国内生产，另外还会出口到他国用于最终消费或作为中间品投入生产中。只要技术允许，该产品在从作为中间投入到形成最终消费品之间，可以实现无数次的循环，如作为中间投入生产出的产品又会作为其他产品的中间投入被用于生产，以此类推。这样 iPod 作为中国的产出而被他国作为最终消费品使用，又是一个无限循环的过程，可以利用投入产出技术来描述这一过程，并计算得到一国产出中被他国吸收的部分，其中包含的增加值即为增加值出口。

以上两个概念的区别体现为计算上的差异，Stehrer（2012）对此做了具体阐述。增加值贸易的具体计算方法后文会有交代，在此不赘述。

当前国际上通行的贸易统计侧重于计算商品进出口总值，在传统的分工和贸易情况下，不存在生产过程的分割，产品的生产在一国国内完成，这样直接统计和核算商品进出口总值能够反映真实的贸易规模。然而，在当前垂直专业化这种新型国际分工盛行的情况下，中间品贸易频繁，一国产品的出口中往往包含从他国进口的中间产品。因此，利用传统贸易统计方法核算商品进出口总值就会出现大量的重复计算，夸大了真实的贸易规模。目前，越来越多的学者和官员认可增加值贸易统计的合理性。事实上，自 2010 年起，WTO 就已经开始着手进行增加值贸易核算的研究，目前也已发布了初步成果，但是并没有公布时间序列数据。

2. 全球价值链收入

全球价值链收入（GVC income）这一概念是由 Timmer 等（2012）提出的。按照上述分析，在当前国际垂直专业化分工体系中，一国的生产要素或最初投入会在全球范围内被循环使用，从而在全球价值链上获得收入，因此定义一国在最终制成品生产过程中所有直接和间接被利用的生产

11

要素的收入为该国的全球价值链收入。具体计算方法在后文会有交代，在此不赘述。

二　对垂直专业化的研究

垂直专业化作为一种新型的分工方式和蓬勃发展的经济现象，自 20 世纪后期以来，受到学者们的广泛关注，对垂直专业化的研究也出现了一股热潮。

（一）国外相关研究

国外对垂直专业化的研究，从研究内容上看一般分为以下三类：垂直专业化分工与贸易的基础和动因、程度的度量和经济效应分析。其中，垂直专业化的基础和动因会在第二章进行详细阐述；国外有关垂直专业化经济效应的分析多集中于其对就业和收入分配的影响，与本书的研究主题关系不大；而垂直专业化程度的度量是本书分析中不可避免的课题，在此主要对垂直专业化程度的度量问题做一综述。

对于垂直专业化程度的度量，从现有文献看，尽管指标颇多，但均是通过衡量中间品贸易规模来实现的。在国际垂直专业化生产网络中，只要同一产品上下游生产环节分布在不同的国家，必定会引发大量的中间品贸易。因此，利用中间品的贸易规模可以反映一国参与国际垂直专业化分工的程度。由于缺乏中间品贸易的直接统计数据，为得到中间品贸易数据，有学者使用《经济大类分类标准》（*Broad Economic Categories*，BEC）中中间产品的分类去匹配相关的贸易数据。也有学者用相关数据替代：一是用加工贸易数据替代，如 Helleiner（1973）、Görg（2000）等就基于部分 OECD 国家的对外出口加工贸易数据进行过相关分析；二是用零部件贸易数据替代，见 Ng 和 Yeats（2003，2015）、Athukorala（2005）、Athukorala 和 Yamashita（2008）对东亚生产网络发展的研究；三是利用投入产出表数据。通过对投入产出表中中间使用的分解，可以得到进口的中间投入和国内生产的中间投入；或者直接利用非竞争型投入产出表中中间使用的进口部分，进行相应计算和衡量。

具体计算方法和公式尽管有所不同，但是大体可以将其归为以下四类。第一，用进口中间投入占总产出/产值的份额衡量，见 Egger 和 Egger

（2005）、Campa 和 Goldberg（1997）。第二，用进口中间投入占投入的份额衡量。如 Feenstra 和 Hanson（1995，1996，1999）提出的外包率，及 Amiti 和 Wei（2005）提出的中间投入的外包密度，均是通过计算进口中间投入在总中间投入中的比例反映参与垂直专业化分工的程度。第三，用进口中间投入占进口额的比重衡量，见 Yeats（2001）。第四，利用进口中间投入在出口中的份额衡量，如 Hummels 等（2001）所提的垂直专业化比率（VSS）法。对比这四种计算方法，垂直专业化比率法，将进口中间投入和出口结合起来，与垂直专业化概念吻合较好。因此，笔者将利用该方法衡量中国参与国际垂直专业化分工的程度，具体计算方法将在后文介绍，在此不赘述。

（二）对中国的相关研究

对中国的研究又多集中于对中国参与国际垂直专业分工的影响因素、程度和经济效应的实证分析上。现有研究普遍表明，中国参与国际垂直专业化分工的程度在不断提高（黄先海和韦畅，2007；Dean et al.，2007；文东伟和冼国明，2010）。

中国参与国际垂直专业化分工程度的提升所带来的经济效应，可以被归结为以下几个方面：第一，推动了中国出口的增长（文东伟和冼国明，2010）；第二，促进了贸易结构的变化——制造业出口中高技术产品比重增加，使得中国制造业出口呈现高技术特征（Schott，2007；Rodrik，2006）；第三，提高了生产率，见胡昭玲（2007）、刘庆林等（2010）、高越和李荣林（2011）；第四，提高了国际竞争力，见张小蒂和孙景蔚（2006）、胡昭玲（2007）、文东伟和冼国明（2009）等；第五，促进了产业结构升级，见徐毅和张二震（2008）。

以上这些实证研究多得出了积极的结论，然而，很多研究对于垂直专业化带来的利益，尤其是中国分工地位的提升产生了怀疑，如 Lall（2000）、Srholec（2007）对发展中国家的研究，Amiti 和 Freund（2011）、唐海燕和张会清（2009a）对中国的研究，及张明志和李春盛（2007）对中国电子机械类产品成品和零部件产品在国际产品内分工中的地位的研究。因此，全面考察中国在国际垂直专业化分工中的所获利益和地位，仍旧是一个值得研究的课题。

胡昭玲（2006）认为，一国从国际垂直专业化分工中获利多少，直接取决于参与什么层次的分工，取决于其在国际垂直专业化分工体系中占有什么位置及对价值链的控制能力大小。现有研究表明，中国参与全球生产网络主要体现在东亚生产网络（Gaulier et al.，2004；Athukorala，2011；Ando and Kimura，2005）和"三角模式"（Gaulier et al.，2004）上。前者是指，日本和亚洲新兴经济体生产高技术零部件产品，中国和东盟从事低技术加工装配活动，从而形成垂直专业化分工产业链；后者是指，日本、亚洲新兴经济体向中国、东盟等发展中国家出口零部件和中间品，由这些国家加工组装后再出口到欧美。在其中，中国往往只扮演加工、组装的角色，充当了国际生产体系中的一个枢纽和中转地。CCER 课题组（2006）利用垂直专门（业）化比率通过分析进口来源，勾勒了中美贸易的实际产业链，印证了中国的一些生产活动事实上是日、韩生产的延续，中国在其向美国出口中扮演着加工、生产地的角色。Gaulier 等（2004）研究发现，跨国公司的亚洲子公司是中国 20 世纪 90 年代贸易增长的"引擎"；在东亚生产网络内部，东亚扮演着中国出口的"供应商"地位。

三　国际垂直专业化分工体系中一国分工地位的研究

与传统的产品间生产分工不同，在国际垂直专业化分工中，各国共同参与某一产品的生产，因而对于如何判断其国际分工地位，传统方法遇到了挑战。从新角度用新方法探讨国际垂直专业化分工体系中一国分工地位成为新命题。具体来看，这些研究主要可以被归为以下几类。

（一）　基于结构相似或相异性的分析

Finger 和 Kreinin（1979）构建了出口相似度指数（ESI）以比较国家间的出口结构，其计算方法为：$ESI_{tcd} = 100 \times \sum_{p} min(s_{tpc}, s_{tpd})$。其中，$s_{tpc}$ 和 s_{tpd} 分别表示 t 年国家 c、d 产品 p 的出口份额，如果出口份额有重叠，说明有相似性，重叠越多，ESI 越大，说明相似度越高。用这个指标可以衡量两个国家间的某个行业或产品的相似度，这样通过与世界平均水平或者某国家相比，可以反映某国某产品在国际分工中的地位，见 Schott（2007）。Wang 和 Wei（2010）构造了出口差异度指数（EDI）来衡量中国和 G3 国家的出口差距，出口差异度指数的计算方法为：$EDI = 100[\sum_i abs(S_i - S_i^{ref})]$。其中，$S_i$ 和 S_i^{ref} 分别表示中国和所选参照国（G3 国家）的出口份额，EDI 越大，差异度越高，从而可反映出口结构的差异，进而体现中国与他国相比的出口地位。出口相似度和出口差异度是同一问题的两个方面，两者之间具有如下关系：$ESI = \dfrac{200 - EDI}{2}$。

出口相似度指数（ESI）和出口差异度指数（EDI）是通过对比国家间出口结构来反映国际分工地位的。唐海燕和张会清（2009b）通过对 40 个发展中国家的比较研究发现，中国在参与产品内国际分工的过程中，价值链位置得到较大程度的提升，这得益于交通服务质量的改进和偏向于高层次分工的政策。Wang 和 Wei（2010）对中国的实证研究也发现，真正推动中国出口行业结构变化的因素是人力资本以及政府推出的鼓励出口的高技术产业园区等各种政策，而非外资企业和加工贸易。

（二）基于出口价格的分析

考虑到同种产品的诸多差异，基于 Melitz（2000）的观点——生产率高的企业选择质量竞争，利用生产率优势生产高质量、高价格的产品，Schott（2004）利用多样化的同种产品的单位价值 $U_{pc} = \dfrac{V_{pc}}{Q_{pc}}$ 来反映其在国际垂直专业化生产体系中的地位。其中，U_{pc} 表示从 c 国进口的产品 p 的单位价值，V_{pc} 表示从 c 国进口的产品 p 的总价值，Q_{pc} 表示从 c 国进口的产品 p 的进口量。并利用该指标对美国的进口做了研究。研究发现，美国的进口产品，即便是同一产品，来自发达国家的价格远远高于来自发展中国家的价格，表明发达国家在产品生产环节或工序上获得的价值增值高于发展中国家。Fontagné 等（2008）将 Schott（2004）的研究扩展到世界范围，发现具体到产品层面，发达国家出口高价格类型的产品而处于该产品分工的高端位置，发展中国家出口低价格类型产品而处于分工的低端部位。Srholec（2007）对电子产品全球生产网络进行了分析，发现发展中国家仅仅吸引着这类产品生产网络中的制造环节，而高端技术环节掌握在发达国家手中，表面上技术产品的出口增加了，但发展中国家的技术水平并没有获得提升。

施炳展（2010）基于产品内分工的视角，利用一国产品的出口价格与世界平均价格之间的差异程度（rp）来反映该国该产品在国际分工中的位置，其构造的指标为：$rp_{ci} = \dfrac{p_{ci} - \bar{p}_{wi}}{p_{ci} + \bar{p}_{wi}}$。其中，$c$ 表示国家，i 表示产品，p_{ci} 表示 c 国 i 产品的出口价格，$\bar{p}_{wi}$ 表示世界 i 产品的平均出口价格。该指标取值（-1，1），如果 $rp_{ci} > 0.15$，那么该国该产品处于国际分工高端位置；如果 $rp_{ci} < -0.15$，则该国该产品处于国际分工低端位置；如果 $-0.15 < rp_{ci} < 0.15$，则该国该产品处于国际分工的中端位置。利用该指标对中国制造业国际分工地位的分析表明，中国制造业出口产品处于国际分工的中低端，而且，技术水平越高的行业，其产品的国际分工地位越低。

出口质量也是衡量一国国际分工地位的指标，毫无疑问，一国出口的产品质量越高说明其在国际分工中的地位越高，但是对于衡量出口质量，并没有准确的方法，多是寻找一个替代指标，比如出口价格。据笔者所知，目前以出口质量来反映某产品在国际分工中的地位是比较前沿的做法。产品质量如何影响贸易分工，Flam 和 Helpman（1987）利用南北贸易模型对此做了研究，其文章是该领域中的代表性研究文献。之后，Grossman 和 Helpman（1991）、Hummels 和 Klenow（2002）分别在理论和实证上分析了产品质量的提升对一国宏观经济增长的贡献。最新的研究成果是 Hallak 和 Schott（2011）计算的质量指标，该方法仍然将出口价格作为最重要的因素，所以可见，目前出口质量的研究是出口价格研究的一个延伸和拓展。

（三）基于出口复杂度或技术含量的考察

出口相似度指数通过将一国与参照国进行对比来反映其出口的复杂度。但是对于同种产品，各国的生产能力和水平是不同的，考虑到产品的生产技术水平，在出口分析中引入反映技术水平的指标，比较有影响力的就是 Hausmann 等（2007）构造的出口技术复杂度指标 $EXPY_i = \sum\limits_{k} \dfrac{x_{ik}}{X_i} PRODY_k$。其中，$PRDDY_k = \sum\limits_{j} \dfrac{(x_{jk}/X_j)}{\sum\limits_{j}(x_{jk}/X_j)} Y_j$，$Y_j$ 为人均 GDP，X_j 为 j 国的总出口额，x_{jk} 为 j 国 k 产品的出口额，这样，$PRDDY$ 就是一种加权的人均 GDP，反映

k 产品的技术水平。Lall（2000）、Sholec（2007）的研究发现，类似中国这样的发展中国家，在参与国际垂直专业化分工的过程中一般承担劳动密集型生产阶段，如加工、装配等，从贸易统计上看发展中国家高技术产业出口的规模和份额都在迅速上升，但出口产品的技术含量并没有增加，即这些国家高技术产品出口的迅速扩张只是一种"统计假象"（statistical illusion）。Amiti 和 Freund（2011）的研究也发现，尽管中国出口的产品转向了更复杂的产品，但是剔除加工贸易后，中国制造业出口产品的技术成分并没有变化，从而比较优势也并没有发生本质改变。选择不同方法计算产品的技术水平，可以得到不同的出口技术含量指标的测量方法（Lall et al.，2006；樊纲等，2006；文东伟，2011）。

盛斌和马涛（2008）计算了中国工业分行业产品国内技术含量，并考察了其和垂直专业化程度之间的关系，计量结果表明，两者之间存在负相关关系，这说明中国在国际垂直专业化分工体系中的地位深受国内技术含量的制约，也反映了中国工业行业在国际垂直专业化分工体系中地位较低。姚洋和张晔（2008）在 Hausmann 等（2007）技术复杂度指标的基础上，设计出产品国内技术含量指标，并对中国出口产品的国内技术含量进行了动态研究。他们的计算结果显示，1997～2002 年中国出口产品的国内技术含量出现大幅的下降。文东伟（2011）利用改进的出口技术含量指标对中国制造业出口复杂度进行了计算，并将其与其他国家的进行对比，发现与发达经济体相比，中国制造业出口的技术复杂度相当低。孟猛（2012）计算了中国出口的最终品国内技术含量并进行了跨国比较，发现，尽管中国正在出口更多的高技术产品，但高技术最终品的国内技术含量相对于世界先进水平并没有提高。邱斌等（2012）用出口复杂度来衡量价值链地位，用垂直专业化比率来衡量中国参与全球生产网络的程度，对 2001～2009 年中国制造业行业进行了面板数据分析，研究了中国制造业参与全球生产网络对价值链提升的影响。研究发现，全球生产网络促进了我国制造业价值链提升，提升的程度因行业特征和产品特征差异而有所不同。

（四）基于增加值角度的分析

在国际垂直专业化分工体系中，各国得自不同工序或者环节的价值增值是不一样的。增加值指的是生产过程中的新增价值，产品生产过程可以区分为很多的环节，事实上，当从全球价值链的不同环节这一视角看时，衡量各国在其环节上做出的贡献（增加值）而非最终品的价值更为合理。增加值可以反映一国的收益或贡献，如沈利生和王恒（2006）定义了反映投入产出效益的两个指标：增加值率 R 和中间投入贡献系数 r。经过测算和估计发现，尽管中国经济发展速度较快，但是经济增长质量并不高，其原因在于进口中间投入的贡献系数过小，小于国内产品的中间投入贡献系数，从而拖累了中国经济增长的质量。

陈宏易（2002）提到了进口中间投入在国内产业循环创造出来的附加值，即进口中间投入在国内创造的净附加值。计算方法为含产业波及（产业关联）的垂直专业化出口值和不含产业波及（关联）的垂直专业化出口值之差。这种净附加值的概念和方法，彭支伟（2009）、喻春娇等（2010）利用过。

Hummels 等（2001）提出的垂直专业化衡量方法把出口和中间投入联系起来，通过衡量出口的国内外成分将出口价值分割为来自国内的价值和来自国外的价值。自此，利用投入产出表对出口进行分析的研究增多，如文东伟和冼国明（2010）对出口增长来源的研究。Koopman 等（2008）利用改进的国家投入产出表研究了具有典型加工贸易特征的中国制造业的出口情况。研究表明，中国制造业出口中的国外成分很高，尤其是复杂产品的出口。

根据刘遵义等（2007）、Koopman 等（2008）的分析，完全国内增加值系数和垂直专业化比率是同一问题的两个方面。黄先海和杨高举（2010）构建了加权的增加值指数，以反映中国出口的获利能力，并进行了跨国比较，以判断中国高技术制造业行业的国际分工地位。跨国比较结果表明，中国高技术产品国际分工地位有一定程度的提升，但是与主要发达国家相比仍有较大差距。郭晶和赵越（2012）沿用黄先海和杨高举（2010）的思路，运用同样的样本数据考察了影响中国高技术产业国际分工地位的因素。

对比以上分析角度和方法，可以看出基于增加值角度的分析是比较前沿的研究，但是现有基于增加值角度的分析，仍局限于一国的出口。当生产在全球范围内布局时，一国某要素不仅仅通过国内生产获益，更会通过

"产业波及"效应在全球价值链上获益。因此，本书拟从价值流动角度分析要素在国际垂直专业化分工体系中参与全球生产的获益，进而分析中国制造业的国际分工地位，这种分析比仅从出口角度衡量出口中包含的增加值更为全面，可以说是对后者的进一步提升和补充。

第三节　研究思路和方法及数据说明

本书的研究拟在垂直专业化理论基础上做进一步拓展，在赫克歇尔－俄林（H－O）模型框架下分析生产分割、分阶段生产中的分工和贸易的决定及增加值变动。实证分析中主要利用投入产出技术，利用国家非竞争型投入产出表和国际投入产出表，分析中国制造业融入国际垂直专业化分工体系的程度，勾勒全球制造业垂直专业化分工网络，进而从价值流动角度分析中国制造业在国际垂直专业化分工体系中的地位。

一　主要思路和框架

本书在对现有研究理论、方法和角度进行归纳和总结的基础上，拟构建一个两个国家、两种要素、两种产品的一般均衡分析框架，分析垂直专业化分工均衡的决定和增加值的变动。在事实分析中，主要利用数据和指标分析中国制造业融入国际垂直专业化分工体系的基础和程度。在实证分析中，主要利用投入产出技术，第一，拓展垂直专业化指标，结合进口来源和出口方向勾勒中国制造业融入国际垂直专业化分工体系的垂直专业化分工链条；第二，在分析国家/地区关联和产业关联的基础上对制造业国际垂直专业化分工网络进行勾画，分析中国制造业在国际垂直专业化分工体系中的位置及其变化；第三，在国际投入产出模型的基础上构建模型衡量国际垂直专业化分工体系中的增加值流动和要素收益，并进行国家/地区对比和行业对比，以分析中国制造业在国际垂直专业化分工体系中的地位。最后，结合研究结论阐述对我国的启示并提出相应的政策建议。按照以上研究思路，本书共有六章，各章主要内容如下。

第一章为导论。首先引出本书研究的主题，阐述本书的研究背景和意义；其次对垂直专业化的相关概念做整理，并对国际垂直专业化分工体系中分工地位的研究及对中国的实证做梳理；最后对本书的基本框架做总体性的介绍。

第二章为理论基础。阐述垂直专业化分工的基础和动因，并提出本书的理论分析框架，利用一般均衡的分析方法分析生产分割、分阶段生产中的分工和贸易，并从增加值角度分析贸易利益的变化。

第三章分析中国制造业参与国际垂直专业化分工的基础和条件。在第二章阐述的垂直专业化分工的基础和动因的基础上，对中国制造业参与国际垂直专业化分工的基础进行经验事实分析。分析中通过国际比较，来反映中国参与国际分工的优势因素，以较为全面地分析中国参与国际垂直专业化分工所具备的基础和条件。

第四章对中国制造业融入国际垂直专业化分工体系的程度和在其中的位置做分析。介绍投入产出模型在衡量垂直专业化程度、产业关联和价值流动中的应用，继而利用非竞争型投入产出表计算出垂直专业化比率以反映中国制造业融入国际垂直专业化分工体系的程度。对于中国制造业在国际垂直专业化分工体系中位置的衡量，笔者是从两个角度展开的：第一，改进垂直专业化比率的计算，勾勒出垂直专业化链条；第二，在利用国际投入产出表计算国际产业关联的基础上，勾勒制造业国际垂直专业化分工网络，通过分析动态变化，反映中国制造业在国际垂直专业化分工网络中位置的变化。在其中，通过产业关联度的比较，辨识出主导行业，并对其进行针对性的分析。主导行业的确定也为后续的地位分析中的典型行业分析提供了依据。

第五章是中国制造业在国际垂直专业化分工体系中的地位分析。首先利用投入产出技术，从价值流动角度通过衡量增加值贸易重新审视中国制造业的出口水平；其次在增加值贸易数据的基础上利用国际竞争力指标通过国家/地区对比、行业对比分析中国制造业的国际分工地位；最后从全球价值链收入角度对中国制造业在国际垂直专业化分工体系中的地位进行分析。通过结构上的分析、国家/地区间的对比及典型行业分析来全面反映中国制造业在国际分工体系中的地位。

第六章是结论和政策建议。这一部分对全书进行总结、归纳，并提出适当的政策建议。

二 研究方法

（一）文献研究

本书系统梳理了垂直专业化分工的动因和基础，并对现有分析国际分工地位的方法做了较为详尽的整理，总结了投入产出技术在国家/地区关联分析和从增加值角度研究贸易和获益方面的新进展。大量阅读相关文献一方面可以对现有的研究理论和成果有深入细致的了解，另一方面又可以发现相关研究中的不足和进一步研究的方向，为未来的研究奠定基础。

（二）统计数据和指标

本书利用大量翔实的数据来分析和阐述问题，主要数据来源于 WIOD 数据库中的非竞争型投入产出表、国际投入产出表和社会经济账户，在反映具体问题时也利用了世界银行官网、《中国统计年鉴》《中国劳动统计年鉴》《中国高技术产业统计年鉴》《国际统计年鉴》等中的相关数据，在数据搜集和整理方面做了大量工作。同时在指标选择和构建方面做了细致的工作，具体而言可以概括为以下几点。（1）利用垂直专业化比率反映中国制造业融入国际垂直专业化分工体系的程度，并在进口来源和出口方向上进行分解，勾勒中国制造业行业融入其中的垂直专业化链条。（2）计算中国制造业的单位劳动成本（ULC）并进行国际比较。（3）计算中国制造业的专业化指数以反映中国制造业的生产专业化程度，并进行国际比较。（4）计算中国制造业行业空间基尼系数，以反映中国制造业行业的聚集度。（5）计算国际垂直专业化分工网络中的国家/地区和行业的前向关联系数和后向关联系数，分析中国制造业同其他国家/地区的行业关联和国家/地区关联。（6）计算平均产业链长度（$APLs$），计算中考虑国家/地区的行业结构和行业的国家/地区结构。

（三）投入产出技术的应用

投入产出技术从经济系统是个有机整体的观点出发，综合分析各个具体部门间的数量关系（技术经济联系）。投入产出表能从生产消耗和分配使用两个方面反映产品在部门之间的运动过程，因而能同时反映产品的价值形成过程和使用价值运动过程。国际投入产出表从生产消耗和分配使用两个方面来反映产品在部门之间、国家/地区之间的运动过程，因此能够从价值形成和价值使用上反映价值的流动，从而，国际投入产出表的运用可以较为贴切地反映国际垂直专业化分工网络中的国家/地区关联、产业关联和价值流动。本书对投入产出的运用主要体现在以下几个方面：（1）衡量国家/地区间和产业间的关联强度；（2）衡量国家/地区间、产业间产生关联所需要经过的环节数或距离；（3）在投入产出模型上推导增加值贸易的核算方法；（4）在投入产出模型的基础上推导要素收益的衡量方法。

三　数据说明

本书所使用的数据如果未做特殊说明，均来源于由欧盟委员会资助、多个机构合作共同研究开发的世界投入产出数据库（World Input – Output Database，WIOD），该数据库记录了 40 个经济体 1995～2009 年的时间序列数据，覆盖全球主要经济体，各经济体 GDP 总和占全球 GDP 的 85% 以上，所涉经济活动能够代表全球主要的经济活动。本书实证中主要应用该数据库中的国际投入产出表和社会经济账户，两者的编制是按照《欧盟经济活动分类统计标准》（第一版）（NACE 1）进行分类统计的，包含 35 个行业和部门，其中制造业部门有 14 个。

另外，欧盟统计局（Eurostat）参照经济合作与发展组织（OECD）对制造业进行技术层次划分的方法，在 NACE 1 二分位水平上对制造业行业进行了技术层次和类别的划分，将制造业行业划分为高技术、中高技术、中低技术和低技术四类技术层次不同的行业。据此笔者将 WIOD 数据库中国际投入产出表和社会经济账户各制造业行业归类到中高和高技术、中低技术、低技术三类技术层次的制造业行业下。具体行业名称及技术类别分类见附录二中的表 1。

第四节　研究创新点和不足

一　研究的创新点

本书从增加值角度对垂直专业化这种新型国际分工下中国制造业的地

位进行了分析，角度新颖。在方法上主要利用投入产出技术，从关联度、价值流动角度出发，做了较为翔实的实证分析，主要创新之处总结如下。

第一，勾勒了国际垂直专业化分工链条并从动态角度探讨了中国制造业融入国际垂直专业化分工体系的垂直专业化链条的演变。从地理方向上对垂直专业化分工进行分解，这一工作一些学者已经做过，如 Hummels 等（2001）、CCER 课题组（2006）、Dean 等（2007）等，但同时考虑进口来源和出口方向尚属创新。本书对垂直专业化指标做了进一步改进，同时考虑进口来源和出口方向，分析了中国制造业在国际垂直专业化分工体系中与上下游国家/地区之间的关系，利用国际投入产出表勾勒出国际垂直专业化分工链条，并分析了其动态变化。

第二，核算了增加值贸易规模，利用该贸易数据分析了中国制造业的国际竞争力，并通过国际对比反映中国制造业在国际垂直专业化分工体系中的地位。增加值贸易核算方法由于只衡量增加值跨境流动，从而规避了传统总量贸易统计方法因商品流动带来的中间品重复计算问题，因此在衡量贸易规模上更为合理。因此，利用增加值贸易数据衡量的国际竞争力水平，较基于传统总量贸易统计数据而得的结果更能反映真实的国际竞争力水平。

第三，用全球价值链人均收入指标来衡量一国在国际垂直专业化分工体系中的获益能力，进而反映一国在其中的分工地位。全球价值链收入是当前从增加值或价值流角度衡量一国在国际垂直专业化分工体系中获益的新方法和新角度，但是由于该指标只考虑总价值的流动，没有考虑投入的效率，在衡量一国获益能力进而体现其分工地位上又存有一定的缺陷。全球价值链人均收入这一指标衡量的是国际垂直专业化分工体系中单位劳动投入创造价值的能力，同时考虑了全球价值链上要素获益额和要素投入量，从而在衡量国际垂直专业化分工体系中的获益能力和分工地位方面更为合理。

二 研究中的不足

从增加值角度研究分工和贸易问题是目前较为新颖的课题，受笔者自身理论水平和分析能力的限制，本书在分析和研究中可能存在不到位的现象，从而使得结论难免存有漏洞。另外，在数据方面，目前并没有包含所有经济体的国际投入产出表，现有的国际投入产出表主要有由欧盟委员会资助、多个机构合作共同研究开发的以欧盟为主要对象的国际投入产出表以及日本亚洲经济研究所（Institute of Developing Economies，IDE）和日本外贸振兴会（Japan External Trade Organization，JETRO）联合主持并组织各经济体相关研究机构共同编制的以东亚为主要对象的国际投入产出表，但是由于两者的行业分类标准并不一致，且年份也不统一，因此无法将两者结合起来使用。书中笔者利用的国际投入产出数据来源于欧盟发布的国际投入产出表，由于该表缺少亚洲四小龙①中中国香港和新加坡的数据及亚洲四小虎②多数国家的数据，因此会因为这些信息的欠缺而无法全面、完整地描述东亚生产网络的信息，在解释某些贸易和分工现象上可能会存有一定的欠缺。但是，站在全球角度审视，东亚生产网络内韩国和中国台湾作为亚洲四小龙的典型代表经济体，印度尼西亚作为亚洲四小虎的代表性经济体，其相关情况能反映出主要的现象和问题。对于以上问题，笔者将在今后的研究中不断加以完善，并通过夯实理论功底、跟进理论前沿以提升对问题的系统研究和分析能力，通过行业匹配来进一步完善数据资料，继续优化实证分析结果。

---

① 指的是韩国、新加坡、中国香港和中国台湾。
② 指的是泰国、马来西亚、印度尼西亚和菲律宾。

第二章　垂直专业化分工的动因与利益
分配的理论分析

目前，对于垂直专业化分工动因的研究多是在现有理论框架下进行的扩展分析，比如将标准贸易理论的分析框架应用于中间品贸易分析，在产业组织理论框架下关注交易成本、不完全契约等。另外，也有一些学者从政策、制度和公司战略的推动作用等角度探讨了推动垂直专业化分工与贸易发展的因素。

本章首先对垂直专业化分工的基础和动因加以阐述，然后在传统贸易理论框架下从增加值角度分析垂直专业化分工的决定及收益变化。

第一节　垂直专业化分工的基础和动因

推动垂直专业化分工产生和发展的因素有很多，本节对这些因素做了归纳和阐述，主要包括比较优势和要素禀赋、生产技术和规模经济、制度和交易成本等几个方面。

一　比较优势和要素禀赋因素

传统的分工理论认为比较优势和要素禀赋差异是国际分工的基本动因，从这种思想出发，很多学者在李嘉图和 H-O 框架下（或进行扩展）分析了各国在国际垂直专业化分工体系中环节或阶段上的分工，研究发现比较优势和要素禀赋差异仍然是垂直专业化的动因。如 Jones 和 Kierzkowski（2001）在利用扩展的李嘉图模型进行分析后认为，产品生产链条上各"片段"在各国间的分布仍然是按照传统的比较优势进行的，即传统的比较优势理论在生产环节分工上仍然成立。Hummels 等（2001）将最终商品的生产划分为两个阶段，扩展了 Dornbusch 等（1977）的连续商品模型，仍然利用李嘉图的框架进行分析，发现，垂直专业化分工的基础依然来源于不同生产阶段上劳动成本或劳动生产率（技术）的差异。类似的研究还有 Sanyal 和 Jones（1982）、Dixit 和 Grossman（1982）、Jones 和 Findlay（2001）等。胡昭玲（2006）在"2×2×2"模型框架下，分析了要素禀赋差异下产品内分工的模式。产品 X 的生产可以分为两个环节（阶段）——劳动密集型环节和资本密集型环节，分别用 X_1 和 X_2 表示，那么封闭条件下 X 的生产如图 2-1 所示。其中，OX_1 和 OX_2 分别为两个阶段的生产扩展线，OX 为 X 产品的生产扩展线，由 OX_1 和 OX_2 矢量相加而得。用 X_0 表示产品 X 的单位价值等产量线，则 X_{10} 和 X_{20} 分别反映了两个阶段的产出及对应的要素投入。在参与国际分工的情况下，若生产扩展线 OX_1 位于国际分工临界线 OS 以下，那么，将 X_1 阶段转移到 B 国生产符合比较优势原理，可以带来成本的节约（见图 2-2），其中 AA' 和 BB' 分别代表两国的单位等成本线。

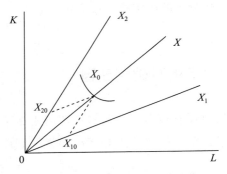

图 2-1 封闭条件下的生产均衡

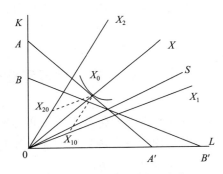

图 2-2 要素禀赋与产品内分工

传统分工理论在垂直专业化分工上仍然适用这一点受到学者们广泛支持，如 Arndt（1997，1998）、Deardorff（2001）、Kohler（2004）等均分别是在李嘉图模型、H-O 模型和特定要素模型等传统理论框架下进行的分析。

二 生产技术和规模经济因素

从生产技术和能力本身去探寻垂直专业化的原因，可以发现 20 世纪

80 年代以来垂直专业化进一步深化的根本原因在于：不断进步的工业生产技术使得生产过程的分割成为可能。正如 Lassudrie-Duchêne（1985）的研究所示，生产的分割发生在生产过程可以被分解成各种技术独立的操作过程的工业生产中，各个相互独立的操作过程提供中间品以便加工、装配、组合成最终品。Fontagné（1991）将生产环节（阶段）视为操作过程，在这个过程中为下一阶段生产作为投入品的完成品（finished goods）。当不同的生产环节（阶段）分布于不同的国家时，就出现了生产过程的国际分割。其中，每个生产环节（阶段）都拥有其独特的生产技术或方法，伴随着工业制成品的技术复杂度越来越高，生产环节（阶段）的数目越来越多，并且，不同生产环节的生产力迅速变化，在这种情况下，一个国家往往倾向于专业化从事某个特定生产环节（阶段）。

同时，这种各阶段的专业化生产有助于实现每个阶段的规模经济。Ishii 和 Yi（1997）认为，一般说来，在产品的生产过程由不同的工序和环节构成的情况下，这些工序往往由于技术差异具有不同的最佳规模。若按照传统的生产方式——生产过程是一个整体、不能分割——生产，那么产品的生产只能依据最主要或关键生产环节的有效规模来安排，从而无法实现全部生产阶段的最大规模经济。若生产过程可以分割，则可以通过生产阶段的分工，将生产阶段分布到最合适的国家进行生产，在空间上进行分化与重组，并根据不同的需要进行调整，从而可以达到节约成本、提高资源利用效率的目标，并最终实现规模经济。从动态角度来看，产品内分工还存在"干中学"效应，由于分工会使企业专业化于某一生产阶段或零部件的生产，这样，分工更加细化、深化，这种专业化分工会推动生产效率的提高，导致生产越来越熟练，积累的生产经验也越来越多，生产成本因而降低，这又进一步推动了生产率的提高。

对于规模经济如何推动产品内分工，卢锋（2004）进行了解析。设有四个生产成本和技术不同的环节，用横轴表示数量、纵轴表示平均成本，有四条平均成本曲线（分别代表了 1、2、3、4 环节的技术水平），每条平均成本曲线的最低点反映了每个生产技术的规模经济点（定义为有效规模点）。如果不存在分工，那么企业只能按照 Q^* 生产，无法达到总体的规模经济；如果可以分工，那么企业将不同的生产环节"承包"给相应不同的生产厂家即可，从而可达到各自的规模经济，有效地节省成本和提升资源配置效率。如图 2 – 3 所示，若不存在产品内分工，各环节分别按照 C_1、C_2、C_3、C_4 的平均成本进行生产；若存在产品内分工，各环节均可以按照最低平均成本 C_1 进行生产，从而成本的节约量为 $A + B + C$ 表示的部分。这样，技术的进步使得生产过程的分割成为可能，追求各环节共同达到规模经济成为垂直专业化的根本动力。

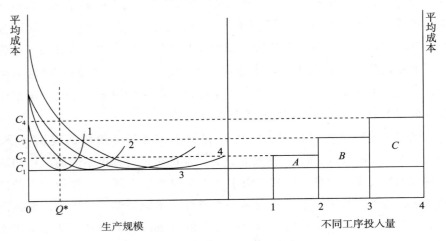

图 2 – 3　规模经济与产品内分工

三　制度和交易成本因素

垂直专业化分工虽然可以降低企业的边际生产成本，但是，由于各个环节和阶段处于不同国家，各个阶段的良好关联和衔接也是需要投入成本的。Jones 和 Kierzkowski（2001）将这种成本称为服务联系成本（service link costs），认为贸易成本、运输和通信技术是决定垂直专业化分工的重要因素。Kimura 和 Takahashi（2004）将服务联系成本分为贸易成本、投资成本、联系成本和协调成本 4 类。其中，贸易成本是服务联系成本中最重要的组成部分，由运输成本、政策壁垒、信息成本、合同执行成本、外汇成本、法律成本和东道国基础设施使用成本等构成。国际垂直专业化分工使得中间产品频繁跨国界移动，从而使运输成本在总成本中所占比重很大（Krugman and Venables，1995），微小的运输成本变化也会对产品内分工和贸易产生很大的扩张效应。Hummels 等（1998，2001）也将运输与通信技术进步视为垂直专业化的原因之一。

根据 Coase（1937）提出的企业边界理论，企业可以通过两种渠道获得中间产品——自己生产和从市场购买，若企业内部生产成本大于市场购买成本，则进行垂直专业化分工是有利的。从而可知，交易成本是推动垂直专业化的因素之一，交易成本越低越容易形成垂直专业化。

交易成本理论认为，市场厚度是交易成本的决定因素，市场厚度是指最终产品生产者与中间产品生产者的数量。足够的市场厚度使得中间品供应商和最终品生产商之间容易达成准确的匹配关系，从而打击生产一体化的积极性，有助于开展垂直专业化分工。从市场厚度角度研究垂直专业化和生产一体化之间选择的有 McLaren（1996）、Grossman 和 Helpman（2003，2004）等。他们的研究均表明，市场厚度越大交易成本越低，具体途径可以是通过降低搜寻成本也可以是通过降低匹配成本实现。在这种情况下，企业一般会将下游环节的生产外包出去，以避免一体化生产带来的管理成本及其他形式的沉没成本。

另外，交易成本的降低也可以通过一系列的制度安排来实现，通过制度安排加大外部经济环境透明度、提供稳定的外部金融环境，降低不确定性等，为信息的搜寻、议价及决策的形成等降低难度。比如，既然关税结构决定了有效保护率，通过关税结构的设置就可以起到保护某个生产环节的作用。正如 Wall 等（1972）的研究指出的，减免进口投入品的关税通过降低生产成本可以有效保护加工装配活动；相反，增加中间品的关税则降低了对下游环节的保护。Levchenko（2007）、Grossman 和 Helpman（2008）、Nunn（2007）的研究均也表明制度质量影响企业外包组织形式的选择，东道国较高的制度质量，如健全的法律法规，有助于该国承接外包。

四　其他因素

（一）贸易自由化的推动

贸易自由化是推动垂直专业化迅猛发展的重要因素，贸易自由化的推动使得贸易壁垒逐步减少，从而使国际垂直专业化分工中中间品频繁跨国界流动的障碍在减少。Hummels 等（1998，2001）认为贸易自由化及由此带来的贸易壁垒的减少是垂直专业化分工的原因之一，Jones 和 Kierzkowski（2001）、卢锋（2004）等也持相同的观点。

在经验和实证分析上，Nordås（2003a）通过分析美国、墨西哥、中国之间贸易模式的改变，发现贸易壁垒的减少是垂直专业化的重要影响因素之一。Nordås（2003b）的研究发现，电子行业的垂直专业化对于贸易壁垒更为敏感。其他如 Cheng 和 Kierzkowski（2001）、Markusen（1997）对投资自由化，以及投资自由化和贸易自由化之间关系的研究，尽管并非对贸易自由化影响垂直专业化分工的直接研究，但是从投资自由化和贸易自由化关联的角度看，它们是现有研究的补充。

（二）跨国公司战略的推动

跨国公司战略极大地推动了与国际生产分割相关的贸易。目前，一国跨国公司采购政策的制定依赖国外，甚至更遥远的供应商，而外包可以被视为一种对进口竞争的反应（Feenstra and Hanson，1995，1996）。这种战略往往伴随着跨国公司内部贸易的兴起，但也并非总是如此。正如 Fukasaku 和 Kimura（2002）所述，生产过程的跨国界"重组"往往发生在加工贸易、分包活动中，而股权关系公司并非必须参与到这一生产过程中。生产过程的国际分割已经引发国际贸易结构和各国生产专业化模式的改变，正如 Fontagné 等（1997）所述，如今的国际生产通常是这样的过程：大规模生产一定数量的标准化的半成品，然后将其组合在一起产生各种各样的最终产品。这种价值链的分割使得生产专业化前所未有的深化，由于不同生产阶段对应不同的生产函数，因此，一国可能在某个（些）生产环节（阶段）拥有比较优势，而在其他生产环节（阶段）拥有比较劣势。加工贸易在国际生产分割中占据重要地位，研究表明，中间品贸易是技术传播的重要渠道（Coe and Helpman，1995；Coe et al.，1995；Keller，2001）。对于新兴国家来说，进口零部件从事加工装配可能是获得高技术、享受技术外溢效应以达到全要素生产率提高最简单的方法。

第二节　垂直专业化的利益分配：基于增加值角度的分析

上一节分析了垂直专业化的基础和动因，本节在"2×2×2"模型框架下，利用一般均衡分析方法，讨论完全竞争条件下垂直专业化分工的决定、均衡，并从增加值角度讨论一国参与垂直专业化的获益。

一　理论假定

借鉴 Dixit 和 Grossman（1982）的模型框架，假定存在两个国家本国和外国，本国为小国，且是劳动丰裕的国家，外国是资本丰裕的国家；两国均能生产 X 和 Y 两种最终消费品；两种产品的生产均利用两种生产要素资本（K）和劳动（L）。对市场结构、生产、需求及要素的基本假定如下：

第一，产品和要素市场均是完全竞争的；

第二，两种产品的生产规模报酬不变；

第三，两国消费者具有相同的位似偏好；

第四，生产要素是同质的，在两国间不能自由流动，但可以在两产品间自由流动；

第五，自由贸易，不考虑运输成本和关税。

在这样的假定下，根据 H－O 理论，一国会生产和出口其丰裕要素密集型产品，而进口其稀缺要素密集型产品。

现考虑 X 产品生产可以进行分割的情况，用 i（$i \in [0,1]$）表示 X 产品生产的阶段，这样，X 产品的上游始于 $i=0$，下游终于 $i=1$。将所有 $0 < i < 1$ 的产品均视为中间产品，仅用于 X 产品的生产，也就是说，只有经过所有生产阶段产出的 X 产品才为最终消费品。$i+di$ 阶段中间品的生产需投入一单位 i 阶段的产出和成本 $f(w, r, i) di$，其中 w、r 分别表示工资和利率，函数 f 是单位成本函数，从而，最优的劳动和资本比率为 f_w/f_r。

二　分工和均衡的决定

假定 X 产品各生产阶段可以进行排序，从而可以将 X 产品的生产按照劳动密集度升高的顺序进行排列，也即：

$$\partial(f_w/f_r)/\partial i > 0 \qquad (2-1)$$

总会存在 i^*，使得：

$$f(\overline{w}, \overline{r}, i^*) = f(w, r, i^*) \qquad (2-2)$$

也就是说，从 i^* 到 $i^* + \mathrm{d}i$ 的生产上，两国的生产成本相同（"－"表示外国）。如图 2 - 4 所示，在 i^* 阶段，两国拥有同样的单位成本曲线，根据公式（2 - 1），当 i 上升时，单位成本曲线会顺时针转动。从而当 $i > i^*$，外国单位成本定高于本国。即：

$$f(\overline{w}, \overline{r}, i^*) > f(w, r, i^*) \qquad (2-3)$$

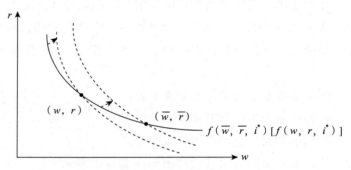

图 2 - 4　单位成本及变化

从而在 X 产品生产上，外国在 $[0, i^*]$ 阶段拥有比较优势，本国在 $[i^*, 1]$ 阶段拥有比较优势。即资本密集型国家专业化从事资本密集型阶段的生产，并出口中间品；而劳动密集型国家进口中间品并专业化从事劳动密集型阶段的生产。

在完全竞争条件下，价格等于单位产品的生产成本，从而，X 产品的价格等于所有阶段单位成本之和：

$$p = \int_0^{i^*} f(\overline{w}, \overline{r}, i)\,\mathrm{d}i + \int_{i^*}^1 f(w, r, i)\,\mathrm{d}i \qquad (2-4)$$

其中，等式（2 - 4）右边的两项分别为外国和本国附加到产品上的价值。令：

$$\begin{cases} \overline{F}(i^*) = \int_0^{i^*} f(\overline{w}, \overline{r}, i)\,\mathrm{d}i & (2-5) \\[2mm] F(i^*) = \int_{i^*}^1 f(w, r, i)\,\mathrm{d}i & (2-6) \end{cases}$$

同时令产品 Y 的单位成本函数为 $g(w, r)$，并将其价格标准化为 1。那么，零利润条件为：

$$\begin{cases} g(w,r) = 1 & (2-7) \\ \overline{F}(i^*) + F(w,r,i^*) = p & (2-8) \end{cases}$$

根据谢泼德引理，单位成本函数对价格的偏微分即为单位产出中最优要素投入量，那么充分就业条件为：

$$\begin{cases} yg_r(w,r) + xF_r(w,r,i^*) = K & (2-9) \\ yg_w(w,r) + xF_w(w,r,i^*) = L & (2-10) \end{cases}$$

将 $f(\overline{w},\overline{r},i)$ 缩写为 $\overline{f}(i)$，那么公式（2-2）可以变为：

$$\overline{f}(i^*) = f(w,r,i^*) \tag{2-11}$$

公式（2-7）~公式（2-11）给出了均衡时满足的条件，其中 p、K、L 是外生变量，由这 5 个等式就可以确定均衡时的要素价格 w 和 r，以及均衡时的产量 x 和 y，更重要的是可以确定均衡的分工点 i^*。

三　本国国内增加值的变化

以上分析可以得出，单位产品 X 中，本国所附加的价值所占比重为：

$$v = \frac{F(w,r,i^*)}{p} \tag{2-12}$$

分别对公式（2-6）和公式（2-8）求全微分，可得：

$$dF = dF(w,r,i^*) = \int_{i^*}^1 f_w(w,r,i)\,dw\,di + \int_{i^*}^1 f_r(w,r,i)\,dr\,di - f(w,r,i^*)\,di^* \tag{2-13}$$

$$dp = \int_{i^*}^1 f_w(w,r,i)\,dw\,di + \int_{i^*}^1 f_r(w,r,i)\,dr\,di \tag{2-14}$$

从而有：

$$\frac{dF}{dp} = 1 - \frac{f(w,r,i^*)\,di^*}{\int_{i^*}^1 f_w(w,r,i)\,dw\,di + \int_{i^*}^1 f_r(w,r,i)\,dr\,di} = 1 - \frac{f(w,r,i^*)\,di^*}{(\theta_{Lx}\hat{w} + \theta_{Kx}\hat{r})F(w,r,i^*)} \tag{2-15}$$

其中，θ_{Lx} 和 θ_{Kx} 分别表示 X 产品的 $[i^*,1]$ 阶段价值中，劳动和资本要素收益所占的份额，$\theta_{Lx} + \theta_{Kx} = 1$，$\hat{w}$ 和 $\hat{r}$ 分别表示工资和利率的变化率，

如 $\hat{w} = \mathrm{d}\ln w$。

从公式（2-15）中可以看出，$\dfrac{\mathrm{d}F}{\mathrm{d}p}$ 也即 v 如何变化取决于分工均衡点的变化（$\mathrm{d}i^*$）、工资的变化（$\hat{w}$）和利率的变化（$\hat{r}$）。

分析在要素总量不变的情况下，出口带来的商品价格的变化对 v 的影响，用 $\pi \equiv [\overline{f_i}(i^*) - f_i(w,r,i^*)]/f(w,r,i^*)$ 表示 i^* 上升所带来的生产阶段相对成本的变化率。分别对公式（2-7）、公式（2-8）和公式（2-11）求全微分，可得：

$$\theta_{Ly}\hat{w} + \theta_{Ky}\hat{r} = 0 \tag{2-16}$$

$$\theta_{Lx}F(w,r,i^*)\hat{w} + \theta_{Kx}F(w,r,i^*)\hat{r} = \mathrm{d}p \tag{2-17}$$

$$\theta_{Lx}^*\hat{w} + \theta_{Kx}^*\hat{r} - \pi\mathrm{d}i^* = 0 \tag{2-18}$$

用矩阵表示该联立方程组为：

$$\begin{bmatrix} \theta_{Ly} & \theta_{Ky} & 0 \\ \theta_{Lx}F(w,r,i^*) & \theta_{Kx}F(w,r,i^*) & 0 \\ \theta_{Lx}^* & \theta_{Kx}^* & -\pi \end{bmatrix}\begin{bmatrix} \hat{w} \\ \hat{r} \\ \mathrm{d}i^* \end{bmatrix} = \begin{bmatrix} 0 \\ \mathrm{d}p \\ 0 \end{bmatrix} \tag{2-19}$$

其中，$\theta_{Lx} + \theta_{Kx} = 1$，$\theta_{Ly} + \theta_{Ky} = 1$，$\theta_{Lx}^* + \theta_{Kx}^* = 1$，$\theta_{mn}$ 是指产品（或生产阶段）n 中 m 要素收益所占的比重，而 θ_{mx}^* 则是指在 i^* 环节 m 要素收益所占的比重，如 $\theta_{Lx}^* \equiv wf_w(w,r,i^*)/f(w,r,i^*)$；$[i^*,1]$ 内各阶段均为劳动密集型环节，Y 为资本密集型产品，则 $\theta_{Lx} > \theta_{Ly}$，$\theta_{Ky} > \theta_{Kx}$，$\theta_{Ky} > \theta_{Kx}^*$。结合以上这些条件，根据克莱默法则，由公式（2-19）可得：

$$\hat{w} = \frac{\theta_{Ky}}{\theta_{Ky} - \theta_{Kx}F(w,r,i^*)}\,\mathrm{d}p \tag{2-20}$$

$$\hat{r} = \frac{-\theta_{Ly}}{\theta_{Lx} - \theta_{Ly}F(w,r,i^*)}\,\mathrm{d}p \tag{2-21}$$

$$\mathrm{d}i^* = \frac{\theta_{Ky} - \theta_{Kx}^*}{\theta_{Lx} - \theta_{Ly}}\frac{\mathrm{d}p}{\pi F(w,r,i^*)} \tag{2-22}$$

将公式（2-20）～公式（2-22）代入公式（2-15），可得：

$$\frac{\mathrm{d}F}{\mathrm{d}p} = 1 - \frac{f_i(w,r,i^*)\dfrac{\theta_{Ky} - \theta_{Kx}^*}{\theta_{Lx} - \theta_{Ly}}}{\pi F(w,r,i^*)\left(\dfrac{\theta_{Lx}\theta_{Ky}}{\theta_{Ky} - \theta_{Kx}} - \dfrac{\theta_{Kx}\theta_{Ly}}{\theta_{Lx} - \theta_{Ly}}\right)} \tag{2-23}$$

其中：
$$\frac{\theta_{Ky} - \theta_{Kx}^*}{\theta_{Lx} - \theta_{Ly}} > 0 \tag{2-24}$$

$$\frac{\theta_{Lx}\theta_{Ky}}{\theta_{Ky} - \theta_{Kx}} - \frac{\theta_{Kx}\theta_{Ly}}{\theta_{Lx} - \theta_{Ly}} > \frac{\theta_{Lx}\theta_{Ky}}{\theta_{Ky} - \theta_{Kx}} - \frac{\theta_{Lx}\theta_{Ky}}{\theta_{Lx} - \theta_{Ly}} = 0 \tag{2-25}$$

由公式（2-24）和公式（2-25）可知，等式（2-23）右面第二项为正，从而 $\frac{dF}{dp} < 1$。

根据前述分析，在该模型框架下，本国会从外国进口中间品，在国内加工组装成最终品 X 并出口。X 的出口会导致该产品价格上升，然而，由于 $\frac{dF}{dp} < 1$，即本国在最终产品上所附加价值的上升幅度小于价格上升幅度，从而，$\frac{F}{p}$，也即 X 产品中本国所附加的价值所占比重（v）下降。因此，可得结论：在该模型框架下，在国际垂直专业化分工体系中，随 X 产品价格的上升，本国所附加的价值所占比重（v）有减少的趋势。即，劳动丰裕的国家凭借劳动力优势参与国际垂直专业化分工，会处于不利的利益分配地位。

第三节 小结

比较优势和要素禀赋差异、规模经济，以及制度和交易成本下降等均可能是推动一国融入国际垂直专业化分工体系的因素，而现实的经济发展又为垂直专业化的发展创造了良好的环境。基于增加值角度的理论分析表明：在国际垂直专业化分工体系中，劳动丰裕的国家会专业化于劳动密集型阶段（下游环节）的生产，资本丰裕的国家会专业化于资本密集型阶段（上游环节）的生产；在要素禀赋不变的情况下，出口产品价格的上升，会导致专业化于下游阶段生产的国家在其产品附加的价值占比下降。

第三章 中国制造业参与国际垂直专业化
分工的基础和条件

第二章从理论的视角阐述了推动一国参与国际垂直专业化分工的各种因素,本章基于前述理论分析,从经验事实角度对中国制造业参与国际垂直专业化分工的基础和条件做一分析。

对于中国制造业参与国际垂直专业化分工的影响因素,现有研究文献多是实证分析,比较有代表性的有刘志彪和吴福象(2005)、徐康宁和王剑(2006)、胡昭玲和张蕊(2008)、陈丰龙和徐康宁(2012)等。这些研究均依据前述理论,利用计量方法来确定哪些是影响中国参与国际垂直专业化分工的因素,以及影响程度如何。然而由于数据的限制,相关实证分析无法将所有因素包含在内;另外,模型和数据的不同可能会导致结果的差异,但是不能依据其一而否认其他。本章对基础和条件的分析是建立在经验事实基础上的,试图囊括文献所提到的那些被普遍认可的因素,并通过国际比较,来反映国别差异,分析与其他经济体相比中国制造业参与国际垂直专业化分工所具备的基础和条件。

现有研究(Gaulier et al., 2005; Ando and Kimura, 2005)表明,中国制造业主要以两种模式——东亚生产网络和"三角模式"——融入国际垂直专业化分工体系。前者主要是日本、亚洲新兴经济体同中国、东盟区域内发展中国家垂直专业化分工形成的区域生产网络;而在"三角模式"中,中国及东南亚发展中国家一方面作为日本、亚洲新兴经济体的加工组装"基地",另一方面又通过向欧美出口"加工、组装品"成为亚洲发达国家与欧美国家之间的"纽带"。因此,在对比国家/地区的选择上,主要选择两个模式中具有代表性的国家/地区与中国大陆进行对比,选择东亚生产网络中的日本、韩国和中国台湾,在欧美选择"三角模式"中的德国、美国和墨西哥。从垂直专业化的概念上来看，这些经济体均是在中国大陆参与国际垂直专业化分工过程中和中国大陆有着上下游关联的代表性国家/地区。

第一节　要素禀赋

要素禀赋是中国制造业融入国际垂直专业化分工体系最基本的要素。中国拥有劳动力成本优势，而随着产业转移的进一步推进、资本的逐步积累、国内企业竞争意识的增强及国内经济增长方式改革需求的增加，中国制造业企业也越来越重视技术创新和管理创新等软实力的积累，所有这些都为中国制造业自身实力提高、更好地参与国际垂直专业化分工打下了良好的基础。

一　劳动力成本

对中国来说，丰富的劳动力资源为其参与国际分工创造了良好的要素条件，丰裕的劳动力禀赋使得中国的产品可以以比较低的劳动力成本进行生产，从而在国际市场上拥有价格优势。

一般来说，工资水平可以在一定程度上反映该国劳动力成本的高低，但是，考虑到劳动生产效率因素，若雇佣的劳动力生产效率非常高，支付高的工资仍然是比较"经济"的事情。比如，若 A 国工资高于 B 国 2 倍，但是产出高于 B 国 3 倍，那么 A 国单位产品所包含的成本仍低于 B 国，从而拥有劳动力成本优势。因此，本部分利用单位劳动成本（ULC），即为形成单位增加值而应支付的劳动报酬来衡量劳动力成本优势，其计算公式为：$ULC = \dfrac{w}{VA/L} = \dfrac{wL}{VA}$。其中，$ULC$ 表示单位劳动成本，w 表示平均工资，VA 表示制造业增加值，L 表示从业人数。从公式看，单位劳动成本其实是制造业工业增加值中全部劳动报酬所占的比重，反映的是劳动对制造业增加值的贡献。

分析中国（大陆）制造业的单位劳动成本可以发现，1995～2009 年中国制造业（大陆）总体、不同技术类别制造业行业的单位劳动成本均呈现下降的趋势（见图 3 – 1 ~ 图 3 – 4）。其中，中低技术制造业行业单位劳动成本下降得最快，中高和高技术制造业行业次之，低技术制造业行业最慢。具体来看，中低技术制造业行业单位劳动成本降幅最大，从1995 年的 44.86% 下降到 2009 年的 30.47%，从最高变为最低。而低技术制造业行业 1995 ~ 2005 年的单位劳动成本最低，自 2006 年起这种低成本优势转移至中低技术制造业行业，反映了中国中低技术制造业行业的劳动力成本优势愈加明显。众所周知，中国工资水平在不断提升，单位成本的下降应该来自劳动生产率的提升。逐步降低的单位劳动成本反映了在制造业劳动生产率提升的同时，在生产过程中为形成单位增加值而支付的劳动报酬在逐步减少。

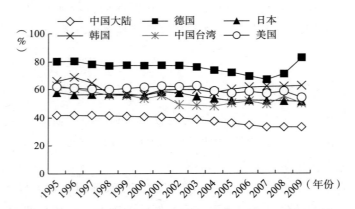

图 3 – 1 1995 ~ 2009 年单位劳动成本国际比较：制造业总体

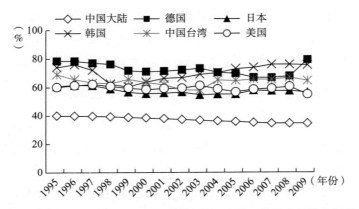

图 3 – 2 1995 ~ 2009 年单位劳动成本国际比较：低技术制造业行业

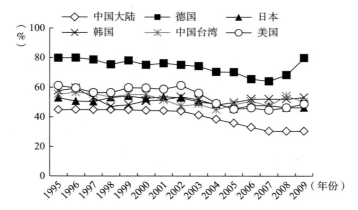

图 3 - 3　1995～2009 年单位劳动成本国际比较：中低技术制造业行业

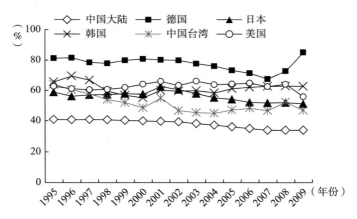

图 3 - 4　1995～2009 年单位劳动成本国际比较：中高和高技术制造业行业

　　和其他国家/地区相比，1995～2009 年，中国大陆制造业单位劳动成本低于日本、韩国、中国台湾、德国和美国这些发达经济体。分析制造业总体单位劳动成本，中国大陆和德国之间的差距最大，1995～2009 年的多数年份里，中国大陆的单位劳动成本只有德国的一半左右，2009 年，中国大陆的单位劳动成本只有德国的 39.9%；1995～1997 年中国与日本间的差距最小，而自 1998 年起中国台湾成为与中国大陆在单位劳动成本上差距最小的经济体。分技术类别来看（见图 3 - 2～图 3 - 4），在三种技术类别制造业行业上，中国大陆单位劳动成本均低于其他经济体。其中，在低技术制造业行业上，中国大陆和日本、韩国、中国台湾之间单位劳动成本的差距远远大于中国大陆同这三个经济体在中低、中高和高技术制造业行业上的单位劳动成本的差距，也即和日本、韩国、中国台湾相比，中国大陆在低技术制造业行业上拥有明显的劳动力成本优势。但是，由于低技术制造业行业生产复杂程度不高，从而生产过程的分割不如其他技术类别制造业行业明显，这类行业的垂直专业化比率并不高。垂直专业化主要发生在技术复杂度比较高的行业中，这在第一章中也有所反映。低技术制造业行业上垂直专业化并不明显，中国大陆在这些行业上主要以最终品的行业间贸易形式参与国际分工和贸易。在中低技术、中高和高技术制造业行业上，尽管中国大陆的单位劳动成本均低于其他经济体，但是，和中低技术制造业行业相比，中国大陆在中高和高技术制造业行业上与其他经济体单位劳动成本的差距更大，反映出，中国大陆在中高和高技术制造业行业上有着更为明显的劳动力成本优势。

基于这种劳动力成本优势，中国大陆一方面从日本、东亚四小龙等国家/地区大量进口中间品，在国内进行加工、组装；另一方面依托从日本、东亚四小龙等国家/地区进口的中间品包含的技术和这些经济体的营销渠道，将加工、组装形成的最终品出口到世界市场。

二 资本的积累

资本是另外一种传统的要素禀赋，该要素的丰缺是一国在国际垂直专业化分工体系中能否承担资本密集型环节分工的基本决定因素。在此，笔者将从两个角度进行考察：物质资本和人力资本，一方面，两者均是经济增长的源泉[①]，另一方面，从分工角度看，两者也是影响国际分工的主要要素。

(一) 物质资本的积累

物质资本是生产的依托，是生产中不可缺少的投入要素之一。借鉴单豪杰（2008）的方法，将固定资本形成作为投资，通过计算行业投资率或份额（固定资本形成占行业 GDP 的比重）来反映中国制造业资本积累的水平，计算结果见表 3-1。

---

① 一方面，新古典经济增长理论认为，物质资本是经济增长的源泉；另一方面，新经济增长理论又将人力资本纳入相关分析。

表 3 - 1　1995～2009 年中国资本积累水平

单位：%

年份	教育经费总支出占 GDP 比重	制造业投资率			
		总体	低技术行业	中低技术行业	中高和高技术行业
1995	3.09	7.01	6.71	5.60	8.76
1996	3.18	6.82	6.45	5.48	8.60
1997	3.21	6.69	6.52	5.30	8.27
1998	3.16	7.10	7.01	5.83	8.39
1999	3.40	7.24	7.29	6.13	8.15
2000	3.55	7.21	7.53	6.23	7.75
2001	—	7.32	7.68	6.46	7.69
2002	4.19	7.72	8.34	7.11	7.69
2003	4.22	7.74	8.77	7.16	7.42
2004	4.17	8.28	9.34	7.91	7.86
2005	4.15	8.52	9.51	8.41	7.98
2006	4.02	8.05	8.94	8.19	7.41
2007	4.39	7.74	8.52	8.07	7.06
2008	4.45	8.16	8.98	8.50	7.45
2009	4.33	8.71	9.58	9.07	7.95

注：原始数据中教育经费支出来源于历年《中国教育经费统计年鉴》，GDP 来源于国家统计局网站；固定资本形成和行业 GDP 来源于 WIOD 数据库。

　　分析表 3 - 1，可以发现，1995～2009 年，中国制造业总体、低技术制造业行业、中低技术制造业行业投资率均总体上呈增长趋势，而中高和高技术制造业行业投资率却总体呈下降趋势；对比不同技术类别制造业行业的投资率，1995～2009 年，低技术制造业行业均高于中低技术制造业行业，而中高和高技术制造业行业先后被低技术制造业行业（2002 年）和中低技术制造业行业（2004 年）超过，逐渐成为投资率最低的制造行业类别。

　　对比各经济体之间（固定资本）的投资率，无论是在制造业总体还是在分技术类别制造业行业上（见图 3 - 5～图 3 - 8），1995～2009 年德国的投资率均在下降，但它仍是投资率最高的经济体。和美国相比，无论是在制造业总体还是在分技术类别制造业行业上，中国大陆的投资率均高于美国。在制造业总体上，1995～1997 年，中国大陆投资率低于韩国，自 1998年起超过韩国；在此期间的多数年份里，中国大陆制造业总体投资率低于日本和中国台湾。

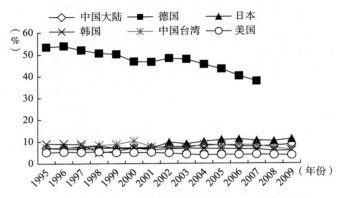

图 3 – 5　1995～2009 年投资率国际比较：制造业总体

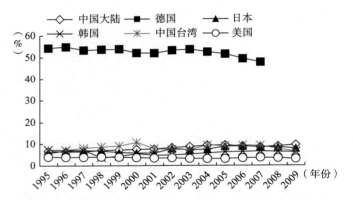

图 3 – 6　1995～2009 年投资率国际比较：低技术制造业行业

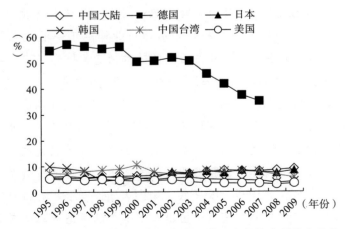

图 3 – 7　1995～2009 年投资率国际比较：中低技术制造业行业

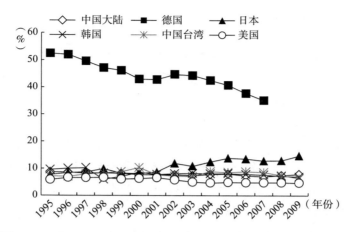

图 3 - 8　1995 ~ 2009 年投资率国际比较：中高和高技术制造业行业

除德国和美国外，分技术类别制造业行业看，1995 ~ 2009 年，在低技术制造业行业上（见图 3 - 6），中国大陆的投资率多数年份里低于中国台湾，但高于韩国（1998 ~ 2009 年）和日本（1996 ~ 1997 年、2006 ~ 2007 年除外）。在中低技术制造业行业上（见图 3 - 7），1995 ~ 2009 年，中国大陆的投资率呈现一种赶超的趋势：分别于 1999 年超过韩国，于 2002 年超过中国台湾；在该技术类别制造业行业上，1995 ~ 2009 年中国大陆和日本的投资率相差不大，差别幅度在 1% 之内（2008 年除外）；2007 年，中国大陆超过除德国以外的其他所有经济体，投资率稳居第二位。与其他技术类别制造业行业相反，在中高和高技术制造业行业上（见图 3 - 8），由于投资率的持续降低，中国大陆在该类制造业行业上的资本积累优势迅速消失，其投资率在 1995 ~ 2009 年的多数年份里低于日本、韩国和中国台湾。具体来看，1997 ~ 2009 年，中国大陆的投资率低于日本，且差距越来越大；除 1998 ~ 1999 年、2008 ~ 2009 年外，中国大陆的投资率也低于韩国；中国台湾的投资率自 1999 年超过中国大陆，2001 年其投资率大幅下滑，2002 ~ 2003 年略低于中国大陆，但之后快速上升，2004 ~ 2008 年超过中国大陆。

以上分析表明，中国大陆制造业物质资本积累水平和代表性国家/地区相比并不高，尤其是在中高和高技术制造业行业上，和垂直关联的上游经济体相比，并不具备明显的优势。

（二）人力资本的积累

人力资本在经济发展中的作用，Schultz（1960）、Romer（1986）、Lucas（1988）均曾有论述。在生产过程中，由于人力资本积累不像物质资本积累那样，会导致边际报酬递减，其在生产中的作用也逐步占据了主导地位。人力资本投资存量的形成途径主要包括对教育、健康和培训等多方面的投资，其中教育投资对提高人力资本存量水平起着非常重要的作用。因此，本书选择最主要的指标——教育投资来反映人力资本积累情况，其来源主要有三个途径：国家投资、个人投资和民间投资。

用教育经费支出总额反映教育投资力度，1995～2009 年，中国教育经费总支出稳步增加，从 1995 年的 1877.95 亿元增加到 2009 年的 14756.73 亿元，年均增速达到 15.86%。用教育经费总支出占 GDP 的比重，反映经济生活中对人力资本投资的重视程度，1995～2009 年，中国的该比重总体上也呈现增长的趋势（见表 3-1）。教育经费总支出及其占 GDP 的比重的变化反映了中国人力资本投资水平的提高，但是，和物质资本投资相比，GDP 中用于人力资本投资的份额仍稍显不足。

利用 GDP 中用于教育的公共支出所占比重来反映一国政府对人力资本的投资力度，中国与部分国家的人力资本投资情况如表 3-2 所示。随着用

表 3-2　1995～2009 年用于教育的公共支出占 GDP 的比重：国际比较

单位：%

年份	中国*	德国	日本	韩国	美国	年份	中国*	德国	日本	韩国	美国
1995	1.86	4.54	3.51	3.22	5.16	2003	2.37	—	3.64	4.37	5.77
1996	1.87	4.61	—			2004	2.34	—	3.60	4.36	5.51
1998	1.86	4.59	3.43	3.74	5.01	2005	2.31	—	3.48	4.15	5.28
1999	1.91		3.54	3.76	5.04	2006	2.37	4.43	3.46	4.22	5.62
2000	1.97	—	3.62	—	—	2007	2.49	4.49	3.46	4.23	5.46
2001	2.20		3.57	4.12	5.67	2008	2.64	4.57	3.44	4.80	5.50
2002	2.39	—	3.59	4.01	5.61	2009	2.86	5.06	—	5.05	5.43

注：1995～1999 年原始数据来源于世界银行世界发展指标数据库，2000～2009 年原始数据来源于相应年度的《中国教育经费统计年鉴》和《中国统计年鉴》；计算中，利用全国预算内教育经费支出代表公共支出。

数据来源：中国部分数据由笔者计算而得；其他数据来源于世界银行世界发展指标数据库。

于教育的公共支出的逐年增加，中国教育公共支出在 GDP 中所占的比重也在逐步增加，但是和其他一些发达国家相比，中国的该比重仍然最低。具体来看，1995 年各国 GDP 中用于教育的公共支出所占比重排名为：美国、德国、日本、韩国和中国；1998～2008 年，日本用于教育的公共支出的 GDP 占比波动不大，若按照这样的速度，终会被中国赶上；韩国 GDP 中用于教育的公共支出比重持续增加，1998 年起，超过日本，2008 年超过德国，但 2009 年又被德国反超；美国作为知识经济强国，政府对于人力资本的投资力度最大。

三 技术水平的提高

目前，信息化的蓬勃发展推动着技术传播速度的不断加快；产品市场的繁荣，价值、文化理念的变化使得消费者的需求趋于快速多变。面对来自生产和消费两方面的压力，为满足不断变化的消费者需求，生产方必须及时进行产品的更新换代，以更新的技术延长产品生命周期。尤其是在全球产品内分工越来越细化的情况下，要融入国际垂直专业化分工体系，承担产品某环节的生产，必须达到一定的技术要求。事实上，中国也越来越重视技术的力量，不断加大研发投入，1990～2009 年，中国 R&D 经费支出总额以超过年均 22% 的速度增长[1]。而对制造业尤为重视，2003～2011 年，制造业总体 R&D 经费支出不断增加，从 2003 年的 678.4 亿元增长到 2011 年的 5692.4 亿元，年均增长速度高达 30.5%。从制造业总体 R&D 经费支出占行业 GDP 的比重看（见表 3－3），2003～2011 年，该比重也在不

表 3－3 2003～2011 年中国制造业 R&D 经费支出占行业 GDP 的比重

单位：%

年　份	2003	2004	2005	2006	2007	2008	2009	2010	2011
制造业总体	0.77	0.76	0.80	0.84	0.86	0.90	1.03	0.99	1.17
高技术制造业行业	—	—	—	1.30	1.29	1.39	1.28	1.65	1.63

数据来源：原始数据来源于《中国统计年鉴》，经笔者计算得到具体数据；2003～2010 年数据来自大中型工业企业统计，2011 年数据按照新的统计规则为规模以上工业企业统计数据。

---

[1] 科技部：《中国科技发展 60 年》，科技部官网，http://www.most.gov.cn/kjfz/kjxz/，第 254 页。

断增加。而高技术制造业行业 R&D 经费支出占该行业 GDP 的比重更大。但是从具体比重值看，制造业 R&D 经费支出占行业 GDP 的比重在多数年份里还不足 1%，显示出我国制造业研发投入仍然处于较低水平。

而在对技术研发的投入中，政府的力量不可忽视。2009 年，国家财政科技支出高达 3277 亿元①，比 2000 年（576 亿元）增长了 4.7 倍，比 2005 年（1335 亿元）增长了 1.5 倍。R&D 经费支出中政府投入部分也在不断增加，2009 年 R&D 经费内部支出中政府资金为 1358.3 亿元②，增速高达 24.7%。另外，政府又对科技重大专项实施重点支持。2006～2010 年，中国政府组织实施 16 个国家重大科技专项，中央财政投入 328 亿元经费。这些政策支持对技术创新起到了很好的引领和推动作用。

在政府和企业的共同努力下，中国某些领域的技术水平已经达到国际领先标准。比如，在计算技术方面，2009 年"天河一号"的研发，使得中国成为继美国之后世界上第二个能够研制千万次超级计算机的国家；高端容错计算机技术在体系结构、系统总线协议设计、核心芯片组设计、容错操作系统核心等若干核心关键技术方面均取得了突破，其中，核心芯片的部分技术指标达到国际先进水平。在纺织行业领域，研制了连续化去硫关键装置、专用螺杆挤出机、高温热媒箱体和高温高压联苯长丝专用箱体以及高温多段牵伸机等聚苯硫醚长丝专用关键设备，成功实现了 PPS 树脂和纤维成套工程化技术的完全国产化，建成国内最大的 6000 吨/年 PPS 纤维机树脂、4000 吨/年短纤维和 1000 吨/年长丝的专用生产线，整体技术达到国际先进水平。在电子设备行业，行业发展的初期，主要的技术都由国外设备厂家掌握，国内市场的电子整机装联设备，从丝印机、贴片机、波峰焊/回流焊、ICT/ATE，一直到 X - Ray/AOI，完全依赖国外进口，该领域的整体技术水平与国外先进水平仍有一定差距（主要是贴片机），但在多个细分领域已有技术上的突破，比如在焊接技术方面，国内焊接设备已完全能实现进口替代。这些技术水平的提升，均有助于中国制造业在参与产品内国际分工中承接高技术环节上更细、更专业化的生产，有助于提升

---

① 《2014 中国科技统计数据》，中国科技统计网，http://www.sts.org.cn/sjkl/kjtjdt/data2014/科技统计数据 2014.pdf。

② 《按资金来源分研究与试验发展（R&D）经费内部支出》，国家统计局，http://www.stats.gov.cn/ztjc/ztsj/kjndsj/kj2009/201109/t20110902_71375.html。

其核心竞争力。

通过以上分析可以看出，不管是行业还是政府，中国目前对于技术的重视程度在提高，技术研发投入不断增加。但是和国际垂直专业化分工中上下游关联经济体相比，我国技术投入情况又如何，从而技术实力如何，仍有待分析。在此，本书用 R&D 支出占 GDP 的比重和研发从业人员数来表示经济体对技术的投入和支持力度。

表 3 -4 展示了以 R&D 支出占 GDP 比重和研发人员数表示的技术投入的国际比较，可以看出，1996 ~ 2009 年，无论是 R&D 支出占 GDP 的比重，还是研发人员比重，尽管中国均呈增加趋势（2009 年除外），但是仍低于其他国家。具体来看，1996 ~ 2008 年，日本 R&D 支出占 GDP 的比重高于其他国家，2009 年被韩国超过；韩国 1995 ~ 1998 年的 R&D 支出占 GDP 的比重介于美国和德国之间，1998 年该比重下降，1999 年起低于德国，之后

表 3 - 4　1996 ~ 2009 年的科技投入力度：国际比较

单位：% ，人

年份	R&D 支出占 GDP 的比重					每百万人中从事研发的研究人员数				
	中国	德国	日本	韩国	美国	中国	德国	日本	韩国	美国
1996	0.57	2.20	2.77	2.42	2.55	442.57	2811.61	4947.04	2211.23	3122.40
1997	0.64	2.24	2.83	2.48	2.58	471.99	2875.74	5001.60	2267.03	3224.05
1998	0.65	2.28	2.96	2.34	2.60	386.77	2898.57	5211.65	2029.43	3388.01
1999	0.76	2.41	2.98	2.25	2.64	420.60	3107.28	5251.07	2182.83	3445.10
2000	0.90	2.47	3.00	2.30	2.71	547.30	3148.80	5151.13	2345.35	3475.52
2001	0.95	2.47	3.07	2.47	2.72	581.53	3231.72	5183.76	2932.46	3545.56
2002	1.07	2.50	3.12	2.40	2.62	631.08	3253.52	4934.95	3034.39	3630.32
2003	1.13	2.54	3.14	2.49	2.61	667.53	3297.09	5156.09	3215.21	3870.21
2004	1.23	2.50	3.13	2.68	2.55	713.28	3318.87	5156.83	3301.31	3764.84
2005	1.32	2.51	3.31	2.79	2.59	856.85	3349.65	5360.20	3777.11	3718.05
2006	1.39	2.54	3.41	3.01	2.64	932.31	3452.21	5386.99	4175.01	3781.64
2007	1.40	2.53	3.46	3.21	2.70	1078.63	3597.24	5377.69	4603.84	3757.78
2008	1.47	2.69	3.47	3.36	2.84	1200.29	3751.78	5157.77	4867.81	3911.75
2009	1.70	2.82	3.36	3.56	2.90	863.93	3940.74	5147.84	5000.85	4071.79

数据来源：世界银行世界发展指标数据库。

缓慢上升，2004年起超过美国和德国，仅低于日本，2009年超过日本。1996~2009年，美国和德国R&D支出占GDP的比重呈缓慢增加趋势，但德国的比重均低于美国。对比各国每百万人中从事研发的研究人员数，1996~2009年，日本的最多；韩国的增速最快，2005年超过德国，成为仅次于日本的科研人员比重大国；在此期间，美国和德国科研人员人口占比比较平稳，其中德国的比重低于美国。

大量的科技投入，使得日韩两国高技术产品，尤其是精密仪器、零部件在国际市场上拥有极强的优势，从而它们在参与国际垂直专业化分工过程中，将高技术零部件出口到中国与中国丰富的劳动力资源结合，使得产成品的最后加工组装在中国完成以最终满足世界市场的需求，这样中国的出口也具备了高技术的特征。

以上分析说明，尽管中国出口具有高技术特征，但这在很大程度上是由进口高技术中间投入品而来的，和代表性国家相比，中国的科技投入还有比较大的差距。前文也曾提到，中国特别重视高技术产业的研发投入，但是与国际水平相比，研发投入力度仍不及国际上多数国家，尤其是发达国家的水平（见表3-5）。以2011年为例，和其他国家相比，中国高技术产业中除飞机和航天器制造业外，其他高技术产业R&D经费占工业总产值的比重基本上都是最低的。

表3-5　2011年世界部分国家高技术产业R&D经费占工业总产值比重

单位：%

产业国家	高技术产业	飞机和航天器制造业	医药制造业	办公、会计和计算机制造业	广播、电视及通信设备制造业	医疗、精密仪器和光学器具制造业
中国	1.63	7.82	1.41	0.75	1.81	1.91
美国	16.90	9.90	26.60	10.70	15.7	18.30
日本	10.50	2.90	16.4	7.61	8.9	17.00
德国	6.87	8.65	8.27	4.46	6.28	6.28
英国	11.10	10.70	24.92	0.38	7.56	3.63
法国	7.74	5.20	8.69	7.94	12.24	7.08
意大利	3.82	13.43	1.79	1.23	4.48	2.60

产业 国家	高技术 产业	飞机和航天器 制造业	医药 制造业	办公、会计 和计算机 制造业	广播、电视 及通信设备 制造业	医疗、精密 仪器和光学器 具制造业
加拿大	11.50	6.27	11.90	10.90	14.50	—
西班牙	5.22	6.87	6.25	3.80	3.85	3.24
韩国	5.86	9.02	2.51	3.93	6.65	2.16
瑞典	13.20	12.90	13.40	13.90	14.70	8.99
丹麦	—	—	18.40	5.09	11.50	8.32
挪威	5.67	1.09	5.48	0.85	7.51	5.91
芬兰	11.50	4.81	24.50	2.34	11.80	4.91

数据来源:《中国高技术产业统计年鉴2012》。

第二节　生产能力及规模经济

本节从制造业自身发展上分析中国制造业融入国际垂直专业化分工体系的能力和程度。专业化生产能力可能来自两个方面:一是自身的专业化水平,专业化水平越高,越容易参与全球分工;二是行业的规模经济和范围经济,规模经济和范围经济带来的技术外溢的便利化和交易成本的降低以及良好的功能性服务平台,能够使产业的发展水平以较低的成本获得较高的提升。在此,分别从产业专业化和产业聚集度两个角度进行分析,前者反映中国制造业的生产能力,后者反映中国制造业在生产过程中所体现的规模效应。

一　产业专业化程度

本书用专业化指数来衡量生产的专业化程度,其计算公式为:$IS_i^r = \dfrac{X_i^r / \sum\limits_i X_i^r}{\sum\limits_r (X_i^r / \sum\limits_i X_i^r)/n}$。其中,$X_i^r$ 是 r 国 i 行业的产出,n 是指国家数。从公式可以看出,该指数是通过衡量一国某行业产出份额和世界各国平均水平的差距来反映该行业专业化水平的,显然,若指数大于1,则说明与世界平均水平相比,该国该行业的专业化程度较高;且指数值越大,说明专业化程度越高。

表 3 - 6 展示了 1995～2002 年中国制造业总体及分技术类别制造业行业的专业化指数，从中可以看到，不管是制造业总体还是分技术类别制造业行业，其专业化指数均大于 1，反映出中国制造业参与国际分工雄厚的生产能力。具体来看，1995～2009 年，中国制造业总体专业化水平呈增加趋势，从 1.51 增长到 1.87，以年均 1.53% 的速度在增长。对比不同技术类别制造业行业的专业化水平，低技术制造业行业的专业化水平最低，虽然呈现增长趋势，但是增长速度（1.16%）不及制造业总体，一直低于制造业总体的专业化水平。1995～2004 年，中低技术制造业行业的专业化水平最高，但呈下降趋势。而中高和高技术制造业行业的专业化水平在 1995～2009 年呈上升的趋势，从 1.45 增长到 2.11，年均增速达到 2.72%，高于制造业总体的专业化水平，分别于 2001 年、2005 年超过制造业总体和中低技术制造业行业的专业化水平。

表 3 - 6　1995～2009 年中国制造业生产的专业化程度

年份	总体	低技术行业	中低技术行业	中高和高技术行业
1995	1.51	1.26	2.03	1.45
1996	1.56	1.32	2.11	1.45
1997	1.54	1.29	2.11	1.44
1998	1.53	1.28	2.08	1.46
1999	1.53	1.28	2.03	1.48
2000	1.50	1.28	1.85	1.47
2001	1.52	1.28	1.88	1.54
2002	1.56	1.27	1.85	1.66
2003	1.63	1.30	1.89	1.79
2004	1.61	1.24	1.86	1.78
2005	1.67	1.35	1.80	1.86
2006	1.75	1.46	1.78	1.97
2007	1.78	1.47	1.83	2.00
2008	1.80	1.52	1.80	2.03
2009	1.87	1.48	2.01	2.11

数据来源：笔者利用 WIOD 数据库中国际投入产出表相应数据计算而得。

　　显然，在当今国际垂直专业化分工体系中，较强的生产能力和较高的专业化水平使得一国在承接环节分工上更具有说服力，能够吸引较多中间投入流入该国，这又会进一步推动其生产能力和水平的提高，形成参与国际垂直专业化分工的良性循环。但是国际生产中的分工不仅仅取决于一国的生产能力，还要考虑其他经济体的生产水平，只有存在差异，才会产生分工和合作。

　　图 3 - 9 ~ 图 3 - 12 展示了制造业总体和分技术类别制造业行业生产专业化程度的国际比较。从图 3 - 9 中可以看出，基于制造业总体的专业化程度可以将 6 个经济体划分为较为明显的三个层次：第一层为中国大陆、韩国和中国台湾，制造业总体的专业化程度最高；第二层为德国和日本，制造业总体的专业化程度较上一层次经济体的略低；第三层是美国，制造业总体的专业化程度最低。整体上来看，1995 ~ 2009 年，中国大陆制造业总体的专业化程度有所提高，且高于对比国家/地区，反映出中国大陆制造业参与国际分工雄厚的生产能力。对比各经济体制造业总体的专业化程度，美国制造业总体的最低，在此期间其专业化指数均小于 1，说明其制造业生产的专业化程度低于世界平均水平；其他国家/地区制造业总体的专业化指数均大于 1，反映了其制造业总体的专业化程度高于世界平均水平；德国和日本制造业总体的专业化指数较为接近，但在 1998 ~ 2009 年，德国制造业总体的专业化指数高于日本；除 2007 年外，其他年份里韩国制造业总体的专业化指数均略高于中国台湾。

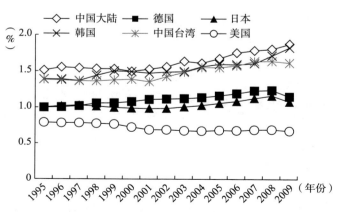

图 3 - 9　1995 ~ 2009 年专业化指数国际比较：制造业总体

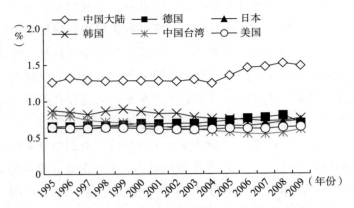

图 3 – 10　1995～2009 年专业化指数国际比较：低技术制造业行业

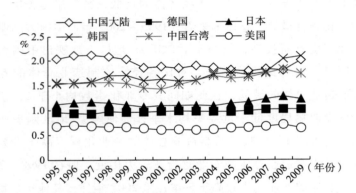

图 3 – 11　1995～2009 年专业化指数国际比较：中低技术制造业行业

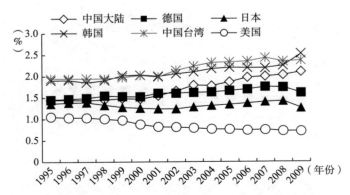

图 3 – 12　1995～2009 年专业化指数国际比较：中高和高技术制造业行业

分技术类别看，1995～2009 年，中国大陆低技术制造业行业的专业化指数一直高于其他经济体，而中低技术制造业行业的专业化指数有被赶超的趋势，中高和高技术制造业行业的专业化指数逐步上升，与中国台湾和韩国的差距不断缩小。具体来看，在低技术制造业行业上（见图 3 - 10），1995～2009 年，韩国的专业化指数均大于中国台湾，两者专业化指数总体上均有一段时间的先降后升，且均在 2007 年达到最低点，其中中国台湾的专业化指数下降速度最快，分别于 2001 年、2002 年和 2004 年低于德国、日本和美国的专业化指数，此后中国台湾成为专业化指数最低的经济体；1995 年德国、日本和美国的专业化指数相近，其中德国最大，美国和日本又依次居后；1995～2008 年，德国的专业化指数呈稳定增加趋势，于 2006 年超过韩国，但 2009 年该指数又出现了大幅度的下降，被韩国和日本超越；美国的专业化指数呈波浪式 U 形变动，2003 年达最低点，但波动幅度不大，小于 0.04，2009 年其专业化指数最高，为 0.65；日本的专业化指数呈缓慢增加趋势，分别于 1998 年和 2009 年超过美国和德国，但低于韩国。

在中低技术制造业行业上（见图 3 - 11），1995～2009 年，中国大陆、韩国、中国台湾和日本的专业化指数均大于 1，其他国家（德国 2007～2009 年除外）的专业化指数小于 1。具体来看，1995～2007 年中国大陆的专业化指数最高，但是自 1997 年起中国大陆的专业化指数呈下降趋势，至 2008 年达到最低值，但 2009 年有所反弹。在此期间，韩国和中国台湾的专业化指数均低于中国大陆，但两者的专业化指数总体上均呈增加趋势，于 2008 年均超过中国大陆，其中韩国的专业化指数自 2009 年起继续上升（尽管上升速度有所下降），但仍高于中国大陆，而中国台湾的专业化指数于 2009 年快速下降，位居第三；日本的专业化指数一直稳居第四，1997～2000 年，该国专业化指数有下降趋势，但之后又持续稳定增加直至 2008 年，2009 年该指数有所下降；德国的专业化指数较为稳定，波动幅度小于 0.09，一直低于日本；美国的专业化指数最低，1996～2003 年该国的专业化指数呈缓慢下降趋势，之后又逐步上升，2008 年达到最高值，为 0.71。

和低技术、中低技术制造业行业不同，在中高和高技术制造业行业上，尽管中国大陆的专业化指数大于 1，且不断增加（见图 3 - 12），但和其他经济体相比，中国大陆并不具备明显的专业化生产优势。1995～2009

年，中国大陆的专业化指数均低于韩国和中国台湾，但仍高于日本和美国。具体来看，韩国和中国台湾是专业化指数最高的经济体；韩国专业化指数的上升可以划分为三个阶段：1997～2000 年的高速增长阶段、2001～2008 年的缓慢增长阶段和 2009 年的突飞猛进阶段，第一阶段的增长使得韩国的专业化指数超过中国台湾，但自 2001 年起中国台湾的专业化指数增长迅速，从而拉大了韩国和中国台湾之间的差距；2008～2009 年中国台湾的专业化指数有所下降，恰逢韩国 2009 年专业化指数高速增长，从而被韩国超过，韩国成为专业化指数最高的经济体。德国 1995～2007 年的专业化指数呈稳定增加趋势，1995～2001 年高于中国大陆，但由于增长速度不及中国大陆，2002 年被中国大陆超过；中国大陆的专业化指数呈增加趋势，但 2000 年之后增速更快，与韩国和中国台湾之间的差距缩小；日本的专业化指数低于德国和中国大陆，在 1995～2008 年呈先降后升变化趋势；美国的专业化指数最低，呈下降趋势，自 1999 年起小于 1。2008～2009 年，受到全球金融危机的冲击，德国、日本和中国台湾制造业的专业化水平均有不同程度的下降，而韩国制造业的专业化水平却有大幅度上升。

二 产业聚集度

产业集聚是指同一产业在某个特定地理区域内高度集中，产业资本要素在空间范围内不断汇聚的过程。这种集聚有助于生产要素在区域内的优化配置，有助于企业获得生产成本或交易费用的节约，再加上区域内各种功能服务平台的支撑，从而吸引着一些具有共性或互补性而相互联系的企业逐步加入，最终形成具有强劲、持续竞争优势的经济群落，即产业集群。一方面，产业集群的发展在推动区域经济发展上起着重要作用；另一方面，产业集群也带来了行业的繁荣，催生了大量企业。比如，著名的美国硅谷作为世界最为知名的电子工业集中地，吸引着超千家的互联网公司入驻，也发展成为世界高技术产业的标杆。

中国的产业集群最早出现于改革开放初期的广东和浙江，在外商投资和乡镇企业的带动下，这些地区形成大量的各种产业集群，而这些产业集群很快成为该地区经济发展的重要力量。随着融入世界经济的程度加深，中国对产业专业化程度的要求也在提高，同时，产业集群也成为区域发展的重要战略。在内外环境的推动下，中国的产业集群迅速发展，集群之多，涉及行业之广也达到前所未有的水平。以长三角为例，根据肖文和林高榜（2008）的研究，在长三角11个主要城市中，存在的产业集聚涵盖所有制造业行业。同时，为推动区域经济的发展，中国各地方政府也积极推动产业集群区的建设，如截至2010年，仅河南一省就已经建立了180个产业集聚区[①]。一方面，产业集聚可以提高产业的分工程度，有助于提高劳动生产率（Henderson，1986；Yang，2001）；另一方面，产业集聚还能够带来聚集效应、共生效应、协同效应、区位效应、结构效应等诸多优势（王子龙等，2006）。

本书利用 Krugman（1991）设计的空间基尼系数，选取全国31个省、市、自治区，29个制造业行业，计算了各行业的产业聚集度，结果如表3-7所示。空间基尼系数的计算公式为，$G = \sum_i (s_i - x_i)^2$，其中，G 为空间基尼系数，s_i 是 i 地区某产业就业人数占全国该产业总就业人数的比重，x_i 是该地区就业人数占全国总就业人数的比重。空间基尼系数越高，产业聚集度越高。

表3-7 2002～2008年中国制造业行业的聚集度

单位：%

行业＼年份	2002	2003	2004	2005	2006	2007	2008	2008年相对于2002年的变化率
1	1.36	1.69	2.22	2.61	2.93	3.10	2.41	77.21
2	0.56	0.98	0.83	0.80	0.93	0.86	1.00	78.57
3	1.37	1.54	1.61	1.77	1.90	1.78	1.83	33.58
4	4.23	4.98	4.96	5.43	5.09	5.82	6.19	46.34
5	1.41	1.88	1.84	1.77	2.11	2.45	4.26	202.13
6	3.57	4.00	3.66	3.79	3.85	4.25	4.59	28.57
7	8.61	7.51	7.33	6.48	6.75	7.04	7.52	-12.66
8	5.93	5.21	4.73	4.49	3.59	2.75	2.57	-56.66
9	2.21	2.20	2.68	3.20	2.92	2.51	2.82	27.60
10	0.75	0.79	0.67	0.76	0.72	0.71	1.93	157.33
11	0.74	0.94	0.96	0.94	1.01	1.08	1.29	74.32

---

① 见中国产业集聚区网：www.chinajjq.com。

年份 行业	2002	2003	2004	2005	2006	2007	2008	2008 年相对于 2002 年的变化率
12	9.83	8.98	8.76	7.40	7.82	8.22	10.35	5.29
13	2.93	3.65	3.96	4.70	5.46	5.60	6.40	118.43
14	0.67	1.00	0.89	0.97	1.04	0.99	1.36	102.99
15	0.62	0.92	0.95	1.06	1.20	1.12	1.23	98.39
16	2.12	2.98	2.91	3.20	4.08	5.28	4.99	135.38
17	0.86	0.94	0.85	1.05	1.21	0.90	1.93	124.42
18	1.74	1.94	1.83	1.78	1.91	1.79	1.99	14.37
19	0.71	1.05	0.88	1.01	1.06	1.02	1.34	88.73
20	2.42	2.82	2.94	3.19	3.50	3.49	3.83	58.26
21	3.94	4.33	4.10	4.37	4.30	4.30	4.46	13.20
22	0.55	0.55	0.78	0.69	0.70	0.56	0.62	12.73
23	0.95	1.23	1.20	1.29	1.26	1.24	1.84	93.68
24	1.03	1.39	1.08	1.17	1.23	1.09	1.34	30.10
25	1.41	1.52	1.61	1.65	1.59	1.47	1.52	7.80
26	1.38	1.74	1.91	2.15	1.88	1.61	1.90	37.68
27	5.94	5.67	6.10	6.43	5.89	6.02	5.93	− 0.17
28	1.81	1.98	2.12	1.92	2.27	2.30	2.15	18.78
29	4.20	4.51	4.99	4.54	4.82	4.36	4.51	7.38

注：行业代码对应的行业名称见附录二中的表2。

数据来源：就业数据来自相应年度的《中国劳动统计年鉴》；最终数据由笔者计算而得。

　　分析制造业行业的聚集度，以 5% 为标准，2002～2008 年聚集度较高的行业依次为行业 12（文教体育用品制造业）、行业 7（皮革、毛皮、羽毛及其制品业）、行业 27（通信设备、计算机及其他电子设备制造业）、行业 4（烟草制品业）。可见，中国的行业聚集还是多存在于传统优势行业，而新兴行业如行业 27 的聚集度也比较高。受到金融危机的冲击，2008 年行业 27 的产业聚集度有所下降，反映出中国该行业产业集群对国际市场的依赖。从动态上看，增长幅度比较高的行业为：行业 5（纺织业）、行业 10（造纸及纸制品）、行业13～行业 17（石油加工、炼焦及核燃料加工业，化工原料及化学制品制造业，医药制造业，化学纤维制造业，橡胶制品业）及行业 23（通用设备制造业），这些行业 2002～2008 年的聚集度均增长了一倍左右或以上。行业 27（通信设备、计算机及其他电子设备制造业）、行业 14（化工原料及化学制品制造业）和行业 15（医药制造业）均属于高技术制造业行业[①]。

第三节　制度与交易成本

20 世纪 90 年代国际范围内关税水平的降低，及中国自身为加入 WTO 所做的一系列关税壁垒的削减及市场准入门槛的降低，为中国制造业融入国际垂直专业化分工体系创造了良好的外部环境。与此同时，在国内，无论是在政策导向、制度设计还是在基础设施等硬件条件上，中国都为制造业融入国际垂直专业化分工体系做出了不懈努力。

一　制度演进与政策优势

（一）关税水平的降低

为使中国经济快速融入世界经济，自 20 世纪 90 年代以来，中国政府采取了大力削减关税壁垒的措施。1992 年，中国关税总水平一直维持在 40% 以上的较高水平，为扩大国内不能生产供应的先进技术产品和国内短缺的原材料等产品的进口，增强国内工业生产在竞争中前进的能力，1992 年 3 月中国提出在三到五年内将关税总水平降低 50%，并于 1992 年 12 月实施了第一步自主降税；1996 年 11 月，江泽民主席在菲律宾苏比克湾 APEC 第四次领导人非正式会议上宣布"中国将在 2000 年把关税总水平降到 15% 左右"；"入世"之前，我国先后进行了四步自主降税；2001 年 12 月我国正式加入 WTO，此后我国开始按"入世"关税减让承诺逐年降税，至 2010 年中国"入世"降税承诺已全部履行完毕。表 3－8 列出了 1992～2011 年中国的平均关税水平，中国平均关税水平从 1992 年的 43.2% 降低

---

① 行业类型的划分参考盛斌、马涛《中间产品贸易对中国劳动力需求变化的影响：基于工业部门动态面板数据的分析》，《世界经济》2008 年第 3 期，第 12～20 页。

到 2011 年的 9.8%，远低于发展中国家平均水平，降幅达 77.3%；与"入世"时相比，平均关税水平降低了 35.9%。其中，工业品关税水平降低幅度更大，中国对工业品进口实施的平均关税水平已从"入世"时的 14.8% 降至 2011 年的 8.9%，降幅达 39.9%。

表 3 – 8　1992 ～ 2011 年中国的平均关税水平

单位：%

年　　份	平均关税水平	年　　份	平均关税水平
1992	43.2	2001	15.3
1993	39.9	2002	12.0
1994（1 ～ 3 月）	36.4	2003	11.3
1994（4 ～ 12 月）	35.6	2004	10.4
1995	35.6	2005	9.9
1996（1 ～ 3 月）	35.6	2006	9.9
1996（4 ～ 12 月）	23.2	2007	9.8
1997（1 ～ 9 月）	23.2	2008	9.8
1997（10 ～ 12 月）	17.3	2009	9.8
1998	17.3	2010	9.8
1999	16.7	2011	9.8
2000	16.4	降幅（2000 ～ 2006 年）	39.6

数据来源：《中国财政年鉴》（2007 年，2011 年）及《2011 年关税实施方案》。

从具体的工业行业看，其关税降幅要大于平均关税水平的降幅。Yu（2010）计算了中国 2000 ～ 2006 年按 HS 编码二分位归类的 15 类产品的平均进口关税水平，本书选取了其中的工业制成品部分（共 13 类），结果见表 3 – 9。除行业（64 ～ 67）外，其他工业行业关税的降低幅度均高于平均关税水平的降低幅度。

关税水平的降低，降低了交易成本，也促进了竞争，为生产和贸易往来提供了动力。以排量在 3L 以下的轿车为例，关税水平从加入 WTO 时的 51.9% 下降到 2006 年的 25.0%，降幅超过 50.0%。关税的降低并没有冲击中国汽车行业的生产，据中国汽车工业协会统计，2011 年，中国汽车产量达 1841.89 万辆，中国成为世界最大汽车生产国；而在信息技术（ICT）产品方面，2003 年 4 月 24 日，WTO 批准中国成为《信息技术协议》（ITA）

表 3 – 9　2000～2006 年中国工业品的平均关税水平（HS 二分位）

单位：%

HS 编码	2000 年	2001 年	2002 年	2003 年	2004 年	2005 年	2006 年	降低幅度（2000～2006 年）
（16～24）	20.23	16.49	14.26	13.42	12.65	11.76	10.32	48.99
（25～27）	12.25	11.58	7.96	7.65	7.12	6.93	7.00	42.86
（28～38）	15.16	13.81	9.64	8.84	8.08	7.69	7.64	49.60
（39～40）	17.53	16.1	11.69	10.36	9.39	8.89	8.96	48.89
（41～43）	22.42	19.38	15.93	14.61	12.82	12.11	11.75	47.59
（44～49）	18.34	16.31	12.04	10.46	9.13	8.22	8.49	53.71
（50～63）	26.79	21.81	17.92	15.69	13.66	12.5	12.47	53.45
（64～67）	22.88	21.51	18.05	17.1	15.99	15.76	15.26	33.30
（68～71）	18.98	17.97	14.01	12.87	11.37	10.98	10.69	43.68
（72～83）	14.56	13.48	10.12	9.38	8.79	8.65	8.80	39.56
（84～85）	13.59	12.71	7.63	6.61	6.1	5.85	5.84	57.03
（86～89）	19.71	17.43	15.8	13.66	12.63	12.61	11.78	40.23
（90～97）	19.12	16.34	12.74	11.39	9.95	9.07	8.97	53.09

注：（16～24）为食品，饮料、酒及醋，烟草、烟草及烟草代用品的制品；（25～27）为矿产品；（28～38）为化学工业及其相关工业的产品；（39～40）为塑料及其制品，橡胶及其制品；（41～43）为生皮、皮革、毛皮及其制品，鞍具及挽具，旅行用品、手提包及类似容器，动物肠线（蚕胶丝除外）制品；（44～49）为木及木制品；（50～63）为纺织原料及纺织制品；（64～67）为鞋、帽、伞、杖、鞭及其零件，已加工的羽毛及其制品，人造花，人发制品；（68～71）为石料、石膏、水泥、石棉、云母及类似材料的制品，陶瓷产品，玻璃及其制品，天然或养殖珍珠、宝石或半宝石、贵金属（包括贵金属及其制品），仿首饰、硬币；（72～83）为贱金属及其制品；（84～85）为机器、机械器具、电气设备及其零件，录音机及放声机、电视图像和声音的录制和重放设备及其零件、附件；（86～89）为车辆、航空器、船舶及有关运输设备；（90～97）为其他制造业。

注：降低幅度为笔者在 Yu（2010）基础上做的计算的结果。

的第 58 个参加方。根据加入 ITA 时的承诺，我国部分信息技术产品从 2005 年 1 月 1 日起全部实行零关税。关税水平的降低及免除，为贸易往来提供了便利，OECD 发布的最新 ITC 贸易研究报告表明，中国已成为全球最大的信息技术产品贸易国——既是 ICT 产品的最大出口国也是 ICT 产品的最大进口国。

　　减税举措为中国有效利用劳动力资源优势和外来资本、技术优势发展加工贸易创造了有利条件，推动了中国融入国际垂直专业化分工体系的步伐。以加工贸易为例，进出口总额从 1980 年的 16.66 亿美元增加到 2011 年的超过 1.3 万亿美元，不管是增长幅度还是增长速度都是惊人的。这种方式，利用出口带动资源投入制造业，为推进中国工业化进程，提升中国制造业的国际竞争力，做出了巨大贡献；通过进口为产业发展带来了资本与技术，推动了中国产业结构升级的步伐；也创造了更多就业机会，消化和吸收了大量从农村转移出来的剩余劳动力。

（二）政策激励

为推动中国制造业进一步融入国际垂直专业化分工体系，中国政府设立了很多吸引外商投资、促进出口的优惠政策、措施，以期引进先进技术和管理经验，并通过参与国际竞争提升企业自身的竞争力水平。这些措施诸如设立出口加工区、经济特区、保税区和经济技术开发区等具有特殊功能的特定区域，同时在用地、管理、税收等方面配备优惠的政策，极大地吸引了外资，推动了出口的增长，对中国制造业融入国际垂直专业化分工体系起到了很大的推动作用。

例如，国家对出口加工和外资企业施以优惠的税收政策，对出口加工区，国家对区内加工产品不征收增值税。而且除法律、法规另有规定外，对于区内生产性的基础设施建设项目所需的机器、设备和生产厂房、仓储设施建设所需的基建物资，区内企业生产所需的机器、设备、模具及其维修用零配件，区内企业加工出口产品所需的原材料、零部件、元器件、包装物料及消耗性材料，区内企业和行政管理机构自用合理数量的办公用品，均免除其进口关税和进口环节税。对于区内企业加工的制成品及其在加工生产过程中产生的边角料、余料、残次品、废品等销往境外的，除法律、法规另有规定外，免征出口关税。从出口加工区外进入加工区供区内企业使用的国产机器、设备、原材料、零部件、元器件、包装物料以及建造基础设施、加工企业和行政管理部门生产和办公用房所需的合理数量的基建物资等，海关按照对出口货物的有关规定办理报关手续，并签发出口退税报关单。

长期以来，外资企业在中国境内一直享有优惠所得税税率，直到 2008 年 1 月 1 日《中华人民共和国企业所得税法》实施，内外资所得税税率才实现"并轨"。至于给予外商投资企业的税收优惠政策，详见表 3-10。

表 3 - 10　外商投资企业和外国企业税收优惠一览

类别		企业所得税		预提所得税	
	税率	定期减免税		税率	减免权限
外商投资企业和外国企业所得税法及细则规定	30%	经营期在十年以上的生产性外商投资企业，从获利年度起两年免征，三年减半征税，但是属于石油、天然气、稀有金属、贵重金属等资源开采项目的，由国务院另行规定，先进技术企业可以延长三年减半征税，产品出口企业当年出口产值占企业总产值 70% 以上，当年减半征收；上述减半税率低于 10% 的，按 10% 征税		20%	为科学研究、开发能源、发展交通事业、农林牧业生产以及开发重要技术领域同转悠技术所取得特许权使用费，经国家税务局批准，可减按 10% 的税率征税，其中技术先进条件优惠的，可以免税
经济特区	深圳、珠海、汕头、厦门	15%	除税法规定外，从事服务性行业外商投资超过 500 万美元、经营期在十年以上的，一年免税；两年减半征税	10%	特区人民政府有权减免
	海南	15%	除税法规定外，从事服务性行业外商投资超过 500 万美元、经营期在十年以上的，一年免税；两年减半征税。此外，从事港口码头、机场、公路、铁路、电站、煤矿、水利等基础设施开发和农业开发经营的企业，经营期在 15 年以上的，五年免税和五年减半征税		—
经济技术开发区	生产性外商投资企业税率为 15%，其他为 30%	按税法规定		10%	开发区所属人民政府有权减免
高新技术开发区	高新技术企业 15%，其他按税法规定	按税法规定			按税法规定

資料来源：摘自郭蕴芬《外商投资企业和外国企业税收优惠一览表》，《涉外税务》1993 年第 12 期，第 36 ~ 37 页。

这些措施极大地推动了外资的进入，实际利用外商直接投资（FDI）从 1995 年的 375. 21 亿美元增加到 2008 年的 923. 95 亿美元，增加了约 1.5 倍；外商投资企业从 1995 年的 233564 户增加到了 2008 年的 434937 户①，

① 为外商投资企业年底注册数（户）。

增加了 201373 户，接近翻了一番，平均以每年增加 15490 户的速度增长；外商投资企业的投资总额也从 1995 年的 6390 亿美元增加到 2008 年的 23241 亿美元，增加了 2.6 倍（见图 3 - 13）。

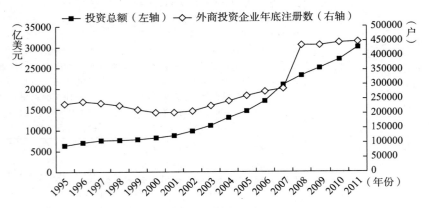

图 3 - 13   1995 ~ 2011 年外商投资企业数及投资额变化

数据来源：1996 ~ 2012 年《中国统计年鉴》。

在一系列优惠措施的激励下，外商投资企业和出口加工企业成为出口的主力军，其出口在总出口中占有较高的比重，尤其是加工贸易的出口占比在多数年份里超过了 50%（见表 3 - 11），体现了中国的"世界工厂"特征。

表 3 - 11   1995 ~ 2008 年外商投资企业和加工贸易的出口占比

单位：%

年份	外商投资企业	加工贸易	年份	外商投资企业	加工贸易
1995	31.51	49.55	2002	52.20	55.27
1996	40.72	55.83	2003	54.83	55.17
1997	40.98	54.52	2004	57.07	55.28
1998	44.07	56.92	2005	58.30	54.66
1999	45.47	56.89	2006	58.18	52.67
2000	47.93	55.23	2007	57.10	50.71
2001	47.29	55.40	2008*	55.60	47.48

* 2008 年数据为 2008 年 1 ~ 10 月数据。

数据来源：原始数据来自商务部进出口统计，经笔者计算而得。

除了以上政策优惠，中国政府也在不断改善国内经营软环境。据世界银行《2012 年营商环境报告》，2010～2011 年更多经济体实行了营商环境改革。其中，中国内地过去 6 年所取得的进步在东亚和太平洋地区首屈一指，通过修订《公司法》等举措，在 9 个领域改善了营商环境，促进了当地营商的便利化。中国、印度和俄罗斯联邦跻身近年来营商环境改善最大的 30 个经济体之列。与世界其他经济体相比，企业经营环境排名虽然没有提升，但是以开办企业、办理施工许可证、获得电力、登记财产等方面的指标衡量，中国在降低经营成本方面做了很大改进，显示出营商环境的改善。以企业开业成本指标为例，2003～2011 年，尽管中国企业开业所需要办理的手续没有减少，但是企业办理开业手续所需要的天数和企业登记注册费所占人均国民生产总值（GNI）的比重均减少了，分别从 48 天降低到 38 天，从 17.8% 降低到 3.5%。

二　基础设施服务

完善的基础设施是生产经营和贸易活动得以顺利开展的依托。顺应工业化进程的发展，中国公路、铁路建设突飞猛进，提高了运输速度和效率。中国高速公路路程已由 2002 年底的 2.51 万公里增加到 2011 年底的 8.49 万公里，跃居世界第二[①]；当前，干线公路长足发展，初步形成横连东西、纵贯南北、通江达海、联结周边的骨架公路通道。在铁路运输方面，截至 2010 年底，全国铁路营业里程达到 9.10 万公里，居世界第二，完成全世界铁路近 1/4 的工作量；其中，电气化铁路总里程于 2012 年突破了 4.8 万公里，跃升为世界第一位。

公路、铁路的建设和发展，极大地提高了中国的货物运输能力，货物运输周转量稳步增加（见表 3 - 12）。1995～2009 年，全国各方式货物运输周转量总和从 1995 年的 35909 亿吨公里增加到 2009 年的 122133.31 亿吨公里，年均增速达到 9.14%，其中，公路运输货物周转量增速高达 15.93%，高于总体水平；而铁路运输货物周转量增速相对缓慢，为 4.82%，低于总体水平。具体来看，长期以来，铁路运输货物周转量高于公路运

---

① 《高速公路里程跃居世界第二（数字·十年）》，人民网，http://www.people.com.cn/GB/24hour/n/2012/0928/c25408 - 19135325.html，2012 年 9 月 28 日。

输，但是，因公路运输的高速发展，2008 年起公路运输的货物周转量超过铁路运输。物流的繁荣，一方面反映了中国国内交通运输基础设施建设的逐步完善，另一方面也反映了中国经济的活跃。

表 3 - 12　　1995～2009 年中国的货物运输周转量

单位：亿吨公里，%

年份	总计	铁路运输	公路运输	年份	总计	铁路运输	公路运输
1995	35909.00	13049.50	4694.90	2003	53859.00	17246.70	7099.50
1996	36590.00	13106.20	5011.20	2004	69445.00	19288.80	7840.90
1997	38385.00	13269.90	5271.50	2005	80258.00	20726.00	8693.20
1998	38089.00	12560.10	5483.40	2006	88839.70	21954.40	9754.20
1999	40568.00	12910.30	5724.90	2007	101418.81	23797.00	11354.69
2000	44320.70	13770.50	6129.40	2008	110300.83	25106.28	32868.19
2001	47710.00	14694.10	6330.40	2009	122133.31	25239.17	37188.82
2002	50686.00	15658.40	6782.50	年均增速	9.14	4.82	15.93

数据来源：原始数据来自国家统计局网站（http://data.stats.gov.cn/），经笔者整理计算而得。

　　全球生产的共享带动了海运业的繁荣，尽管来自其他运输方式的竞争越来越激烈，但是作为传统国际贸易运输方式，海运仍然是国际贸易运输中最重要的方式，而集装箱运输又是海运的主要方式。港口集装箱运输衡量的是从陆地到海上的集装箱流量，以 20 英尺的标准货柜（TEUs）衡量，2000 年，中国的港口集装箱运输量为 4.1 亿个 TEUs，仅次于美国；2008 年，中国的港口集装箱运输量位居第一（见图 3 - 14）。可见，中国有着极强的海洋运输能力。受到金融危机的影响，相比 2008 年，2009 年中国港口集装箱运输量有所减少，但是仍高于其他国家，2010 年运输量有所恢复，达到 1.30 亿个 TEU。另外，以集装箱运输为标准，2009 年世界前 10 大港口中中国占了 5 个[①]。

　　中国海运、公路、铁路运输业的繁荣为进出口商品的往来提供了快捷、安全的服务，尤其是在产品生产阶段在全球布局的情况下，它们的发展为中间品快速跨境流动、最终品迅速到达消费市场提供了有利条件。

---

　　①　参见国际运输论坛：http://www.internationaltransportforum.org/。

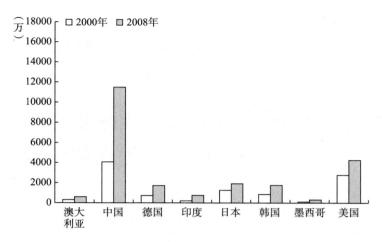

图 3 - 14 港口集装箱运输量的国际比较：2000 年和 2008 年

数据来源：世界发展指标数据库（http：//data. worldbank. org/data-catalog/ world-development-indicators）。

第四节 小结

在参与国际垂直专业化分工的过程中，中国制造业拥有巨大的劳动力成本优势、强大的专业化生产能力以及逐步提高的资本积累水平和不断增强的技术研发能力，这些为其承接垂直专业化分工中的生产环节提供了基础；同时，产业聚集、良好的投资环境及完善的基础设施为中国制造业参与国际垂直专业化分工提供了良好的外部环境和依托。由于资本积累水平、技术研发能力无法和其他国家/地区匹敌，中国制造业参与国际垂直专业化分工仍主要依靠劳动力成本优势。

第四章　中国制造业融入国际垂直专业化分工体系的程度和位置

第三章的分析表明，中国制造业拥有良好的融入国际垂直专业化分工体系的基础和条件，这样的基础和条件势必推动中国制造业融入国际垂直专业化分工体系的步伐。在本章，笔者进一步分析中国制造业融入国际垂直专业化分工体系的程度及在其中的位置。具体分析方法如下：第一，利用垂直专业化比率反映中国制造业融入国际垂直专业化分工体系的程度及结构特征；第二，进一步扩展垂直专业化的计算方法，勾勒中国制造业的垂直专业化分工链条，来反映中国制造业参与垂直专业化分工的前后向国家/地区关联；第三，利用国际投入产出表，从产业关联强度和产业链长度这两个角度反映国家/地区间的产业关联，继而勾画制造业的垂直专业化分工网络和典型制造业行业的垂直专业化分工网络。

第一节　方法和说明：投入产出模型及其应用

投入产出理论是由著名经济学家瓦西里·里昂惕夫（Wassily Leontief）创立的，根据 Leontief（1949）的解释，投入产出分析法是把一个复杂经济体系中各部门之间的相互依存关系系统地数量化的方法。从实践上来说，应用这种方法的经济体系可以大到一个国家甚至整个世界，也可以小到一个都市、地区，乃至一个企业。

自里昂惕夫创立投入产出理论以来，投入产出分析为分析经济发展的结构、世界经济结构、技术变动与价格、就业与收入分配、收入与价格、国内生产和国际贸易、环境污染等问题提供了新的视角和方法，对这些经济问题的分析集中体现在他的系列文章中①。随着研究的深入，投入产出模型从早期的静态投入产出模型逐步扩展到动态投入产出模型；同时，应用领域也不断扩大。本部分主要介绍静态投入产出模型及其在一国和国家间、产业间关联等方面的应用。

一　垂直专业化的衡量：对非竞争型投入产出表的应用

（一）垂直专业化的衡量

垂直专业化的衡量方法是由 Hummels 等（2001）提出的，根据其对垂直专业化的界定，可以通过计算出口中的国外中间投入来衡量垂直专业化的程度，通常可以用以下公式来衡量：

$$VS_i = \left(\frac{impint_i}{out_i} \right) \times exp_i \qquad (4-1)$$

$$VSS_i = \frac{VS_i}{exp_i} = \frac{impint_i}{out_i} \qquad (4-2)$$

其中，$impint_i$ 表示 i 行业进口的中间投入，out_i 表示 i 行业的总产出，exp_i 表示 i 行业的出口。公式（4-1）计算的是 i 行业垂直专业化出口额，反映的是出口中包含的进口中间投入的价值；公式（4-2）计算的是 i 行业的垂直专业化比率，衡量的是 i 行业出口中垂直专业化出口的份额。

通过公式（4-1）可以得到各行业的垂直专业化出口额（VS_i），将各行业的垂直专业化出口额加总，就得到一国总的垂直专业化出口额；同理，将制造业各行业垂直专业化出口额加总，即得到制造业垂直专业化出口额，其计算公式为：$VS_m = \sum_i VS_i = \sum \left(\frac{impint_i}{out_i} \right) \times exp_i$。其中，$i$ 表示各制造业行业。从中可以看出，加总的垂直专业化出口额是一种对出口额的加权平均，权重为垂直专业化比率。这样制造业总的垂直专业化比率可以通过下式计算而得：

$$VSS_m = \frac{VSSM \times E_m}{\sum_i E_{mi}} \qquad (4-3)$$

---

① 这些文章由崔书香、潘省初、谢鸿光翻译并集结在《投入产出经济学》一书中。

式中，VSS_m 为制造业总的垂直专业化比率，$VSSM$ 为以制造业各行业垂直专业化比率为元素的行向量，E_m 是以制造业各行业出口额 E_{mi} 为元素的列向量。同样，这种方法可以计算不同技术层次制造业的垂直专业化比率。

（二）非竞争型投入产出表的应用

在现有的贸易统计中，即使是比较权威和全面的联合国 UN-COMTRADE 数据库，也缺少对中间投入品的统计。因此，一般无法直接获得中间投入品的进口数据，这就给垂直专业化比率的计算造成困难。现实处理中，进口中间投入一般得自国家投入产出表。

根据对进口中间投入的处理方法，可将一国投入产出表分为两种：竞争型投入产出表和非竞争型投入产出表，分别如表 4－1 和表 4－2 所示。竞争型投入产出表的编制，并没有将中间投入品区分开，假设进口和国内生产的中间投入品是完全替代的。而非竞争型投入产出表考虑到进口和国内生产的中间投入品的不完全替代性，将中间投入区分为进口和国内生产两部分。

表 4－1　竞争型投入产出表

投入＼产出		中间使用				最终使用	总产出
		部门 1	部门 2	…	部门 n		
中间投入	部门 1	x_{11}	x_{12}	…	x_{1n}	f_1	y_1
	部门 2	x_{21}	x_{22}	…	x_{2n}	f_2	y_2
	⋮	⋮	⋮		⋮	⋮	⋮
	部门 n	x_{n1}	x_{n2}	…	x_{nn}	f_n	y_n
最初投入	固定资产折旧	d_1	d_2	…	d_n		
	劳动者报酬	w_1	w_2		w_n		
	⋮	⋮	⋮		⋮		
	生产税净额和营业盈余	m_1	m_2	…	m_n		
总投入		y_1	y_2	…	y_n		

注：最终使用包括最终消费、资本形成总额和出口。

资料来源：刘起运等编著《投入产出分析》，中国人民大学出版社，2011，第 41 页表 3－5。

表 4 - 2　非竞争型投入产出表

投入 ＼ 产出		中间使用		最终使用					国内总产出或进口
		国内生产 1, …, n	中间使用合计	消费	资本形成总额	出口	其他	最终使用合计	
中间投入	国内产品中间投入 1, 2, …, n	X_{ij}^D		F^{DC}	F^{DI}	E		F^D	Y
	进口品中间投入 1, 2, …, n	X_{ij}^M		F^{MC}	F^{MI}			F^M	M
	中间投入合计								
最初投入	固定资产折旧、劳动者报酬、税金、利润								
	最初投入合计（增加值合计）1, 2, …, n	V							
	总投入								

注：右上标中，D 和 M 分别代表国内产品和进口品，C 和 I 分别表示消费和投资；X_{ij}^D 和 X_{ij}^M 分别表示 j 部门生产过程中 i 部门的国内产品和进口品的中间投入；F 和 E 分别表示最终使用和出口。

资料来源：刘遵义等《非竞争型投入占用产出模型及其应用——中美贸易顺差透视》，《中国社会科学》2007 年第 5 期。

分析竞争型投入产出表（如表 4 - 1 所示），水平方向上的均衡方程为：$Y = (I - A)^{-1} F$。其中，$A = [a_{ij}] = [x_{ij}/y_i]$ 为直接消耗系数矩阵；F 为最终使用列向量，Y 为国内总产出列向量；$(I - A)^{-1}$ 则为著名的里昂惕夫逆矩阵，反映了单位投入在生产过程中的无限循环使用和产业波及效果。对于国家投入产出模型的应用，下文中会有进一步的阐述，在此不赘述。

与竞争型投入产出模型不同，非竞争型投入产出表（如表 4 - 2 所示）在水平方向则有两组均衡方程，分别描述了国内均衡和进口均衡，以矩阵形式可以分别表示为：

$$Y = (I - A^D)^{-1} F^D \tag{4 - 4}$$

$$A^M Y + F^M = M \tag{4 - 5}$$

其中，$A^D = [a_{ij}^D] = [X_{ij}^D/Y_j]$ 为国内产品直接消耗系数矩阵；$A^M = [a_{ij}^M] = [X_{ij}^M/Y_j]$ 为进口品直接消耗系数矩阵；F^D 和 F^M 分别表示国内产品和进口品的最终使用列向量，Y 和 M 分别表示国内总产出和进口品的列向量。

在利用竞争型投入产出表计算垂直专业化比率时，为获得中间投入品的进口额，计算中常设定如下假设，如 CCER 课题组（2006）对中国垂直专业化程度及中国向美国垂直专业化出口中东亚链条效应的分析：假设一，国民经济所有部门使用的中间投入品中，进口投入品的比例在各个部门是一样的；假设二，中间产品中进口与国内生产的比例等于最终产品中进口与国内生产的比例。

和竞争型投入产出表相比，非竞争型投入产出表由于对中间投入品进行了区分，从而在计算垂直专业化比率方面有明显优势。目前，利用非竞争型投入产出表计算垂直专业化比率更为广泛。此外，计算中，也应考虑进口中间投入品在国内生产过程中的循环使用和产业波及效果。以公式（4－2）的计算为例，用 A^M 表示进口品直接消耗系数矩阵，那么公式（4－2）的矩阵运算表达式则为 $VSS = uA^M$。其中，VSS 是以行业垂直专业化比率为元素的行向量，u 为元素为 1 的行向量。考虑到进口中间投入品在国内生产过程的无限间接使用，一般在计算垂直专业化比率时通常考察完全消耗，所以更常用的计算方法为：

$$VSS = uA^M (I - A^D)^{-1} \qquad\qquad (4-6)$$

其中，A^M 为进口品直接消耗系数矩阵，其他各式类似。

二　国家投入产出模型和产业关联的测度

产业关联分析是投入产出领域中传统的分析方法，在投入产出框架下，各个行业（部门）之间是相互依赖的，每一个行业（部门）既需要其他行业（部门）的产品作为（中间）投入，又要为其他行业（部门）的生产提供产品（中间需求）。衡量这种依赖程度的较为常用的方法有两种：一是 Chenery 和 Watanabe（1958）提出的，用投入（消耗）系数矩阵 A 在列项的合计来反映关联程度的方法；二是 Rasmussen（1956）提出的，利用里昂惕夫逆矩阵的列项和来衡量的方法。但是，这两种方法只考虑了行业或部门的产品作为中间投入而产生的行业关联，根据赫尔曼的界定（Hirschman，1958），在投入产出系统内存有两种关联效应：一种是后向关联效应，某行业（部门）的后向关联反映的是该部门生产过程中对投入的依赖程度，下游部门的生产扩大会加大对上游部门产品的需求，是一种需求拉动型的依赖关系；另一种是前向关联效应，某部门的前向关联反映的是该部门产出作为中间投入，其产出的变化对其他部门产出的影响，也即作为上游部门，该部门的生产扩大会为下游部门的生产提供更多的产品（中间投入），反映的是成本推动型的依赖关系。

一个国家的投入产出表可参照表4－1编制，该表水平方向表现为经济部门的产品分配使用去向，各使用量之和等于总产出；垂直方向表示产品生产中的各种要素投入，这些要素的价值之和等于总投入。用矩阵表示，水平方向和垂直方向的均衡方程分别为：

$$X \times U + F = Y \qquad\qquad (4-7)$$

$$U \times X + V = Y' \qquad\qquad (4-8)$$

其中，X 为产业间中间品流量矩阵，是 $n \times n$ 的方阵；Y、F 均为 $n \times 1$ 的矩阵，分别表示总产出和最终产品；V 和 Y' 均为 $1 \times n$ 的矩阵，分别表示最初投入矩阵和总投入矩阵；U 为元素为 1 的 $n \times 1$ 矩阵。

令投入（消耗）系数矩阵 $A = X\hat{Y}^{-1}$，其元素 a_{ij} 表示单位的 j 行业产出中，所需要投入的 i 行业产品的量；分配系数矩阵 $B = \hat{Y}^{-1}X$，其元素 b_{ij} 衡量的是 i 行业产出中，用于 j 行业生产的份额，$\hat{Y}$ 是主对角线上元素为总产出，其他元素为零的对角矩阵，则方程（4－7）和方程（4－8）可以分别表示为：

$$Y = (I - A)^{-1}F = LF \qquad\qquad (4-9)$$

$$Y' = V(I - B)^{-1} = VG \qquad\qquad (4-10)$$

方程（4－9）是著名的里昂惕夫投入产出模型。其中，$L = (I - A)^{-1}$ 是里昂惕夫逆矩阵，其元素 l_{ij} 表示为满足单位 j 行业最终需求的增加，作为中间投入的 i 行业产出的增加量。方程（4－10）则是著名的戈什分配模型（Ghosh，1958），也称供给驱动型的投入产出模型。其中，$G = (I - B)^{-1}$ 是戈什逆矩阵，其元素 g_{ij} 表示由于 j 行业对 i 行业产出的使用，单位 i 行业最初投入的增加引起的 j 行业产出的增加量。

（一）产业关联系数的计算

分析里昂惕夫投入产出模型，如果投入（消耗）系数保持不变，那么

最终需求每增加 ΔF, 产出就会增加 $\Delta Y = L\Delta F$, 又因为, $L = (I - A)^{-1} = I + A + A^2 + A^3 + \cdots$, 从而, $\Delta Y = (I + A + A^2 + A^3 + \cdots)(\Delta F)$, 当 $i \neq j$ 时, j 行业最终需求每增加一单位, i 行业产出的增加为:

$$\Delta y_i = l_{ij} = a_{ij} + \sum_k a_{ik}a_{kj} + \sum_k \sum_m a_{ik}a_{km}a_{mj} + \cdots \qquad (4-11)$$

其中, a_{ij} 反映了 i 行业和 j 行业之间的直接联系程度, 而 $\sum_k a_{ik}a_{kj} + \sum_k \sum_m a_{ik}a_{km}a_{mj} + \cdots$ 反映了 i 行业和 j 行业之间的间接联系程度, 比如其中第一项反映的是经由 k 行业, i 行业和 j 行业之间的联系, l_{ij} 反映了 j 行业需求的变化对 i 行业产出的影响。从而, j 行业直接后向关联系数为 $\sum_i a_{ij}$, 全部 (包括直接和全部间接) 后向关联系数为 $\sum_i l_{ij}$, 表示了 j 行业最终需求的单位增加引发的各行业产出的总增加量。后向关联系数的矩阵表达式为:

$$DBL = U'A \qquad (4-12)$$
$$TBL = U'L \qquad (4-13)$$

式中, DBL 和 TBL 均为 $1 \times n$ 的矩阵, 分别为行业直接后向关联系数矩阵和行业全部后向关联系数矩阵。

根据 Jones (1976) 的分析, 利用投入系数矩阵 A 和里昂惕夫逆矩阵 L 的行向和来反映产业的前向关联系数的计算方法, 是建立在每一个部门的最终需求同时增加一个单位的假定基础之上的, 这在现实中是无法实现的; 同时, 直接投入系数矩阵的行向合计也缺乏实际经济意义。他提出借鉴后向关联系数的衡量方法, 用戈什逆矩阵 (分配系数逆矩阵) 推导前向关联系数。分析供给驱动型投入产出模型, i 行业投入每增加一单位, j 行业的产出会增加:

$$\Delta y_j = g_{ij} = b_{ij} + \sum_k b_{ik}b_{kj} + \sum_k \sum_m b_{ik}b_{km}b_{mj} + \cdots \qquad (4-14)$$

其中, b_{ij} 反映了 i 行业和 j 行业之间的直接联系, 而 $\sum_k b_{ik}b_{kj} + \sum_k \sum_m b_{ik}b_{km}b_{mj} + \cdots$ 反映了 i 行业和 j 行业之间的间接联系, g_{ij} 反映了 i 行业成本的变动对 j 行业产出的总影响, 从而 i 行业直接前向关联系数为 $\sum_j b_{ij}$, 全部 (包括直接和全部间接) 前向关联系数为 $\sum_j g_{ij}$, 表示 i 行业投入的单位增加引发的各行业产出的总增加。从而前向关联系数的矩阵表达式为：

$$DFL = BU \tag{4-15}$$

$$TFL = GU \tag{4-16}$$

式中，DFL 和 TFL 均为 $n \times 1$ 的矩阵，分别为行业直接前向关联系数矩阵和行业全部前向关联系数矩阵。

由于 $Y' \times TFL = TBL \times Y$（证明见附录一），所以可以用加权的前向关联系数或后向关联系数来反映整体的行业关联情况，新系数剔除了行业结构差异，是一种标准化（平均）的产业关联系数。其计算方法如下：

$$ALK = \frac{Y' \times TFL}{U'Y} = \frac{TBL \times Y}{U'Y} \tag{4-17}$$

从中可以看出，对于经济总体来说，加权的前向关联系数等于加权的后向关联系数，那么前向关联系数和后向关联系数相加仅仅是一种重复计算。但是，对于某一个行业来说，其前向关联系数和后向关联系数并不一定相等，同时，由于某个行业产出的变化不仅会影响供给方而且会同时影响使用方的经济活动，即前向关联和后向关联可以同时存在。因此，可以用某一个行业的前向关联系数和后向关联系数之和反映其总关联程度。

（二）产业链长度的衡量

在投入产出框架内各个产业（部门）之间是相互关联的，某一行业（部门）的生产活动发生变化会影响另一行业，这种影响可能是直接影响，也可能是间接影响，即通过一系列中间环节才发生的对另一行业（部门）的影响。很明显，中间环节越多，产业链越长。

等式（4-11）中有 $l_{ij} = a_{ij} + \sum_k a_{ik} a_{kj} + \sum_k \sum_m a_{ik} a_{km} a_{mj} + \cdots$，根据定义，$a_{ij} = \frac{x_{ij}}{y_j}$ 表示在单位 j 行业（部门）产品的生产过程中所消耗的 i 行业（部门）产品的数量，是一种直接消耗。而 $\sum_k a_{ik} a_{kj}$ 表示由于 j 行业对 k 行业产品的消耗，而其中 k 行业生产中也消耗了 i 行业产品，从而产生的 j 行业对 i 行业产品的消耗，该种消耗是基于中间环节而产生的，是间接消耗，以此类推。

以钢的生产中对电力的使用（消耗）为例（见图4－1），i行业产品代表电，j行业产品代表钢，用箭头表示使用方向（中间品流向），那么：

a_{ij}是钢（生产）对电的直接消耗，只经历了一个环节；

$\sum_k a_{ik}a_{kj}$是钢（生产）对电的第一次间接消耗，经历了两个环节，如钢的生产中用到冶金设备和铁，两者的生产均消耗电；

$\sum_k \sum_m a_{ik}a_{km}a_{mj}$是钢（生产）对电的第二次间接消耗，经历了三个环节，如钢的生产中用到铁，而铁的生产中需用到冶金设备和焦炭，而冶金设备和焦炭的生产均消耗电；

······

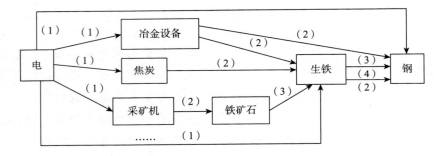

图4－1　钢（生产）对电力的直接消耗和间接消耗

注：括号内数字表示阶段数。

资料来源：笔者在陈锡康（1983）中第39页图2－1的基础上改编而来。

所以l_{ij}为完全消耗系数，其矩阵表达式为：

$$C + A + A^2 + A^3 + A^4 + \cdots = L - I \qquad (4-18)$$

由等式$\Delta y_i = l_{ij} = a_{ij} + \sum_k a_{ik}a_{kj} + \sum_k \sum_m a_{ik}a_{km}a_{mj} + \cdots$可知，$j$行业最终需求每增加一单位，$i$行业的产出增加为$l_{ij}$，其中$\dfrac{a_{ij}}{l_{ij}}$部分需要一个环节（一步），$\dfrac{\sum_k a_{ik}a_{kj}}{l_{ij}}$部分需要两个环节（两步）······定义$j$行业最终需求的增加影响到$i$行业产出经过的环节数（步数）为产业链长度，那么$j$行业最终需求的增加影响到$i$行业产出需经过的平均环节数（步数）则为平均产业链长度（average propagation lengths，APL）（Dietzenbacher and Romero，

2007），其计算方法为：

$$APL_{ij} = (1 \times a_{ij} + 2 \times \sum_k a_{ik} a_{kj} + 3 \times \sum_k \sum_m a_{ik} a_{km} a_{mj} + \cdots)/l_{ij} \quad (i \neq j)$$

$$(4 - 19)$$

当 $i = j$ 时，j 行业最终需求的增加引起的 i（j）行业产出的增加为 $\Delta y_j = l_{jj} = 1 + a_{jj} + \sum_k a_{jk} a_{kj} + \sum_k \sum_m a_{jk} a_{km} a_{mj} + \cdots$，从而平均产业链长度为：

$$APL_{jj} = (1 \times a_{jj} + 2 \times \sum_k a_{jk} a_{kj} + 3 \times \sum_k \sum_m a_{jk} a_{km} a_{mj} + \cdots)/(l_{jj} - 1)$$

$$(4 - 20)$$

等式（4 - 19）和等式（4 - 20）中分子的矩阵形式为：$H = 1 \times A + 2 \times A^2 + 3 \times A^3 + 4 \times A^4 + \cdots$，两边同乘以 $(I - A)$，可以得到 $(I - A) H = A + A^2 + A^3 + A^4 + \cdots = L - I$，从而得到 $H = L (L - I)$，进而，产业间的平均产业链长度为：

$$APLs_{ij} = \frac{H_{ij}}{C_{ij}} \qquad (4 - 21)$$

其中，C_{ij} 为完全消耗系数矩阵的元素。根据 Dietzenbacher 和 Romero（2007），利用里昂惕夫投入产出模型计算和利用戈什分配模型计算的平均产业链长度是一样的，也即对某个固定的 i 行业到 j 行业的产品流向，按照前向关联计算和按照后向关联计算得到的平均产业链长度值是一样的。

三　国际投入产出模型和产业关联的测度

国家投入产出模型是将一国经济作为研究对象的，国民经济各部门通过生产投入和产品分配相互关联和交织而形成庞大的经济体系。同一国经济一样，世界经济也可以被看作一个相互依赖、互相交织的由各生产过程形成的体系（Leontief，1974）。从这个角度上看，国际投入产出模型是国家投入产出模型在区域上的扩展和延伸。随着全球经济一体化的发展，国家间依赖程度的加强，国际投入产出模型在区域产业关联、生产模式和网络的演进等研究领域逐渐显示出巨大的应用价值。另外，空间经济学的兴起也推动了国际投入产出模型的研制和应用。

（一）国际投入产出表及模型

国际投入产出表将各国、各行业的投入产出关系展示了出来，在此以 N 个国家、S 个部门的投入产出表（见表 4 – 3）为例介绍国际投入产出表。在这样的投入产出框架内，各国各行业使用本国要素——资本、劳动等（也即最初投入）和中间投入进行生产，而中间投入可以来自国内也可以来自其他国家；所有部门的产出均是可贸易的，可以用于最终需求也可以作为中间投入用于国内或者国外的生产；最终需求包含消费、投资、政府消费。另外，国际投入产出表也清晰地描述了各部门产品的流向。

表 4 – 3　国际投入产出表

投入 \ 产出			中间使用				最终使用				总产出
			A 国	B 国	...	ROW	A 国	B 国	...	ROW	
			$1\cdots S$	$1\cdots S$	...	$1\cdots S$					
中间投入	A 国	1, 2, …, S	X^{AA}	X^{AB}	...	X^{AR}	F^{AA}	F^{AB}	...	F^{AR}	Y^A
	B 国	1, 2, …, S	X^{BA}	X^{BB}	...	X^{BR}	F^{BA}	F^{BB}	...	F^{BR}	Y^B
	...	...	...	...	...	...	...	...	...	...	...
	ROW	1, 2, …, S	X^{RA}	X^{RB}	...	X^{TR}	F^{RA}	F^{RB}	...	F^{RR}	Y^R
增加值		1, 2, …, S	V^A	V^B	...	V^R					
总投入		1, 2, …, S	X^A	X^B	...	X^R					

注：ROW 表示世界其他国家。

资料来源：笔者是在 Timmer（2012）第 63 页上三国投入产出表的基础上做的扩展。

令 α、$\beta = 1, 2, \dots, N$，表示国家；i、$j = 1, 2, \dots, S$，表示行业部门；$X^{\alpha\beta}$ 表示 α 国生产的被 β 国使用的中间投入品，是 $S \times S$ 的矩阵；$F^{\alpha\beta}$ 表示 α 国生产的被 β 国使用的最终产品，是 $S \times 1$ 的矩阵；Y^α 为 α 国的总产出，是 $S \times 1$ 的矩阵。则横向的均衡方程为：

$$Y^\alpha = \sum_\beta \Big[\sum_j X^{\alpha\beta}(i,j) + F^{\alpha\beta} \Big] \qquad (4 – 22)$$

即，α 国的总产出可以分解为两部分——中间产品和最终产品，分别作为生产投入品和最终消费品为他国和本国使用，从而：

α 国向 β 国的出口为：

$$EX^{\alpha\beta} = \sum_j X^{\alpha\beta}(i,j) + F^{\alpha\beta} , i \neq j \qquad (4-23)$$

α 国的总出口为：

$$EX^{\alpha} = \sum_{\beta \neq \alpha} \left[\sum_j X^{\alpha\beta}(i,j) + F^{\alpha\beta} \right] \qquad (4-24)$$

其中，中间品出口为：

$$EX_m^{\alpha} = \sum_{\beta \neq \alpha} \left[\sum_j X^{\alpha\beta}(i,j) \right] \qquad (4-25)$$

最终品出口为：

$$EX_f^{\alpha} = \sum_{\beta \neq \alpha} F^{\alpha\beta}$$

α 国向 β 国的出口即为 β 国从 α 国的进口，同理，可以得到 α 国的进口矩阵、中间品进口矩阵及最终品进口矩阵。

令投入系数矩阵 $\overline{A} = \begin{bmatrix} A^{11} & A^{12} & \cdots & A^{1N} \\ A^{21} & A^{22} & \cdots & A^{2N} \\ \vdots & \vdots & \ddots & \cdots \\ A^{N1} & A^{N2} & \cdots & A^{NN} \end{bmatrix}$，总产出矩阵 $\overline{Y} = \begin{bmatrix} Y^1 \\ Y^2 \\ \vdots \\ Y^N \end{bmatrix}$，最

终需求矩阵 $\overline{F} = \begin{bmatrix} F^1 \\ F^2 \\ \vdots \\ F^N \end{bmatrix}$。其中，$A^{\alpha\beta}$ 是 α 国生产的投入 β 国的中间投入的系数矩

阵（α、$\beta = 1, 2, \cdots, N$，表示国家），是 $S \times S$ 的方阵，其元素 $a_{ij}^{\alpha\beta} = X_{ij}^{\alpha\beta}/Y_j^{\beta}$ （i、j 表示行业部门）。其中，$X^{\alpha\beta}(i,j)$ 表示 α 国 i 部门生产的被 β 国 j 部门使用的中间投入品。则，相应的里昂惕夫投入产出均衡方程为：

$$\overline{Y} = \overline{A}\,\overline{F} + \overline{F} = (I - \overline{A})^{-1}\overline{F} \qquad (4-26)$$

公式（4-26）反映出，全球生产是一个无限循环的过程，并且由无数的生产阶段组成，在每个阶段，对投入的需求等于对产出的使用。

同理，列向上均衡方程为：$\overline{Y}^T = \overline{V}(I - \overline{B})^{-1}$，其中 $\overline{B} = \begin{bmatrix} B^{11} & B^{12} & \cdots & B^{1N} \\ B^{21} & B^{22} & \cdots & B^{2N} \\ \vdots & \vdots & \ddots & \cdots \\ B^{N1} & B^{N2} & \cdots & B^{NN} \end{bmatrix}$，

为分配系数矩阵，其中 $\overline{Y}^{T}$ 为总投入矩阵，由于总投入等于总产出，故，在计算中可以用总产出矩阵的转置矩阵。

国际投入产出模型将各国各产业的投入产出关系描述了出来，因此该模型可以应用于分析国家间、产业间关联，及由此带来的全球价值链上价值流量和在增加值流动过程中的要素收益。

（二）国家间产业关联的衡量

令国家间里昂惕夫逆矩阵 $\overline{L} = (I - \overline{A})^{-1} = \begin{bmatrix} L^{11} & L^{12} & \cdots & L^{1N} \\ L^{21} & L^{22} & \cdots & L^{2N} \\ \vdots & \vdots & \ddots & \cdots \\ L^{N1} & L^{N2} & \cdots & L^{NN} \end{bmatrix}$，根据

公式（4 – 26），最终需求每增加 $\Delta \overline{F}$，产出就会增加 $\Delta \overline{Y} = \overline{L} \Delta \overline{F}$，根据前文的分析，可以得到一国某行业最终需求的变化对另外的国家其他行业产出变化的影响。以 β 国 j 行业最终需求增加对 α 国 i 行业产出的影响为例，β 国 j 行业最终需求增加一单位，α 国 i 行业的产出就会增加 $\Delta y_i^{\alpha} = l_{ij}^{\alpha\beta}$。这样，$\beta$ 国 j 行业和 α 国的后向关联系数为：

$$BL_j^{\alpha\beta} = \sum_i l_{ij}^{\alpha\beta} \qquad\qquad (4 – 27)$$

其中，$l_{ij}^{\alpha\beta}$ 为矩阵 $\overline{L}$ 的元素。即可以通过对矩阵 $L^{\alpha\beta}$ 列向上的相加得到 β 国各行业同 α 国的后向关联。

同理，对戈什逆矩阵 $\overline{G} = (I - \overline{B})^{-1} = \begin{bmatrix} G^{11} & G^{12} & \cdots & G^{1N} \\ G^{21} & G^{22} & \cdots & G^{2N} \\ \vdots & \vdots & \ddots & \vdots \\ G^{N1} & G^{N2} & \cdots & G^{NN} \end{bmatrix}$ 在行向上

相加即可以得到 α 国各行业同 β 国的前向关联，α 国 i 行业同 β 国的前向关联系数为：

$$FL_i^{\alpha\beta} = \sum_i g_{ij}^{\alpha\beta} \qquad\qquad (4 – 28)$$

其中，$g_{ij}^{\alpha\beta}$ 为矩阵 $\overline{G}$ 的元素。

国内学者张亚雄、赵坤（2005）将国家间后向关联系数和前向关联系

数分别定义为:

$$IBL_t^\beta = \frac{l_t^\beta}{\left(\sum_\beta \sum_t l_t^\beta\right)/(m \times n)} \qquad (4-29)$$

$$IFL_s^\alpha = \frac{l_s^\alpha}{\left(\sum_\alpha \sum_s l_s^\alpha\right)/(m \times n)} \qquad (4-30)$$

其中,$l_t^\beta = \sum_\alpha \sum_s l_{st}^{\alpha\beta}$,$l_s^\alpha = \sum_\beta \sum_t l_{st}^{\alpha\beta}$,$IBL_t^\beta$ 和 IFL_s^α 分别表示 β 国 t 产业的后向关联系数和 α 国 s 行业的前向关联系数,m 和 n 分别是国家个数和行业个数。可以看出,公式(4-29)和公式(4-30)中分母为矩阵 $\bar{L}$ 所有元素的简单平均,为一固定的值;而分子为一国某行业同其他所有国家关联的加总。可见,这样计算的一国某行业同世界的前后向关联仅仅是国家关联的一种简单平均。在计算总体关联的过程中,这种简单平均的方法抹杀了世界市场上行业的国别结构差异,也没有考虑一国国内的行业结构差异。笔者认为,在计算总体关联时应该考虑行业结构和国家结构的差异,比如,即使两个国家在某行业上有很大关联,但是,若该行业产出在世界上微不足道,则这种关联对产出的影响在数值上也是比较小的。

因此,笔者在计算制造业总体国家间关联时考虑了国内行业结构,以 β 国同 α 国的后向关联系数为例,在计算了 β 国 j 制造业行业同 α 国的后向关联系数 $BL_j^{\alpha\beta}$ 的基础上,用各制造业行业产出占制造业总体产出的比重为权重进行加权,将各制造业行业合并为制造业总体,用 $BL^{\alpha\beta}$ 表示 β 国同 α 国的后向关联系数,Y_j^β 和 Y_M^β 分别表示 β 国 j 制造业行业及制造业总体的产出,则其公式为:

$$BL^{\alpha\beta} = \sum_j BL_j^{\alpha\beta} \times \frac{Y_j^\beta}{Y_M^\beta} \qquad (4-31)$$

在计算制造业各行业的世界关联时考虑了行业产出的国家结构,以计算 β 国 j 制造业行业同世界的后向关联为例,在计算了 β 国 j 制造业行业同其他各国的后向关联系数 $BL_j^{\alpha\beta}$ 基础上,用各国各行业产出占世界产出的比重进行加权,从而得到 β 国 j 制造业行业同世界的后向关联系数 $BL_j^{W\beta}$,用 Y_j^α 和 Y_j^W 分别表示 α 国和世界 j 制造业行业的产出,则计算公式为:

$$BL_j^{W\beta} = \sum_\alpha BL_j^{\alpha\beta} \times \frac{Y_j^\alpha}{Y_j^W} \qquad (4-32)$$

同理，α 国同 β 国的前向关联系数的计算公式为：

$$FL^{\alpha\beta} = \sum_j FL_j^{\alpha\beta} \times \frac{Y_j^\alpha}{Y_M^\alpha} \qquad (4-33)$$

α 国 j 制造业行业同世界的前向关联系数为：

$$FL_j^{\alpha W} = \sum_\beta FL_j^{\alpha\beta} \times \frac{Y_j^\beta}{Y_j^W} \qquad (4-34)$$

（三）产业链长度的衡量

借鉴一国平均产业链长度的衡量方法，并将其推广到国际投入产出模型中，可以得到任意两国产业间平均产业链长度：

$$\overline{APLs}_{ij} = \frac{\overline{H}_{ij}}{\overline{C}_{ij}} \qquad (4-35)$$

其中，$\overline{H} = \overline{L}\,(\overline{L}-I)$，$\overline{C} = \overline{L}-I$。同样，利用里昂惕夫投入产出模型和戈什分配模型计算的产业间平均产业链长度一样。

利用公式（4-35）可以计算任何国家、任意产业间的平均产业链长度，会得到一个庞大的 $NS \times NS$ 的矩阵。但是，在分析国家间关联时，通常需要忽略产业间信息，只考虑国家间平均产业链长度，这样需要将国家间各产业间平均产业链长度汇总成一个总体来考虑。合并中，笔者考虑到中间投入结构，具体方法为：第一步，计算得到任何两个国家产业间平均产业链长度 $\overline{APLs}_{ij}^{\alpha\beta}$；第二步，以 $\dfrac{x_{ij}^{\alpha\beta}}{\sum_j x_{ij}^{\alpha\beta}}$ 为权重计算 α 国 i 行业到 β 国的平均产业链长度 $\sum_j \overline{APLs}_{ij}^{\alpha\beta} \times \dfrac{x_{ij}^{\alpha\beta}}{\sum_j x_{ij}^{\alpha\beta}}$；第三步，以 $\dfrac{\sum_j x_{ij}^{\alpha\beta}}{\sum_i \sum_j x_{ij}^{\alpha\beta}}$ 为权重，计算 α 国到 β 国的平均产业链长度：

$$APLs^{\alpha\beta} = \sum_i \left[\frac{\sum_j x_{ij}^{\alpha\beta}}{\sum_i \sum_j x_{ij}^{\alpha\beta}} \times \sum_j \overline{APLs}_{ij}^{\alpha\beta} \times \frac{x_{ij}^{\alpha\beta}}{\sum_j x_{ij}^{\alpha\beta}} \right] \qquad (4-36)$$

其中，$x_{ij}^{\alpha\beta}$ 表示 α 国 i 行业的中间品用于 β 国 j 行业生产的部分。

利用公式 (4-36) 选择不同的 i 可以得到任何 i 行业加总的国家间平均产业链长度，若 i 代指制造业各行业，既可以得到制造业行业任意国家间的平均产业链长度。

投入产出模型除了用于产业关联性研究之外，其他重要的应用是分析价值流动和核算增加值贸易，接下来将对其做一介绍。

四 国际垂直专业化分工网络中的价值流动

（一）增加值贸易及其核算

根据 Johnson 和 Noguera（2012），增加值出口是指一国创造的，用以满足其他国家最终需求的那一部分增加值。那么 i 国创造的、被 j 国吸收的总增加值，可以利用国际投入产出模型计算而得。

那么，将公式 (4-26) 中总产出和最终产品进行分解：$Y^{\alpha} = \sum_{\beta} Y^{\alpha\beta}$，$F^{\alpha} = \sum_{\beta} F^{\alpha\beta}$，$Y^{\alpha\beta}$ 和 $F^{\alpha\beta}$ 分别表示 α 国的总产出和最终产品被 β 国吸收的部分。则公式 (4-26) 变为：

$$\sum_{\beta} \begin{bmatrix} Y^{1\beta} \\ Y^{2\beta} \\ \vdots \\ Y^{N\beta} \end{bmatrix} = \sum_{j} (I - \bar{A})^{-1} \begin{bmatrix} F^{1\beta} \\ F^{2\beta} \\ \vdots \\ F^{N\beta} \end{bmatrix} \tag{4-37}$$

从而可以得到分解后的产出矩阵，也即各国产出中被他国和本国吸收的矩阵：

$$\begin{bmatrix} Y^{1\beta} \\ Y^{2\beta} \\ \vdots \\ Y^{N\beta} \end{bmatrix} = (I - \bar{A})^{-1} \begin{bmatrix} F^{1\beta} \\ F^{2\beta} \\ \vdots \\ F^{N\beta} \end{bmatrix} \tag{4-38}$$

这样，α 国创造的、被 β 国吸收的总增加值，也即 α 国到 β 国的增加值出口为：

$$VAE^{\alpha\beta} = var^{\alpha} Y^{\alpha\beta} (\alpha \neq \beta) \tag{4-39}$$

其中，var^{α} 是 $1 \times s$ 矩阵，其元素是 α 国 s 行业的国内增加值率；$Y^{\alpha\beta}$ 是 $s \times 1$ 矩阵，其元素表示 s 行业中 i 国生产的被 β 国吸收的产出。从而 α 国到 β 国 s 行业的增加值出口为：

$$VAE^{\alpha\beta}(s) = var^{\alpha}(s) Y^{\alpha\beta}(s) \tag{4-40}$$

公式（4-39）和公式（4-40）具有如下关系：$\sum VAE^{\alpha\beta}(s) = VAE^{\alpha\beta}$。

（二）全球价值链上的要素收益

在国际投入产出经济系统内，一国的投入除了用于本国生产的消耗外，还会经过国际上的产业关联而被世界其他关联国家使用和消耗，从价值使用角度看，一国的投入会在全球范围内被使用从而获得相应的回报或者生产环节上的附加价值。从而，定义全球价值链收入为一国由于参与全球生产而获得的收入。

$$\text{令 } \hat{V} = \begin{bmatrix} \hat{V}^1 & 0 & \cdots & 0 \\ 0 & \hat{V}^2 & \cdots & 0 \\ \vdots & \vdots & \ddots & \vdots \\ 0 & 0 & \cdots & \hat{V}^N \end{bmatrix}, \text{ 最终需求 } \hat{F} = \begin{bmatrix} F^1 & 0 & 0 & 0 \\ 0 & F^2 & 0 & 0 \\ 0 & 0 & \ddots & 0 \\ 0 & 0 & & F^N \end{bmatrix}, \text{ 其中 } \hat{V}^{\alpha}$$

为 α 国的要素投入系数矩阵（最初投入系数），根据投入产出理论，则全球价值链上的各国各行业要素在所有国家的收入的计算公式为：

$$VGVC = \hat{V}(I - \bar{A})^{-1} \hat{F} \tag{4-41}$$

其中，矩阵 $VGVC$ 中的元素为一国某行业投入经过产业波及而被其他国家和本国循环使用、生产最终产品而获得的收入，而元素之和则为全球价值链总收入。

$$\text{具体来看，令 } \hat{V}^{\alpha} = \begin{bmatrix} v_1^{\alpha} & 0 & \cdots & 0 \\ 0 & v_2^{\alpha} & \cdots & 0 \\ \vdots & \vdots & \ddots & \vdots \\ 0 & 0 & \cdots & v_G^{\alpha} \end{bmatrix}, \quad F^{\alpha} = \begin{bmatrix} f_1^{\alpha} \\ f_2^{\alpha} \\ \vdots \\ f_G^{\alpha} \end{bmatrix} \quad (\alpha = 1, 2, \cdots, N), \text{ 则：}$$

$$VGVC = \hat{V}(I-\bar{A})^{-1}\hat{F} = \begin{bmatrix} \hat{V}^1 & 0 & \cdots & 0 \\ 0 & \hat{V}^2 & \cdots & 0 \\ \vdots & \vdots & \ddots & \vdots \\ 0 & 0 & \cdots & \hat{V}^N \end{bmatrix} \times \begin{bmatrix} L^{11} & L^{12} & \cdots & L^{1N} \\ L^{21} & L^{22} & \cdots & L^{2N} \\ \vdots & \vdots & \ddots & \vdots \\ L^{N1} & L^{N2} & \cdots & L^{NN} \end{bmatrix} \times \begin{bmatrix} F^1 & 0 & \cdots & 0 \\ 0 & F^2 & \cdots & 0 \\ \vdots & \vdots & \ddots & \vdots \\ 0 & 0 & \cdots & F^N \end{bmatrix}$$

$$= \begin{bmatrix} \hat{V}^1 L^{11} & \hat{V}^1 L^{12} & \cdots & \hat{V}^1 L^{1N} \\ \hat{V}^2 L^{21} & \hat{V}^2 L^{22} & \cdots & \hat{V}^2 L^{2N} \\ \vdots & \vdots & \ddots & \vdots \\ \hat{V}^N L^{N1} & \hat{V}^N L^{N2} & \cdots & \hat{V}^N L^{NN} \end{bmatrix} \times \begin{bmatrix} F^1 & 0 & \cdots & 0 \\ 0 & F^2 & \cdots & 0 \\ \vdots & \vdots & \ddots & \vdots \\ 0 & 0 & \cdots & F^N \end{bmatrix}$$

$$= \begin{bmatrix} \hat{V}^1 L^{11} F^1 & \hat{V}^1 L^{12} F^2 & \cdots & \hat{V}^1 L^{1N} F^N \\ \hat{V}^2 L^{21} F^1 & \hat{V}^2 L^{22} F^2 & \cdots & \hat{V}^2 L^{2N} F^N \\ \vdots & \vdots & \ddots & \vdots \\ \hat{V}^N L^{N1} F^1 & \hat{V}^N L^{N2} F^2 & \cdots & \hat{V}^N L^{NN} F^N \end{bmatrix} \tag{4-42}$$

其中：

$$\hat{V}^\alpha L^{\alpha\beta} F^\beta = \begin{bmatrix} v_1^\alpha & 0 & \cdots & 0 \\ 0 & v_2^\alpha & \cdots & 0 \\ \vdots & \vdots & \ddots & \vdots \\ 0 & 0 & \cdots & v_G^\alpha \end{bmatrix} \times \begin{bmatrix} l_{11}^{\alpha\beta} & l_{12}^{\alpha\beta} & \cdots & l_{1G}^{\alpha\beta} \\ l_{21}^{\alpha\beta} & l_{22}^{\alpha\beta} & \cdots & l_{2G}^{\alpha\beta} \\ \vdots & \vdots & \ddots & \vdots \\ l_{G1}^{\alpha\beta} & l_{G2}^{\alpha\beta} & \cdots & l_{GG}^{\alpha\beta} \end{bmatrix} \times \begin{bmatrix} f_1^\beta \\ f_2^\beta \\ \vdots \\ f_G^\beta \end{bmatrix}$$

$$= \begin{bmatrix} v_1^\alpha l_{11}^{\alpha\beta} f_1^\beta + v_1^\alpha l_{12}^{\alpha\beta} f_2^\beta + \cdots + v_1^\alpha l_{1G}^{\alpha\beta} f_G^\beta \\ v_2^\alpha l_{21}^{\alpha\beta} f_1^\beta + v_2^\alpha l_{22}^{\alpha\beta} f_2^\beta + \cdots + v_2^\alpha l_{2G}^{\alpha\beta} f_G^\beta \\ \vdots \\ v_G^\alpha l_{G1}^{\alpha\beta} f_1^\beta + v_G^\alpha l_{G2}^{\alpha\beta} f_2^\beta + \cdots + v_G^\alpha l_{GG}^{\alpha\beta} f_G^\beta \end{bmatrix} \tag{4-43}$$

式（4-43）中，元素 $v_1^\alpha l_{11}^{\alpha\beta} f_1^\beta + v_1^\alpha l_{12}^{\alpha\beta} f_2^\beta + \cdots + v_1^\alpha l_{1G}^{\alpha\beta} f_G^\beta$ 反映了 α 国部门 1 的最初投入经过产业波及而被 β 国 G 个部门循环使用，最终包含在 β 国最终产品中的要素收入。同理，可得任何国家任意部门的最初投入在任何国家的要素收入，即矩阵 $VGVC$ 中的元素。

第二节　中国制造业参与国际垂直专业化分工的
程度及结构特征

一　中国制造业行业的垂直专业化程度分析

利用公式（4－6）所示指标和计算方法以及 WIOD 数据库中中国非竞争型投入产出表数据，笔者计算了 1995～2009 年中国各制造业行业的垂直专业化比率及其变化，结果如表4－4所示。从中可以看出，第一，1995～2009 年，各低技术制造业行业的垂直专业化比率总体低于中高和高技术制造业行业的垂直专业化比率，且总的年均增速也均低于中高和高技术制造业行业；第二，对比 1995～2009 年排名前7位的制造业行业，可以发现，2003 年之后，排名前7位的制造业行业具有很高的稳定性，一直是行业8（焦炭、石油炼制和核燃料行业）、行业9（化学和化工产品行业）、行业10（橡胶和塑料行业）、行业12（基本金属和金属行业）、行业13（其他机械设备行业）、行业14（电子和光学设备行业）和行业15（运输设备行业），低技术制造业行业退出前7位的行列，反映了中国制造业的垂直专业化向中高和高技术行业的转移，2009 年，各中高和高技术制造业行业的垂直专业化比率总体高于其他各行业。

具体来看，行业8（焦炭、石油炼制和核燃料行业）在 1995～2009 年的垂直专业化比率年均增速最快，且除 1998 年外（处于第四位），其他年份的垂直专业化比率均处于第一或第二位，尤其是在 2006 年之后，其垂直专业化比率一直处于第一的位置；行业12（基本金属和金属行业）的垂直专业化比率的年均增速低于行业8（焦炭、石油炼制和核燃料行业），高于一些其他行业，反映了处于工业化时期的中国，其制造业对于原料、燃料中间品需求的增加；除去这类资源型行业①，1995～2009 年，垂直专业化比率最高的行业一直为行业14（电子和光学设备行业），2009 年，4 类中

---

① 包括行业8（焦炭、石油炼制和核燃料行业）和行业12（基本金属和金属行业）。

表 4 - 4　1995~2009 年中国制造业的垂直专业化比率：分行业

单位：%

行业＼年份	3	4	5	6	7	8	9	10	11	12	13	14	15	16
1995	8.38	17.84	18.92	16.14	14.44	20.68	15.35	18.06	10.87	15.52	14.85	22.25	16.32	15.47
1996	7.10	15.80	16.01	12.79	12.75	19.86	14.38	16.72	9.89	14.33	13.26	20.57	14.78	12.89
1997	7.10	15.63	15.70	11.66	12.81	19.88	15.05	17.33	10.55	14.75	14.64	20.46	15.89	12.07
1998	6.17	14.60	14.50	10.40	11.75	14.57	13.60	15.61	9.12	13.11	12.36	19.14	13.08	10.9
1999	6.55	16.18	15.79	11.91	13.04	17.24	14.98	16.86	10.17	13.94	13.56	22.05	14.19	11.93
2000	8.02	18.23	18.05	13.55	14.61	30.24	18.13	19.04	12.04	16.62	16.09	26.30	16.19	13.52
2001	7.54	17.39	17.30	12.29	13.30	24.01	16.83	17.52	11.44	16.14	15.80	25.83	15.72	12.50
2002	7.78	17.99	17.92	13.23	13.96	24.19	18.02	18.52	12.39	17.29	17.40	28.78	16.74	13.19
2003	9.48	18.85	18.67	15.12	16.10	29.90	20.98	21.54	14.34	20.61	20.65	33.67	20.74	14.66
2004	11.17	20.65	20.75	17.16	18.62	33.62	24.21	25.16	16.70	24.50	26.08	38.66	25.75	16.44
2005	11.12	19.41	19.25	17.64	18.76	36.11	24.84	25.72	16.95	25.39	25.90	38.94	25.48	16.33
2006	11.27	18.20	18.11	17.84	19.58	40.63	25.67	25.88	17.37	24.91	25.44	37.56	25.58	15.99
2007	11.14	16.89	16.90	18.06	19.95	37.85	24.67	25.19	17.11	25.94	25.35	36.38	24.89	15.77
2008	14.75	20.83	20.56	21.28	24.24	52.34	31.78	30.68	21.84	33.47	30.61	41.13	30.03	19.25
2009	11.91	16.85	16.45	17.50	20.64	40.57	25.48	25.47	18.04	28.17	25.94	35.57	25.68	16.09
年均增长率 1995~2009 年	2.54	-0.41	-1.00	0.58	2.59	4.93	3.68	2.49	3.68	4.35	4.06	3.41	3.29	0.28
年均增长率 1995~1998 年	-9.72	-6.46	-8.50	-13.61	-6.63	-11.02	-3.96	-4.73	-5.69	-5.46	-5.95	-4.89	-7.11	-11.03
年均增长率 1998~2004 年	10.41	5.94	6.16	8.70	7.97	14.96	10.09	8.27	10.61	10.98	13.26	12.43	11.96	7.10
年均增长率 2004~2007 年	-0.10	-6.48	-6.60	1.71	2.33	4.03	0.63	0.05	0.81	1.92	-0.94	-2.01	-1.13	-1.37

注：行业代码所对应名称见附录二中表 1；标有黑色底纹的数据为排名前 7 位的行业的数据。
数据来源：笔者计算而得。

85

高和高技术行业包揽了垂直专业化比率的前四位，这进一步验证了中国制造业的垂直专业化比率的行业特征。以 25% 为标准，考察 2009 年垂直专业比率比较高的行业，有行业 8 ~ 行业 10 和行业 12 ~ 行业 15——共 7 个行业，从时间序列上看，可以发现，这 7 个行业自 2003 年以来的垂直专业化比率均超过其他行业，并在 1995 ~ 2009 年均有不同程度的增长。

1997 ~ 2007 年，是中国参与国际垂直专业化分工不断深化的 10 年，垂直专业化已经成为推动中国出口增长的重要因素（文东伟和冼国明，2010）。中国出口迅速增长，目前已经超过德国成为世界第一出口大国，但加工出口和外商投资企业出口是中国出口的主导力量。自 1995 年起，在出口总额中，加工出口和外商投资企业出口均为中国制造业出口的主要方式和主导力量。这一方面反映了中国制造业积极参与全球生产，融入国际垂直专业化分工体系，另一方面也反映出中国制造业的生产对国际市场、全球生产的依赖。

二 中国制造业垂直专业化的结构特征

表 4 - 5 展示了中国制造业总体及分技术类别制造业行业的垂直专业化比率及其动态变化。从中可以看出，1995 ~ 2009 年，中国制造业总体融入国际垂直专业化分工体系的程度在不断提升，垂直专业化比率由 17.63% 提高到 27.66%，年均增长速度为 3.27%。进一步分析可以发现，不断增长的中国制造业垂直专业化比率具有典型的行业特征：1995 ~ 2009 年，中高和高技术制造业行业的垂直专业化比率显著高于低技术和中低技术制造业行业；除低技术制造业行业外，中低技术、中高和高技术制造业行业的垂直专业化比率均有一定程度的增长，中低技术、中高和高技术制造业行业是中国制造业垂直专业化水平提高的主导力量。从动态发展上看，1995 ~ 2009 年，制造业总体及分技术类别制造业行业的垂直专业化比率的波动变化情况如下：1995 ~ 1998 年的垂直专业化比率均下降，低技术制造业行业的下降速度最快，其次是中高和高技术制造业行业，中低技术制造业行业最慢；1999 ~ 2004 年的垂直专业化比率均快速上升，中高技术和高技术制造业行业的垂直专业化比率增速最快，中低技术制造业行业次之，低技术制造业行业最慢；2005 ~ 2007 年的垂直专业化比率一改前期快速增长的势头，除中低技术制造业行业呈缓慢增长外，低技术、中高和高技术制造业

行业的垂直专业化比率均有一定程度的下降；2008 年各技术类别制造业行业的垂直专业化比率快速增长并上升至最高点。

表 4-5　1995~2009 年中国制造业的垂直专业化比率：分技术类别

单位：%

年　　份	总体	低技术行业	中低技术行业	中高和高技术行业
1995	17.63	16.36	15.71	20.52
1996	15.78	14.16	14.53	18.61
1997	15.82	13.84	15.03	18.52
1998	14.63	12.82	13.27	17.13
1999	16.53	14.20	14.38	19.64
2000	19.76	16.17	17.69	23.59
2001	19.04	15.29	16.60	22.98
2002	20.85	15.78	17.73	25.61
2003	24.57	17.00	21.09	30.13
2004	28.99	18.93	24.76	35.14
2005	29.32	18.04	25.45	35.43
2006	28.63	17.13	25.23	34.51
2007	27.77	16.20	25.51	33.03
2008	32.84	19.97	32.87	37.81
2009	27.66	16.19	26.90	32.52
年均增长率 1995~2009 年	3.27	-0.07	3.92	3.34
1995~1998 年	-6.02	-7.80	-5.46	-5.85
1998~2004 年	12.07	6.71	10.95	12.72
2004~2007 年	-1.42	-5.06	1.00	-2.04

数据来源：笔者计算而得。

第三节　中国制造业的国际垂直专业化分工链条分析

随着中国融入国际垂直专业化分工体系的程度加深，中间品贸易成为中国对外贸易的主导力量。笔者将制造业的产出划分为中间产品和最终产品，计算了中国制造业进出口中中间产品的比重，结果如表 4-6 所示。从中可以看出，1995～2009 年，无论是进口还是出口，总体上，中间品占比均呈上升趋势；具体来看，进口中中间品比重较大，均超过 65%，最高时达到 80.39%（2007 年），而在出口中，中间品比重较小，均低于 50%。因此可以看出，在中国的对外贸易中，进口主要以中间产品为主，而出口则以最终产品为主，这在一定程度上体现了中国在"全球制造"中"加工厂"的角色和地位。

表 4 – 6　1995～2009 年中国制造业对外贸易的中间品占比：总体分析

单位：%

年份	进口	出口	年份	进口	出口
1995	67.19	38.85	2003	70.61	43.37
1996	68.13	39.67	2004	77.23	48.19
1997	75.15	41.15	2005	78.48	47.03
1998	69.14	40.96	2006	79.03	48.37
1999	70.71	41.92	2007	80.39	47.80
2000	72.04	44.12	2008	79.49	49.37
2001	69.44	43.17	2009	78.80	46.92
2002	70.07	42.88			

数据来源：笔者利用 WIOD 数据库中国际投入产出表相应数据合并计算而得。

同时，笔者也计算了 1995～2009 年中国（大陆）与主要贸易往来区域——欧盟、北美和亚洲之间的制造业进出口中的中间品占比，结果如表 4 – 7 所示。从区域来看，无论是进口还是出口，1995～2009 年，中国（大陆）和亚洲的中间品贸易占比最高，其次是北美；从动态变化上看，从欧盟、北美和亚洲进口的产品中，中间品的比重均有所增加，其中从欧盟进口的产品中中间品占比增长得最快，从亚洲进口的产品中中间品占比增长得最慢，但是和其他区域相比，该比重仍然最高；向欧盟、北美和亚洲的出口中，出口到欧盟和北美的产品中中间品占比在增加，而出口到亚洲的产品中中间品占比在减少，但其比重仍最高。从中可以看出，中国（大陆）制造业进出口贸易有一定的区域特征——从来源上看，中间品主要来源于亚洲；从去向看，最终品主要流向了欧美，这与中国（大陆）制造业参与全球生产模式相关研究的结论相一致。

表 4 - 7　1995 ~ 2009 年中国（大陆）制造业对外贸易的中间品占比：区域分析

单位：%

年　份	进口来源地			出口目的地		
	欧盟	北美	亚洲	欧盟	北美	亚洲
1995	46.15	64.52	80.62	33.05	27.31	73.24
1996	47.82	62.81	80.95	34.57	28.23	70.62
1997	58.99	67.05	86.55	38.31	29.27	72.39
1998	48.70	61.81	84.50	39.04	30.18	73.25
1999	53.70	62.61	83.97	38.54	31.07	71.75
2000	58.37	63.10	82.82	42.65	31.32	72.14
2001	54.11	58.33	80.81	42.46	31.20	68.87
2002	54.43	62.37	78.60	43.22	30.42	67.76
2003	55.08	65.41	79.38	44.02	29.83	68.50
2004	64.57	74.09	84.16	47.45	38.64	70.01
2005	64.48	74.43	85.80	45.31	38.32	67.31
2006	65.06	75.39	86.17	46.11	40.05	68.60
2007	66.96	77.56	87.22	47.02	39.39	68.13
2008	66.32	77.66	86.94	47.51	41.07	69.16
2009	64.61	75.91	85.37	44.88	38.59	66.27
年均增长率	2.43	1.17	0.41	2.21	2.50	- 0.71

注：受到国际投入产出表的限制，本表中亚洲区域经济体包括印度尼西亚、印度、日本、韩国和中国台湾；北美区域经济体包括加拿大、墨西哥和美国；欧盟区域经济体包括欧盟 27 国。

数据来源：笔者利用 WIOD 数据库中国际投入产出表相应数据合并计算而得。

现有研究表明，中国（大陆）参与全球生产、融入国际垂直专业化分工体系主要通过"三角模式"和东亚生产网络实现，但是相关研究一直缺乏具体关联强度的指标分析。Hummels 等（2001）提出的垂直专业化的衡量方法为分析垂直专业化链条提供了一个可行的量化分析方法。在垂直专业化衡量方法的基础上，分别考虑中间投入的进口来源和最终产品的出口方向，计算中国制造业细分行业的垂直专业化比率，可以勾勒出中国制造业行业融入国际垂直专业化分工体系的垂直专业化链条。

一　垂直专业化分工链条的勾勒：方法说明

区分公式（4 - 1）和公式（4 - 2）中进口中间投入的来源和出口的方向，就可以得到分地理方向的垂直专业化指标。

考虑进口中间投入的来源，设为国家（地区）k，用 VS_{ik} 表示 i 行业来源于 k 的垂直专业化进口额，则 $VS_{ik} = \dfrac{impint_{ik}}{out_i} \times exp_i$，相应的垂直专业化比率则为：

$$VSS_{ik} = \frac{VS_{ik}}{exp_i} = \frac{impint_{ik}}{out_i} \qquad\qquad (4-44)$$

考虑最终品的出口方向，设目的地为 j，就可以得到 i 行业出口到不同国家（地区）的垂直专业化出口额 VS_{ij}，$VS_{ij} = \dfrac{impint_i}{out_i} \times exp_{ij}$，进而可以相应的垂直专业化比率：

$$VSS_{ij} = \frac{VS_{ij}}{exp_i} = \frac{impint_i}{out_i} \times \frac{exp_{ij}}{exp_i} \qquad\qquad (4-45)$$

同时考虑中间投入进口来源于 k 国（地区）和最终品出口到 j 国（地区）的情况，垂直专业化出口额用 VS_{ikj} 表示，则 $VS_{ikj} = \dfrac{impint_{ik}}{out_i} \times exp_{ij}$，相应的垂直专业化比率为：

$$VSS_{ikj} = \frac{VS_{ikj}}{exp_i} = \frac{impint_{ik}}{out_i} \times \frac{exp_{ij}}{exp_i} \qquad\qquad (4-46)$$

二　中国典型制造业行业的垂直专业化链条分析

中国大陆制造业融入国际垂直专业化分工体系的程度在总体上加深的同时，又具有稳定的区域特征，但是，在具体行业上，笔者认为伴随着国际垂直专业化分工体系环节的梯次转移，在进口来源或出口方向上会出现一定的变化。在接下来的分析中，笔者试图通过典型行业垂直专业化在地理方向上的分解，分析中国大陆制造业行业融入国际垂直专业化分工体系在地理方向上的动态演变。在行业选择上，选择前述所确定的 7 个典型行业（行业 8～行业 10 和行业 12～行业 15）；在贸易伙伴选择上，确定欧盟、美国、日本、韩国和中国台湾进行分析，选择这 5 个国家/地区的原因是历年来中国大陆制造业在国际垂直专业化分工体系中和这些经济体一直保持着直接或间接关联，关于此点，后文会有进一步分析；在资料来源上，笔者利用 WIOD 发布的 1995～2009 年中国大陆的非竞争型投入产出表和相应年份的国际投入产出表，并将欧盟 27 国进行合并。

（一）典型制造业行业垂直专业化的进口来源分析

利用公式（4－44），笔者计算了按进口来源分解的典型制造业行业垂直专业化比率。1995～2009 年，总体上，中间投入最重要的进口来源出现了从东亚向欧盟的转移。具体来看，行业 8（焦炭、石油炼制和核燃料行业）的主要进口来源地于 1999 年从日本转向了欧盟，之后，尽管来自欧盟的垂直专业化比率呈下降趋势，但欧盟一直保持最重要进口来源地地位；行业 9（化学和化工产品行业）1995～2000 年最重要的进口来源地出现了从日本（1995 年、1996 年）到韩国（1997～2000 年）的更替，但自 2001 年起，欧盟成为最重要的进口来源地，而且，来自欧盟的垂直专业化比率保持着增加的势头；行业 10（橡胶和塑料行业）的最重要进口来源地于 2001 年从中国台湾转向了欧盟，且自此，来自欧盟的垂直专业化比率持续增加；行业 12（基本金属和金属行业）、行业 13（其他机械设备行业）的最重要进口来源地于 2003 年出现了从日本向欧盟的转移；行业 14（电子和光学设备行业）最重要的进口来源地于 2002 年从日本转向了中国台湾，之后来自中国台湾的垂直专业化比率呈现先升后降的波动，2005 年达到最高点（7.05%）；行业 15（运输设备行业）最重要的进口来源地于 1999 年从日本转向了欧盟，并且该垂直专业化比率基本呈上升趋势。2003 年之后，中国典型制造业行业的垂直专业化出口中间投入品进口的最重要来源地保持了稳定，一直为欧盟。表 4－8 给出了几个年份（6 个出现明显变化或转折的年份）的中国大陆典型制造业行业的垂直专业化比率。

表 4－8　中国大陆典型制造业行业的垂直专业化比率：进口来源分解

单位：%

来源地 行业	1995 年					1998 年				
	欧盟	日本	韩国	中国台湾	美国	欧盟	日本	韩国	中国台湾	美国
8	1.36	*1.44*	0.76	0.78	0.66	1.04	*1.21*	0.95	0.84	1.05
9	2.13	*2.42*	1.96	1.85	1.48	1.82	2.11	*2.14*	2.02	1.22
10	2.32	2.95	2.79	*2.98*	1.54	1.98	2.52	2.65	*3.00*	1.24
12	2.02	*3.46*	1.37	1.44	1.22	1.59	*2.64*	1.84	1.59	0.82
13	2.47	*3.63*	1.35	1.73	1.28	2.06	*2.76*	1.63	1.73	1.00

续表

来源地 行业	1995 年					1998 年				
	欧盟	日本	韩国	中国台湾	美国	欧盟	日本	韩国	中国台湾	美国
14	2.92	*5.37*	2.17	3.2	2.36	2.64	*4.01*	2.57	3.39	1.98
15	3.11	*3.99*	1.43	2.03	1.57	2.57	*2.76*	1.59	1.89	1.27

来源地 行业	2000 年					2001 年				
	欧盟	日本	韩国	中国台湾	美国	欧盟	日本	韩国	中国台湾	美国
8	*1.6*	1.05	0.93	0.71	0.46	*1.54*	1.14	0.96	0.75	0.54
9	2.25	2.24	*2.32*	2.06	1.14	*2.28*	2.08	2.03	1.87	1.11
10	2.49	2.6	2.62	*2.78*	1.23	*2.46*	2.34	2.2	2.38	1.18
12	1.93	*2.73*	1.73	1.85	0.83	2.03	*2.49*	1.5	1.65	0.84
13	2.53	*3.13*	1.76	2.08	1.04	2.73	*2.9*	1.59	1.89	1.08
14	3.79	*4.76*	2.95	4.36	2.09	3.8	*4.33*	2.61	4.1	2.2
15	*3.23*	3.06	1.63	1.99	1.13	*3.55*	2.84	1.43	1.7	1.18

来源地 行业	2003 年					2009 年				
	欧盟	日本	韩国	中国台湾	美国	欧盟	日本	韩国	中国台湾	美国
8	*1.78*	1.24	1.02	0.87	0.57	*1.66*	0.86	0.65	0.39	0.71
9	*3.04*	2.38	2.32	2.22	1.37	*3.52*	2.08	1.97	1.24	1.9
10	*3.21*	2.79	2.53	2.74	1.5	*3.91*	2.85	2.45	1.69	2.34
12	*2.83*	2.69	1.91	1.97	1.05	*3.02*	1.94	1.28	0.83	2.42
13	*3.83*	3.42	2.13	2.44	1.25	*5.27*	3.11	2.12	1.59	2.48
14	4.1	5.41	3.55	*6.12*	2.2	4.54	4.23	3.84	*5.39*	3.25
15	*4.97*	3.6	2.08	2.19	1.3	*6.15*	3.99	2.22	1.42	2.32

注：行业代码所对应名称见附录二中表1，加粗及斜体的数字为相应年份各行业垂直专业化比率最高的来源国/地区数据。

（二）典型制造业行业垂直专业化的出口方向分析

利用公式（4-45），笔者对中国大陆典型制造业行业的垂直专业化出口进行了地理方向上的分解。从结果中可以发现，中国大陆典型制造业行业的垂直专业化出口在方向上具有极高的区域集中性——垂直专业化出口市场以欧美为主。1995~2009 年，欧美囊括了垂直专业化出口的第一和第二大市场，除 2007~2009 年外，其他年份美国市场尤显重要，是多数行业垂直专业化出口的第一目的地。1995~2006 年，行业 8 自 1997 年起，行业 9 于 1998 年、2003 年，行业 15 除 2000 年、2004 年和 2005 年外的垂直专业化出口的第一大市场是欧盟，其余情况下，美国是中国大陆垂直专业化出口的第一大市场。表 4-9 展示了部分年份中国大陆典型制造业行业按出口方向计算的垂直专业化比率。

表 4-9　中国大陆典型制造业行业的垂直专业化比率：出口方向分解

单位：%

目的地 / 行业	1995 年					2000 年				
	欧盟	日本	韩国	中国台湾	美国	欧盟	日本	韩国	中国台湾	美国
8	1.91	1.46	0.35	0.2	*2.03*	*4.92*	3.77	3.17	0.6	4.05
9	3.42	2.30	0.84	0.43	*3.96*	3.89	2.21	1.25	0.66	*4.10*
10	4.94	2.27	0.23	0.2	*5.37*	5.16	2.42	0.29	0.41	*5.33*
12	3.35	2.76	0.86	0.64	*3.36*	3.22	2.85	1.14	1.37	*4.30*
13	3.49	1.47	0.26	0.33	*4.87*	3.75	1.93	0.31	0.35	*6.16*
14	4.93	2.40	0.64	0.64	*7.19*	6.00	2.70	1.29	0.96	*8.56*
15	*3.67*	1.53	0.21	0.20	3.61	3.96	1.42	0.34	0.29	*4.00*

目的地 / 行业	2006 年					2007 年				
	欧盟	日本	韩国	中国台湾	美国	欧盟	日本	韩国	中国台湾	美国
8	*4.43*	2.95	1.9	0.64	3.25	*4.04*	2.71	2.15	0.6	2.34
9	4.69	2.44	1.75	1.17	*5.03*	*4.40*	2.25	1.71	1.18	4.22
10	5.12	2.86	0.6	0.44	*6.76*	5.2	2.69	0.60	0.37	*6.03*
12	4.56	2.66	2.61	1.24	*5.14*	*5.63*	2.30	2.73	0.91	4.62
13	5.25	2.50	0.66	0.53	*8.04*	5.88	1.99	0.75	0.44	*7.00*
14	7.57	3.14	1.69	0.94	*10.51*	7.86	2.74	1.6	0.89	*9.59*
15	*5.03*	1.88	0.54	0.33	4.93	*4.54*	1.53	0.7	0.28	4.18

目的地 / 行业	2008 年					2009 年				
	欧盟	日本	韩国	中国台湾	美国	欧盟	日本	韩国	中国台湾	美国
8	*6.02*	3.78	3.25	0.78	4.94	*3.03*	1.45	1.09	0.42	1.92
9	*5.67*	2.71	2.01	1.47	5.55	*4.78*	1.95	1.61	1.22	4.36
10	*6.33*	3.07	0.65	0.4	6.31	5.18	2.73	0.50	0.25	*5.26*
12	*6.33*	2.71	4.05	0.87	5.16	*4.96*	2.51	2.55	0.84	4.51
13	*7.15*	2.28	0.95	0.6	7.08	*5.88*	2.05	0.84	0.48	5.73
14	*9.21*	2.85	1.73	0.97	9.05	7.32	2.44	1.4	0.85	*8.45*
15	*6.46*	1.78	0.99	0.43	3.96	*5.47*	1.43	0.97	0.26	3.00

注：行业代码所对应名称见附录二中表1，加粗及斜体数字为相应年份各行业按照出口地计算的垂直专业化比率最高的国家/地区数据。

（三） 典型制造业行业的垂直专业化链条分析

同时考虑进口来源和出口方向，在计算出垂直专业化比率（结果如附录三中表1所示）的基础上，分析典型制造业行业的垂直专业化链条。从附录三表1中可以发现，1995～1998年，7个典型制造业行业的垂直专业化链条均呈现明显的"三角模式"特征；1999～2003年，垂直专业化链条在主要进口来源上出现了一些变化和更替，最终基本稳定下来，多数行业的垂直专业化链条形成"欧美—中国大陆—欧美"模式，向欧美的垂直专业化出口中，来自欧美的进口中间投入品成为行业垂直专业化出口中的重点。总之，中国大陆多数典型制造业行业融入国际垂直专业化分工体系中的链条出现了从"三角模式"向"欧美—中国大陆—欧美"模式的转变。

具体来看，行业8（焦炭、石油炼制和核燃料行业）和行业15（运输设备行业）参与国际垂直专业化分工的主要链条自1999年起由"日本—中国大陆—欧美"转到"欧美—中国大陆—欧美"；行业9（化学和化工产品行业）参与国际垂直专业化分工的主要链条于1997～2000年由"日本—中国大陆—欧美"转到"韩国—中国大陆—欧美"，而后者又于2001年被"欧美—中国大陆—欧美"链条所替代；行业10（橡胶和塑料行业）参与国际垂直专业化分工的链条于2001年由"中国台湾—中国大陆—欧美"转到"欧美—中国大陆—欧美"；行业12（基本金属和金属行业）、行业13（其他机械设备行业）参与国际垂直专业化分工的主要链条于2001年由"日本—中国大陆—欧美"转到"欧美—中国大陆—欧美"，之后保持稳定；行业14（电子和光学设备行业）参与国际垂直专业化分工的链条于2002年从"日本—中国大陆—欧美"转到"中国台湾—中国大陆—欧美"。在典型行业参与国际垂直专业化分工中，只有行业14（电子和光学设备行业）维持了"三角模式"，其他行业都出现了从"三角模式"向"欧美—中国大陆—欧美"的转移。

第四节　国家/地区间产业关联和垂直专业化分工网络

以上垂直专业化链条的分析是从中国和世界主要国家/地区的进出口

关联角度做的分析，这种链状结构只考虑了上中下游国家/地区。事实上，在当今生产全球化且垂直专业化特征明显的情况下，国际生产已呈现典型的网络特征。在该网络中，各国产业间都存在一定程度的直接和间接关联，一国生产过程中任何需求和成本的变化都会影响关联产业的产出。在此，笔者利用国际投入产出表分析国际垂直专业化分工体系中各国的产业关联，并基于产业关联勾勒国际垂直专业化分工网络，从多维角度分析中国参与国际垂直专业化分工的位置及其变化。

在产业关联研究方面，Rasmussen（1956）建立了产业关联研究的理论模型，奠定了产业关联研究的理论基础；Hirschman（1958）从投入推动和产出使用两个角度阐述了产业关联的内涵，提出产业关联有两层含义——前向关联和后向关联；Jones（1976）对 Rasmussen（1956）的研究做了进一步推进，提出了分别用投入产出系数和分配系数衡量产业关联的方案。这些研究为后续实证研究打下了理论基础，但是受到数据可得性和计算机运行能力的限制，对产业关联的研究多数是建立在国家层面的，如 Chenery 和 Watanabe（1958）对 4 个工业化国家的研究和对比，Dietzenbacher（1992）对荷兰产业关联和主导部门的分析。对于国家间产业关联的研究尤其是对中国的研究更少，比较有代表性的论述是李晓和张建平（2010）、张亚雄和赵坤（2006）利用日本亚洲经济研究所研究开发的亚洲多国投入产出表对东亚网络内国家产业关联的研究。本节基于 WIOD 数据库中国际投入产出表，利用投入产出技术衡量中国大陆在国际垂直专业化分工体系中与相关国家/地区的关联强度，并进一步勾画制造业国际垂直专业化分工网络；结合分工网络的演变，分析中国大陆制造业在国际垂直专业化分工网络中位置的变化。在实证分析中，将欧盟各国合并为一个经济体，这样得到 14 个与中国大陆关联的经济体，其名称及代码见附录二表 3。

本节用国家/地区间产业关联系数反映国际垂直专业化分工网络中国家/地区间的产业关联，并结合平均产业链长度进一步勾画全球制造业垂直专业化分工网络和中国大陆典型制造业行业垂直专业化分工网络，继而分析其动态演变。

一 国际垂直专业化分工体系中的国家/地区间产业关联

(一) 制造业总体国家/地区间关联度分析

利用公式 (4-31) 和公式 (4-32),笔者计算了制造业总体各经济体间的前后向关联系数。

1. 后向关联分析

制造业总体国家/地区间的后向关联反映的是,一国/地区制造业最终需求的增加对他国/地区制造业需求的影响,笔者计算了 1995~2009 年各国家/地区间的后向关联系数 (具体结果见附录三中表 2)。

分析各国家/地区后向关联程度最高经济体的变动,1995~2009 年,巴西、加拿大、墨西哥、俄罗斯和土耳其后向关联程度最高的国家/地区保持稳定,依次为欧盟、美国、美国、欧盟和欧盟。而其他国家/地区后向关联程度最高的国家/地区在此期间存在变动。其中,澳大利亚 1995~2008 年和欧盟的后向关联程度最高,2009 年则与中国大陆的后向关联程度最高;美国 1995~2009 年一直是欧盟后向关联程度最高的国家/地区,但自 2007 年起中国大陆替代美国成为欧盟后向关联程度最高的国家/地区;1995~2000 年中国大陆后向关联程度最高的国家/地区是日本,而自 2001 年起欧盟替代了日本,且与中国大陆的关联程度呈增加趋势,从 2001 年的 0.068 增加到 2009 年的 0.102;印度尼西亚 1995~2000 年后向关联程度最高的国家/地区在日本和欧盟之间交替出现,2001~2007 年稳定下来为欧盟,而 2008 年又转为中国大陆;1995~2007 年,印度后向关联程度最高的国家/地区一直为欧盟,2008 年和 2009 年则为中国大陆;日本 1995~2009 年后向关联程度最高的国家/地区出现了二次变换,由美国转向欧盟再转向中国大陆,转折点分别在 2003 年和 2006 年;除 1998 年外,1995~2005 年日本一直是韩国后向关联程度最高的国家/地区 (1998 年韩国后向关联程度最高的经济体为美国),2006 年起,韩国后向关联程度最高的国家/地区为中国大陆,关联程度也呈增加态势;中国台湾 1995~2007 年后向关联程度最高的国家/地区为日本,2008 年起其后向关联程度最高的国家/地区则转为中国大陆;欧盟是美国后向关联程度最高的国家/地区的状况一直持续到 2008 年,2009 年中国大陆成为美国后向关联程度最高的国家/地区。

从各国家/地区最紧密后向关联关系国家/地区的分析中可以看出，第一，各国家/地区最紧密后向关联关系国家/地区具有一定集中性，集中于美国、欧盟、日本和中国大陆；第二，1995～2009年，后向关联程度最高国家/地区在具有一定稳定性同时，也出现了一定的波动，这个波动即为自2006年起中国大陆出现在后向关联程度最高国家/地区中，尤其是在2008年、2009年，中国大陆在各国家/地区最高关联程度经济体中居于非常显著的地位；第三，亚洲国家——日本和韩国与中国大陆的后向关联，是拉动中国大陆自2006年起逐步成为世界各国家/地区重要后向关联经济体的关键。

2. 前向关联分析

制造业总体国家/地区间的前向关联指的是，一国/地区制造业产出的变化对其他国家/地区产出的影响，笔者计算了1995～2009年各国家/地区间的前向关联系数（具体结果见附录三中表3）。

分析各国家/地区前向关联程度最高的经济体的变化，1995～2009年，巴西、加拿大、印度、墨西哥、俄罗斯、土耳其和中国台湾前向关联程度最高的国家/地区保持稳定，依次为欧盟、美国、欧盟、美国、欧盟、欧盟和中国大陆；而其他国家/地区的最紧密前向关联关系国家/地区在此期间存在变动，其中，澳大利亚1995～2002年和日本的前向关联程度最高，2003～2009年的最紧密前向关联关系国家/地区为中国大陆；除1997年、1998年美国是中国大陆的最紧密前向关联关系国家/地区之外，其他年份，中国大陆的最紧密前向关联关系国家/地区一直是欧盟；而欧盟1995～2007年的最紧密前向关联关系国家/地区一直是美国，2008年后转为中国大陆；1995～2005年印度尼西亚的最紧密前向关联关系国家/地区，除在1998年、2003年、2004年三年是欧盟外，其余年份均为日本；2005年后则主要是中国大陆，仅在2007年是欧盟；日本1995～2001年的最紧密前向关联关系国家/地区一直为美国，而之后中国大陆一直是日本前向关联程度最高的国家，而且关联系数稳步增加；中国大陆是韩国重要的前向关联关系国家/地区，除1995年和1996年外（这两年美国是韩国最紧密的前向关联关系国家/地区），中国大陆一直是韩国的最紧密前向关联关系国家/地区；长期以来（1995～2007年），欧盟一直是美国前向关联程度最高的国家/地区，但2008年起，中国大陆替代了欧盟，成为美国最紧密前向关联关系国家/地区。

从各国/地区的最紧密前向关联关系经济体的分析中可以看出，第一，各国/地区的最紧密前向关联关系经济体具有一定集中性，集中于欧盟、中国大陆、日本和美国；第二，中国大陆的地位越来越重要，最紧密前向关联关系经济体发生转变的国家/地区，最高前向关联最终都指向了中国大陆。

（二）中国制造业在国际垂直专业化分工体系中的产业关联

1. 中国制造业总体与他国/地区的关联强度

在利用公式（4－27）和公式（4－28）得到中国大陆14个制造业行业同14个国家/地区的关联系数的基础上，用中国大陆制造业各行业产出占制造业总产出的比重作为权重，加权计算出中国大陆制造业总体与世界其他主要经济体的前向、后向关联系数（见表4－10）。从中可以看出，中国大陆制造业总体和欧盟、日本、韩国、中国台湾、美国的后向关联系数较大，和欧盟、日本、美国的前向关联系数较大，同这些国家/地区的关联系数均超过与世界总体的平均关联水平。这反映出，在与世界整体及各经济体的关联中，中国大陆制造业最终需求的变化通过需求拉动作用对欧盟、日本、韩国、中国台湾和美国产出的影响较大；而在通过成本推动影响世界的产出中，对欧盟、日本、美国的产出影响较大。从动态发展上看，1995～2000年，中国大陆制造业总体同日本的后向关联程度最高，2001年之后，欧盟超过日本，成为中国大陆制造业后向关联系数最大的国家/地区；而从前向关联上看，1995～2009年，中国大陆制造业总体与欧盟的关联系数最大。

分析中国大陆制造业总体和其他国家/地区关联程度的动态变化，1995～2008年，除了与印度尼西亚的后向关联系数有所下降外，与其他国家/地区的前向、后向关联系数均呈增加趋势。其中，后向关联系数增长最快的是与巴西之间的关联，前向关联系数增速最快的是与俄罗斯的关联，同印度和墨西哥的关联系数增长得也比较快。

2. 中国制造业各行业与他国/地区的关联强度

基于公式（4－12）和公式（4－13）的计算结果，笔者利用各国家/地区各行业产出占相应行业世界总产出的比重加权计算了中国大陆14个制造业行业与世界整体的关联程度（见表4－11）。加权处理在国家/地区行业关联中引入了国际因素，同时考虑了国家/地区间投入产出或分配系数

表4－10　1995～2009年中国大陆制造业总体与世界各主要经济体的关联度

指标	经济体	1995	1996	1997	1998	1999	2000	2001	2002	2003	2004	2005	2006	2007	2008	2009	1995～2008年年均增速（%）
后向关联	AUS	0.011	0.012	0.013	0.011	0.011	0.013	0.011	0.010	0.013	0.016	0.020	0.021	0.021	0.030	0.027	8.02
	EU	0.058	0.050	0.054	0.047	0.057	0.065	0.068	0.074	0.090	0.109	0.097	0.101	0.102	0.125	0.102	6.08
	BRA	0.003	0.002	0.003	0.002	0.002	0.003	0.003	0.004	0.006	0.008	0.009	0.009	0.010	0.014	0.013	12.58
	CAN	0.007	0.006	0.006	0.005	0.005	0.008	0.007	0.007	0.008	0.010	0.010	0.009	0.010	0.013	0.011	4.88
	IDN	0.009	0.008	0.008	0.006	0.006	0.007	0.007	0.007	0.007	0.006	0.006	0.007	0.007	0.007	0.008	-1.91
	IND	0.002	0.002	0.003	0.003	0.003	0.005	0.005	0.006	0.007	0.008	0.008	0.007	0.007	0.007	0.006	10.12
	JPN	0.075	0.059	0.065	0.058	0.063	0.069	0.064	0.070	0.078	0.090	0.083	0.080	0.074	0.082	0.068	0.69
	KOR	0.040	0.039	0.043	0.040	0.040	0.044	0.039	0.040	0.048	0.056	0.058	0.056	0.052	0.051	0.046	1.89
	MEX	0.001	0.001	0.001	0.001	0.001	0.001	0.001	0.002	0.002	0.003	0.003	0.003	0.003	0.003	0.003	8.82
	RUS	0.006	0.008	0.007	0.006	0.006	0.007	0.008	0.009	0.011	0.015	0.017	0.016	0.016	0.019	0.015	9.27
	TUR	0.001	0.001	0.001	0.001	0.001	0.001	0.001	0.001	0.001	0.001	0.001	0.001	0.001	0.002	0.002	5.48
	TWN	0.038	0.037	0.040	0.036	0.038	0.042	0.039	0.046	0.050	0.054	0.052	0.049	0.045	0.041	0.034	0.59
	USA	0.040	0.033	0.036	0.032	0.033	0.037	0.037	0.037	0.042	0.050	0.051	0.055	0.057	0.067	0.057	4.05
	World	0.025	0.023	0.023	0.021	0.023	0.028	0.027	0.029	0.035	0.041	0.041	0.041	0.040	0.048	0.040	5.15
前向关联	AUS	0.006	0.005	0.005	0.005	0.006	0.005	0.005	0.006	0.007	0.008	0.008	0.008	0.008	0.010	0.009	4.01
	EU	0.048	0.043	0.048	0.054	0.055	0.063	0.062	0.064	0.076	0.089	0.089	0.097	0.104	0.124	0.094	7.57
	BRA	0.002	0.002	0.002	0.002	0.002	0.002	0.002	0.002	0.003	0.003	0.004	0.004	0.005	0.008	0.007	11.25
	CAN	0.006	0.005	0.006	0.006	0.007	0.008	0.007	0.007	0.008	0.01	0.01	0.01	0.009	0.011	0.009	4.77

续表

指标	经济体	1995	1996	1997	1998	1999	2000	2001	2002	2003	2004	2005	2006	2007	2008	2009	1995~2008年年均增速(%)
前向关联	IDN	0.004	0.004	0.005	0.002	0.002	0.003	0.003	0.004	0.004	0.004	0.004	0.004	0.004	0.006	0.006	3.17
	IND	0.004	0.003	0.004	0.004	0.005	0.005	0.005	0.006	0.007	0.008	0.01	0.013	0.015	0.016	0.015	11.25
	JPN	0.039	0.035	0.038	0.033	0.034	0.037	0.035	0.033	0.036	0.040	0.038	0.037	0.034	0.040	0.030	0.19
	KOR	0.016	0.017	0.019	0.013	0.016	0.020	0.019	0.023	0.027	0.031	0.030	0.031	0.031	0.036	0.026	6.44
	MEX	0.002	0.002	0.003	0.003	0.004	0.005	0.006	0.007	0.009	0.011	0.011	0.012	0.011	0.012	0.010	14.78
	RUS	0.001	0.001	0.002	0.002	0.001	0.001	0.002	0.002	0.003	0.003	0.004	0.005	0.007	0.009	0.005	18.41
	TUR	0.002	0.001	0.001	0.001	0.001	0.002	0.001	0.002	0.003	0.003	0.004	0.004	0.005	0.005	0.004	7.30
	TWN	0.007	0.007	0.009	0.009	0.009	0.011	0.009	0.009	0.011	0.014	0.012	0.012	0.011	0.012	0.009	4.23
	USA	0.045	0.042	0.048	0.054	0.054	0.060	0.055	0.058	0.058	0.083	0.087	0.091	0.083	0.088	0.069	5.29
	World	0.017	0.015	0.017	0.017	0.017	0.020	0.019	0.021	0.023	0.028	0.029	0.031	0.031	0.037	0.030	6.16

注：带底色的数据是高于世界平均水平的数据，经济体（国家/地区）代码对应的名称见附录二中表3。

资料来源：笔者计算而得。

表 4 - 11　1995 ~ 2009 年中国大陆各制造业行业的世界关联度

指标	年份 行业	1995	1996	1997	1998	1999	2000	2001	2002	2003	2004	2005	2006	2007	2008	2009
后向关联	3	0.027	0.020	0.020	0.018	0.020	0.024	0.023	0.023	0.030	0.035	0.034	0.034	0.034	0.045	0.034
	4	0.042	0.034	0.032	0.030	0.034	0.037	0.036	0.037	0.041	0.045	0.040	0.036	0.033	0.040	0.029
	5	0.055	0.044	0.038	0.036	0.040	0.045	0.045	0.045	0.049	0.056	0.048	0.043	0.040	0.047	0.033
	6	0.043	0.033	0.031	0.028	0.034	0.037	0.034	0.036	0.042	0.047	0.046	0.046	0.046	0.054	0.042
	7	0.047	0.038	0.037	0.034	0.039	0.043	0.040	0.042	0.051	0.059	0.058	0.063	0.066	0.080	0.066
	8	0.058	0.051	0.053	0.042	0.047	0.069	0.059	0.058	0.071	0.073	0.071	0.079	0.075	0.098	0.087
	9	0.047	0.041	0.042	0.038	0.043	0.048	0.046	0.049	0.058	0.065	0.061	0.063	0.060	0.074	0.058
	10	0.055	0.047	0.047	0.043	0.048	0.053	0.049	0.052	0.062	0.073	0.071	0.070	0.068	0.082	0.064
	11	0.032	0.026	0.027	0.023	0.027	0.030	0.030	0.032	0.038	0.045	0.041	0.042	0.041	0.050	0.038
	12	0.050	0.041	0.042	0.036	0.039	0.044	0.043	0.046	0.054	0.062	0.058	0.056	0.056	0.067	0.053
	13	0.055	0.045	0.052	0.041	0.046	0.051	0.051	0.055	0.066	0.089	0.080	0.078	0.077	0.092	0.069
	14	0.083	0.071	0.069	0.064	0.074	0.087	0.085	0.088	0.102	0.115	0.108	0.098	0.093	0.102	0.078
	15	0.062	0.052	0.057	0.046	0.050	0.055	0.056	0.058	0.074	0.094	0.085	0.088	0.086	0.104	0.081
	16	0.045	0.036	0.033	0.030	0.035	0.038	0.036	0.038	0.044	0.051	0.049	0.048	0.048	0.060	0.047
	平均	0.050	0.041	0.041	0.036	0.041	0.047	0.045	0.047	0.056	0.065	0.061	0.060	0.059	0.071	0.056
前向关联	3	0.010	0.008	0.009	0.009	0.009	0.009	0.009	0.010	0.012	0.014	0.016	0.018	0.018	0.025	0.020
	4	0.035	0.031	0.032	0.034	0.032	0.034	0.030	0.030	0.035	0.040	0.042	0.039	0.034	0.038	0.032
	5	0.021	0.018	0.020	0.020	0.020	0.018	0.014	0.013	0.014	0.017	0.018	0.018	0.017	0.018	0.014

续表

指标	行业＼年份	1995	1996	1997	1998	1999	2000	2001	2002	2003	2004	2005	2006	2007	2008	2009
前向关联	6	0.040	0.028	0.027	0.027	0.027	0.029	0.029	0.033	0.038	0.049	0.051	0.054	0.051	0.055	0.037
	7	0.037	0.032	0.037	0.043	0.044	0.050	0.050	0.057	0.059	0.064	0.063	0.067	0.065	0.082	0.064
	8	0.038	0.036	0.038	0.039	0.039	0.044	0.044	0.047	0.055	0.063	0.062	0.065	0.063	0.082	0.061
	9	0.036	0.038	0.053	0.054	0.051	0.054	0.053	0.054	0.059	0.065	0.068	0.069	0.067	0.081	0.061
	10	0.062	0.054	0.056	0.059	0.060	0.065	0.061	0.063	0.068	0.080	0.080	0.080	0.077	0.087	0.068
	11	0.018	0.015	0.017	0.018	0.019	0.021	0.021	0.023	0.023	0.026	0.026	0.027	0.025	0.029	0.020
	12	0.050	0.044	0.047	0.049	0.048	0.056	0.052	0.055	0.059	0.070	0.066	0.070	0.068	0.077	0.049
	13	0.025	0.023	0.024	0.026	0.026	0.029	0.028	0.028	0.031	0.031	0.032	0.036	0.041	0.049	0.034
	14	0.069	0.061	0.062	0.063	0.065	0.071	0.068	0.067	0.075	0.094	0.092	0.086	0.084	0.090	0.072
	15	0.022	0.022	0.022	0.027	0.029	0.033	0.032	0.032	0.034	0.040	0.039	0.043	0.042	0.054	0.042
	16	0.028	0.025	0.027	0.047	0.045	0.047	0.043	0.047	0.055	0.068	0.057	0.065	0.061	0.070	0.046
	平均	0.035	0.031	0.034	0.037	0.037	0.040	0.038	0.040	0.044	0.052	0.051	0.053	0.051	0.060	0.044

注：行业代码对应行业名称参见附录二中表1；带底色数据是高于平均水平的数据。

资料来源：笔者计算而得。

和各国家/地区各行业在世界上的实力水平或地位。

从具体行业来看，行业 8（焦炭、石油炼制和核燃料行业）、行业 9（化学和化工产品行业）、行业 10（橡胶和塑料行业）、行业 13（其他机械设备行业）、行业 14（电子和光学设备行业）和行业 15（运输设备行业）的后向关联程度高于制造业整体水平，反映出，相对于制造业总体，中国大陆在这 6 个行业通过需求拉动效应影响世界产出的能力较大；而从前向关联看，行业 7（纸浆、纸、纸张、印刷和出版行业）、行业 8（焦炭、石油炼制和核燃料行业）、行业 9（化学和化工产品行业）、行业 10（橡胶和塑料行业）、行业 12（基本金属和金属行业）、行业 14（电子和光学设备行业）和行业 16（其他制造业，回收利用业）的关联系数高于制造业平均水平，说明中国大陆在这 7 个行业生产上的成本推动效应较为明显，相对于制造业总体，它们产出的变化通过成本推动效应影响世界产出水平的能力较大。将前向关联系数和后向关联系数均高于制造业平均水平的行业看作主导行业，因为这些行业在所有制造业行业中可以通过成本推动效应为世界提供超过平均水平的投入，同时也可以以超过平均水平的需求拉动作用拉动世界的产出。从而确定的主导行业为：行业 8 ~ 行业 10、行业 14，共四个行业，其中行业 8 为资源型行业。结合表 4 - 4，可以发现，这四个行业也是垂直专业化比率比较高的行业。

3. 中国制造业主导行业与其他国家/地区的关联

主导行业产出的变动通过成本推动或者需求拉动作用对世界市场产生的影响较大，相对于其他行业，在世界市场上的地位比较重要。因此有必要分析中国大陆制造业的主导行业主要与哪些经济体产生关联，本部分选择已确定的 4 个制造业主导行业，分析中国大陆在制造业主导行业上同其他经济体的关联，在计算了制造业某主导行业与其他国家/地区关联的基础上，将其与表 4 - 11 中相应年份、相应行业的世界关联度进行比较，若大于该主导行业与世界总体的关联程度，则认为该国家/地区是主要关联国家/地区，所得结果见表 4 - 12。

分析行业 8（焦炭、石油炼制和核燃料行业）的国家/地区关联，从前向关联上看，和与世界的总体关联程度相比，欧盟是行业 8 的稳定主要关联经济体，但是，从后向关联上看，该行业并不存在长期稳定的主要关联国家/地区。而行业 9（化学和化工产品行业）与欧盟之间有着稳定的前

表 4 - 12 1995 ~ 2009 年中国大陆制造业主导行业主要关联国家/地区的变化

行　　业	国家/地区	后向关联	前向关联
		年份	年份
焦炭、石油炼制和核燃料行业（行业 8）	欧盟	1999、2002、2004	1995 ~ 2009
	日本	—	1995、1997、1999
	俄罗斯	2005	—
	美国	—	1997 ~ 2002、2004 ~ 2009
化学和化工产品行业（行业 9）	欧盟	1995 ~ 2009	1995 ~ 2009
	日本	1995 ~ 2007	1995 ~ 1997
	韩国	1997 ~ 1998	—
	美国	—	1995 ~ 2009
橡胶和塑料行业（行业 10）	美国	1995 ~ 2009	1995 ~ 2009
	日本	1995 ~ 2009	—
	韩国	1995 ~ 2000	—
	中国台湾	1995 ~ 1999	—
	美国	—	1995 ~ 2009
电子和光学设备行业（行业 14）	欧盟	1996 ~ 2009	1995 ~ 2009
	日本	1995 ~ 2009	—
	韩国	2005 ~ 2007、2009	—
	中国台湾	2002 ~ 2009	—
	美国	2008 ~ 2009	1995 ~ 2009

资料来源：笔者计算、整理而得。

向、后向关联关系，与日本之间在 1995 ~ 1997 年存在稳定的前向、后向关联关系，同美国之间存在长期稳定的前向关联关系。在行业 10（橡胶和塑料行业）上，中国大陆和欧盟、日本、中国台湾之间存在稳定的后向关联关系，和欧盟、美国之间存在稳定的前向关联关系。行业 14（电子和光学设备行业）的主要前向关联国家/地区为欧盟、日本和中国台湾，主要后向关联经济体为欧盟和美国。

4. 中国制造业主导行业与其他经济体产业间的距离分析

产业关联系数反映的是联系程度，国家间产业间距离描述的是一国某行业需求或产出的变化经过多少环节影响到另一国某行业的最终需求，很显然，距离越短，对他国某行业产生影响的速度越快。本部分利用平均产业链长度指标，分析中国大陆制造业主导行业和其他经济体产业之间的距离。前述分析已经发现，中国大陆制造业产业关联有着稳定的国家/地区联系，在主导产业上，主要的关联经济体有欧盟、日本、中国台湾和美国，笔者选择 2009 年的数据，分析中国大陆制造业主导产业同这 4 个经济体各制造业行业之间的距离，选择该年份的主要原因是 2009 年的数据是所能获得的最新数据，对现实的指导意义最大。利用公式（4 - 21）计算出结果，并提取 4 个国家/地区的数据（见表 4 - 13）。该表展示了 4 个国家/地区 14 个制造业行业的中间投入经过循环使用用于中国大陆最终产品的生产所需要经历的环节数（APL_{chnj}），和中国大陆 4 个主导行业中间投入经过循环使用用于 4 个国家/地区 14 个制造业行业最终产品生产所经历的环节数（APL_{jchn}）。

表 4 - 13　2009 年中国大陆制造业主导行业和主要关联国家/地区
行业间的平均产业链长度

国家/地区	行业	APL_{chnj}				APL_{jchn}			
		8	9	10	14	8	9	10	14
EU	3	4.75	4.16	3.47	4.10	4.89	4.06	4.29	4.84
EU	4	4.58	3.60	4.00	4.23	4.75	4.10	3.37	4.48
EU	5	4.63	3.87	3.27	4.24	5.09	4.23	3.31	4.21
EU	6	4.53	3.62	3.98	4.05	4.76	4.95	4.86	4.70
EU	7	4.54	3.67	3.73	3.76	4.79	4.22	4.34	4.38
EU	8	4.20	3.95	4.25	3.83	4.21	3.74	3.86	4.63
EU	9	3.77	2.44	3.58	3.69	4.11	2.47	2.57	3.83
EU	10	3.89	2.62	2.30	3.65	4.39	3.74	2.49	3.47
EU	11	4.38	3.72	3.76	3.61	4.60	4.28	4.57	4.08
EU	12	4.54	4.23	4.11	3.55	4.54	4.69	4.76	3.71
EU	13	4.67	4.34	3.47	2.56	3.12	3.41	3.64	3.21
EU	14	4.71	4.13	3.40	1.86	3.76	3.64	4.08	2.37
EU	15	4.87	4.34	3.33	2.87	3.98	4.30	4.43	4.13
EU	16	4.57	3.85	3.20	3.39	4.73	4.57	4.38	4.12
JPN	3	4.71	4.01	3.13	4.75	5.93	4.38	4.39	5.12
JPN	4	4.51	3.44	3.79	4.85	5.24	4.23	3.34	4.43
JPN	5	4.69	3.85	2.44	4.56	5.53	4.83	4.25	4.12
JPN	6	4.42	3.65	3.41	4.45	5.28	4.96	4.77	4.59
JPN	7	4.41	3.47	2.78	4.42	5.66	4.44	4.41	4.48

国家/地区	行业	APL_{chnj}				APL_{jchn}			
		8	9	10	14	8	9	10	14
JPN	8	4.22	4.94	4.80	4.59	3.97	3.38	3.80	4.74
JPN	9	3.71	2.38	3.49	4.66	4.37	2.52	2.66	3.96
JPN	10	3.98	2.80	2.01	4.73	4.66	3.57	2.30	3.35
JPN	11	4.16	3.67	3.81	4.27	4.68	4.09	4.20	3.61
JPN	12	4.60	4.82	4.35	3.73	4.80	4.82	4.82	3.66
JPN	13	4.68	4.34	3.23	2.46	*3.09*	3.41	3.63	2.99
JPN	14	4.82	4.19	3.20	2.08	3.86	3.75	4.18	2.18
JPN	15	5.22	4.64	3.40	3.17	4.33	4.65	4.72	4.31
JPN	16	4.45	3.48	2.50	3.24	4.70	4.43	4.42	3.26
TWN	3	4.59	3.45	2.99	4.47	5.51	4.10	4.10	4.80
TWN	4	3.86	2.54	3.72	4.56	4.60	3.59	2.75	4.02
TWN	5	3.99	2.69	2.78	4.52	4.80	3.64	2.76	3.63
TWN	6	4.24	3.11	3.25	4.04	4.43	4.39	4.33	3.88
TWN	7	4.32	3.00	3.33	3.22	5.17	3.84	3.89	3.69
TWN	8	4.44	4.15	4.62	4.13	4.12	3.45	3.72	4.29
TWN	9	3.41	**2.12**	3.97	4.75	4.04	2.31	2.45	3.39
TWN	10	3.50	2.23	2.49	4.60	4.02	2.82	1.74	2.65
TWN	11	3.96	3.02	4.00	4.08	4.69	4.24	4.52	3.29
TWN	12	4.19	3.72	4.48	4.51	4.49	4.53	4.54	3.15
TWN	13	4.62	4.27	3.55	2.33	3.22	3.56	3.76	3.00
TWN	14	4.50	3.42	3.33	1.80	4.13	4.04	4.43	1.63
TWN	15	4.67	3.92	3.20	2.97	4.17	4.62	4.71	4.25
TWN	16	4.14	2.99	2.73	2.60	3.95	4.03	3.92	3.79
USA	3	4.73	3.95	2.94	3.52	5.08	3.63	3.91	5.00
USA	4	4.20	2.94	3.81	3.16	4.80	3.68	3.3	4.07
USA	5	4.50	3.72	2.99	3.81	5.19	4.25	3.43	4.3
USA	6	4.60	3.80	3.73	3.01	4.77	4.44	4.14	4.09
USA	7	4.33	3.48	3.33	2.67	4.77	3.96	3.90	3.47
USA	8	4.85	4.42	4.67	4.23	4.11	3.68	3.84	4.62
USA	9	3.71	2.32	3.27	3.12	4.21	2.50	2.61	3.86
USA	10	3.80	2.48	2.45	2.73	4.55	3.59	2.42	3.37
USA	11	4.27	3.53	3.36	2.62	4.63	4.34	4.45	3.80

国家/地区	行业	APL_{chnj}				APL_{jchn}			
		8	9	10	14	8	9	10	14
USA	12	4.48	4.13	3.90	2.66	4.74	4.44	4.01	3.68
USA	13	4.52	4.09	3.07	2.33	3.23	3.53	3.66	3.16
USA	14	4.60	3.95	3.27	1.80	3.99	3.89	4.28	2.08
USA	15	4.81	4.30	3.33	2.51	4.18	4.19	3.79	3.60
USA	16	4.34	3.46	2.60	2.68	3.44	3.16	3.55	2.76

注：国家/地区代码对应的国家/地区名称参见附录二中表3；行业代码对应的行业名称参见附录二中表1；加底色数据反映了两类平均产业链中最短的产业链；加粗及斜体数字反映了行业8最短的产业链；加粗数字反映了行业9最短的产业链。

数据来源：笔者计算而得。

根据平均产业链长度的定义，平均产业链长度不会小于1，同时，越接近1越说明两产业之间以直接关联为主，间接关联较少。另外，由于相同产业之间的直接关联程度最高，因此，一般来说，相同产业间的平均产业链长度最小。分析中国大陆4个制造业主导行业同4个国家/地区制造业行业间的平均产业链长度，分别取两类产业链的最小4个值，发现与行业8（焦炭、石油炼制和核燃料行业）和行业9（化学和化工产品行业）相比，中国大陆行业10（橡胶和塑料行业）和行业14（电子和光学设备行业）与所考察国家/地区间的产业链最短，且最短的产业链体现在与其他国家/地区的同行业间产业距离上。具体来看，在行业10上，中国台湾到中国大陆的产业间距离最短，平均产业链长度为1.74，中国大陆到日本的产业间距离次之，平均产业链长度为2.01；在行业14上，中国大陆到中国台湾的产业间距离最短，平均产业链长度为1.63，中国台湾到中国大陆、美国到中国大陆的产业间距离次之，平均产业链长度均为1.80；在行业9上，中国大陆到中国台湾的产业间距离最短，平均产业链长度为2.12；而对于行业8来说，日本行业13到中国大陆行业8的产业间距离最短，平均产业链长度为3.09。总之，除行业8外，中国大陆其他各制造业主导行业同其他经济体同行业的平均产业链长度最短。

二　国际垂直专业化分工网络勾画及其动态演变

产业关联系数反映了国家间产业的依赖程度，平均产业链长度反映了产业间距离和产品流向，将两种指标结合，并扩展到世界范围，就可以进一步勾画国际垂直专业化分工网络。对于国际垂直专业化分工网络的勾画，Albino 等（2002）提出的利用投入产出技术描述生产过程中商品流动的模型和方法提供了理论基础。在实证研究方面，Dietzenbacher 和 Romero（2007）利用 1985 年欧盟国家间投入产出表对欧盟 6 个国家的研究和 WTO 及 IDE－JETRO（2011）合作对东亚价值链的研究最为典型。前者的研究将国家间的产业关联和产业间距离结合起来考察价值链布局，对产业间距离的衡量是利用平均产业链长度实现的；后者的研究借鉴了 Dietzenbacher 和 Romero（2007）的方法并对东亚内部价值链的动态演变做了分析，这些研究都是建立在区域数据基础上的。本部分在借鉴前人研究的基础上，利用 WIOD 数据库中国际投入产出表，采用投入产出技术勾画制造业国际垂直专业化分工网络，分析其特征及动态演变，并展示中国大陆参与制造业垂直专业化国际分工体系的演变。

（一）制造业国际垂直专业化分工网络勾画

分析国家间里昂惕夫逆矩阵 $\bar{L} = (I - \bar{A})^{-1} \begin{bmatrix} L^{11} & L^{12} & \cdots & L^{1N} \\ L^{21} & L^{22} & \cdots & L^{2N} \\ \vdots & \vdots & \ddots & \vdots \\ L^{N1} & L^{N2} & \cdots & L^{NN} \end{bmatrix}$，其元

素 $l_{ij}^{\alpha\beta}$ 反映了 β 国 j 行业最终需求的变动对 α 国 i 行业产出的影响，也即 β 国 j 行业对 α 国 i 行业的后向关联效应。同理，戈什逆矩阵 $\bar{G} = \begin{bmatrix} G^{11} & G^{12} & \cdots & G^{1N} \\ G^{21} & G^{22} & \cdots & G^{2N} \\ \vdots & \vdots & \ddots & \vdots \\ G^{N1} & G^{N2} & \cdots & G^{NN} \end{bmatrix}$ 中元素 $g_{ij}^{\alpha\beta}$ 则反映了 α 国 i 行业投入的变动对 β 国 j 行

业产出的影响，也即 α 国 i 行业对 β 国 j 行业的前向关联效应。这样，在某个国家间固定的产品流向上，以 α 国 i 行业到 β 国 j 行业的流向为例，存有两个关联：前向关联和后向关联。因此，可以用 $(g_{ij}^{\alpha\beta} + l_{ij}^{\alpha\beta})/2$ 衡量 α 国 i 行业和 β 国 j 行业间的总关联程度。基于该理念，两个国家制造业总体间的产业关联程度，可以用下式计算而得：

$$TL^{\alpha\beta} = (BL^{\alpha\beta} + FL^{\alpha\beta})/2 \qquad\qquad (4-47)$$

其中，$BL^{\alpha\beta}$和$FL^{\alpha\beta}$分别表示α与β两国之间制造业总体的后向关联和前向关联，可分别利用公式（4-31）和公式（4-33）求得。

这样，笔者在计算了1995~2009年14个经济体制造业总体间的平均产业链长度和产业关联系数的基础上，选择关联强度较大的产业链并将其与相应的平均产业链长度对应，按照产品的流向进行勾画，如此就描绘出制造业国际垂直专业化分工网络。

以1995年为例，计算的制造业国家/地区间关联和平均产业链长度分别见表4-14和表4-15，以0.08为"门槛值"，选择关联系数大于0.08的国家/地区间关联，并将相应的平均产业链长度保留下来，那么按照平均产业链长度的产品流向进行勾画即可得到1995年的国际垂直专业化分工网络。

图4-2所展示的1995年制造业国际垂直专业化分工网络中，箭头的方向表示产品的流向，箭头的大小表示关联强度的大小，在此是以0.15为标准划分的，若关联度大于0.15，箭头较大，若关联度小于等于0.15但大于0.08，则箭头较小；虚线、实线分别表示平均产业链的长短，若平均产业链长度大于2则用虚线，反映产业间距离较长，若平均产业链长度大于1且小于2则用实线，反映产业间距离较短。若一经济体在国际垂直专业化分工网络上和多个经济体（不小于3）发生了价值流量往来，反映出该经济体在国际垂直专业化分工网络上的活跃程度较高，则认为该经济体是价值链上的重要参与者，在图中用圆圈将其圈出，可以将其看作国际垂直专业化分工网络上的重要节点。

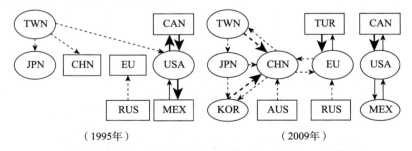

（1995年）　　　　　　　　　（2009年）

图4-2　制造业垂直专业化分工网络：1995年和2009年对比

注：各经济体代码对应的名称见附录二中表3；右侧图示（2009年）系基于附录三中表4和表5，利用与左侧图示（1995年）相同的勾画方法得到。

从图4-2中可以看到，和1995年相比，2009年制造业国际垂直专业化分工网络发生了明显的变化。其中，中国大陆在国际垂直专业化分工网

表4-14 1995年制造业总体国家/地区间关联

经济体＼经济体	AUS	EU	BRA	CAN	CHN	IDN	IND	JPN	KOR	MEX	RUS	TUR	TWN	USA
AUS	—	0.026	0.002	0.008	0.020	0.015	0.005	0.041	0.034	0.002	0.002	0.002	0.020	0.020
EU	0.054	—	0.036	0.056	0.034	0.053	0.045	0.020	0.051	0.041	0.068	0.079	0.074	0.062
BRA	0.003	0.030	—	0.005	0.004	0.004	0.002	0.012	0.008	0.005	0.003	0.002	0.005	0.025
CAN	0.008	0.048	0.007	—	0.011	0.005	0.005	0.036	0.017	0.012	0.002	0.002	0.013	0.267
CHN	0.012	0.028	0.003	0.010	—	0.013	0.007	0.024	0.026	0.004	0.003	0.007	0.017	0.028
IDN	0.011	0.034	0.002	0.002	0.023	—	0.006	0.043	0.018	0.002	0.001	0.002	0.015	0.021
IND	0.003	0.026	0.001	0.002	0.004	0.004	—	0.021	0.005	0.002	0.002	0.002	0.004	0.018
JPN	0.022	0.029	0.007	0.025	0.050	0.060	0.014	—	0.074	0.021	0.007	0.006	0.103	0.050
KOR	0.009	0.036	0.007	0.011	0.063	0.030	0.007	0.044	—	0.008	0.005	0.004	0.031	0.062
MEX	0.001	0.019	0.003	0.015	0.002	0.001	0.001	0.005	0.003	—	0.001	0.001	0.003	0.133
RUS	0.002	0.130	0.002	0.003	0.018	0.004	0.011	0.022	0.015	0.002	—	0.025	0.015	0.028
TUR	0.001	0.047	0.001	0.002	0.004	0.001	0.001	0.003	0.002	0.000	0.006	—	0.003	0.010
TWN	0.011	0.049	0.004	0.010	0.098	0.017	0.004	0.039	0.018	0.007	0.001	0.003	—	0.083
USA	0.029	0.050	0.022	0.203	0.025	0.024	0.013	0.027	0.058	0.184	0.010	0.011	0.073	—

注：加底色数据为大于0.08的数据。

数据来源：笔者计算而得。

表4-15 1995年制造业总体国家/地区间平均产业链长度

经济体＼经济体	AUS	EU	BRA	CAN	CHN	IDN	IND	JPN	KOR	MEX	RUS	TUR	TWN	USA
AUS	—	2.334	2.584	1.794	2.578	1.887	1.957	2.241	2.200	2.260	2.755	1.753	2.012	2.458
EU	2.204	—	2.191	2.055	2.775	2.086	2.282	2.483	2.348	2.129	2.168	1.846	2.092	2.312
BRA	2.322	2.189	—	2.104	2.489	1.969	2.164	2.359	2.352	2.019	1.906	1.905	2.203	2.205
CAN	2.128	2.219	2.154	—	2.728	2.186	2.158	2.084	2.298	2.247	2.304	2.166	2.053	1.881
CHN	2.530	2.733	2.585	2.413	—	2.573	2.562	2.645	2.340	2.480	2.697	2.039	2.294	2.574
IDN	2.100	2.139	2.155	2.031	2.445	—	1.946	1.989	2.099	2.114	1.833	2.082	1.912	2.074
IND	2.149	2.261	2.191	2.187	2.740	1.919	—	2.425	2.256	2.216	2.204	1.910	2.186	2.163
JPN	2.515	2.580	2.677	2.371	2.759	2.289	2.602	—	2.368	2.430	2.769	2.537	2.095	2.490
KOR	2.412	2.470	2.091	2.211	2.501	2.171	2.420	2.456	—	2.295	2.302	2.121	2.004	2.294
MEX	2.654	2.388	1.980	1.650	2.919	1.808	2.440	2.707	2.567	—	2.974	2.028	2.177	1.883
RUS	2.682	2.312	2.176	2.322	2.521	1.950	2.037	2.279	2.326	2.453	—	1.876	1.985	2.265
TUR	2.292	1.937	2.192	1.930	2.577	1.940	2.287	2.564	2.490	2.594	1.880	—	2.067	2.235
TWN	2.136	2.227	2.055	2.016	2.327	2.048	2.178	2.209	2.135	2.046	2.617	2.116	—	2.031
USA	2.262	2.316	2.166	1.760	2.808	2.258	2.344	2.308	2.174	1.831	2.544	2.120	1.967	—

注：加底色数据为对应于表4-14中所选关联的平均产业链长度。

数据来源：笔者计算而得。

络上占据了重要地位，扮演的角色从最初的"参与者"发展成为"主导者"之一。可见，随着制造业国际垂直专业化分工网络的动态演变，中国大陆在制造业国际垂直专业化分工网络中的地位也是动态发展的。

由于本部分的目的一方面是展示制造业国际垂直专业化分工网络，另一方面重在探讨国际垂直专业化分工网络的动态演变。因此，笔者在描绘了1995～2009年的国际垂直专业化分工网络的基础上，不再区分超出"门槛值"的关联度和产业链长度的大小（因为关联度和平均产业链长度历年均有变化），并进一步总结制造业国际垂直专业化分工网络的重要变化和关键特征，将制造业国际垂直专业化分工网络归为4类（见图4-3）。

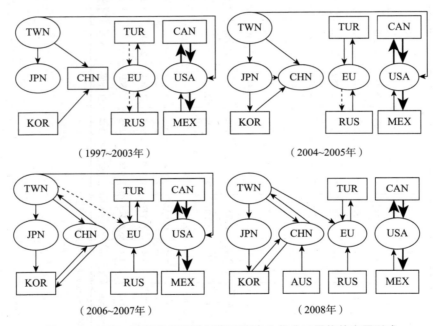

图4-3 1997～2008年制造业国际垂直专业化分工网络的主要形式

注：虚线表示在相应期间内存在的非稳定联系；箭头大小及方向的含义同图4-2；各经济体英文代码对应的中文名称见附录二中表3。

分析1995～2009年的制造业国际垂直专业化分工网络，可以发现它具有明显的区域特征，基本上可以分为三大区块——东亚区块、欧洲区块和北美区块：欧盟是欧洲区块的核心，土耳其和俄罗斯由于地缘和政治因素，和欧盟保持有稳定的联系；美国是北美区块的核心，墨西哥、加拿大一直和其保持着密切联系；而在东亚区块内，中国台湾持续拥有稳固的位置，除 2009 年外，中国台湾和北美之间的联系是制造业国际垂直专业化分工网络中将东亚区块和北美区块联系起来的重要通道。从动态上看，随着时间的推移，参与制造业国际垂直专业化分工网络的国家/地区增多，区块间的联系也在逐步增多、加强。

（二）中国制造业融入国际垂直专业化分工网络的动态演变

中国大陆融入制造业国际垂直专业化分工网络是从与东亚经济体开展经济联系开始的，1995～2003 年，中国大陆和东亚经济体的经济联系从中国台湾扩展到韩国，在东亚区块内形成"不完全三角"；2004～2007 年，中国大陆在制造业国际垂直专业化分工网络中的国家/地区联系扩展到日本和韩国，同时日本和韩国之间的制造业产业关联也越来越强，逐步形成"稳固三角"形式，并且通过中国台湾和美国（2004～2007 年）之间的制造业产业关联，东亚区块和北美区块联系起来，通过中国台湾和欧洲之间的制造业产业关联（2007 年），东亚和欧洲区块联系起来。值得注意的是，在此期间，在制造业国际垂直专业化分工网络中，"中国大陆—中国台湾""中国大陆—韩国"产品流向的关联也越来越重要，中国大陆的生产也逐步影响到东亚网络内国家/地区的产出；2007 年之后，中国大陆一方面稳固了与东亚内部国家/地区的联系，同时扩展了与欧洲区块、北美区块的联系，逐步形成以"网络模式"融入制造业国际垂直专业化分工网络的形态，尽管受到国际金融危机的影响，但在制造业国际垂直专业化分工网络中的地位更为突出。在这个阶段，中国大陆和欧盟之间、"澳大利亚—中国大陆"方向的产业关联在国际垂直专业化分工网络中显现出来。究其原因，一方面，2004 年以来经济的蓬勃发展强化了中国大陆的新兴市场地位，在全球经济，尤其是主要发达国家经济受到 2008 年金融危机的冲击时，中国大陆可能会成为其他国家的目标市场；另一方面，随着金融危机席卷全球，作为长期依赖世界市场的制造业大国，中国大陆也必须寻找新的市场。

考察制造业国际垂直专业化分工网络中中国大陆同其他国家/地区的关联，可以发现，这种关联主要是以产品流向中国大陆的关联为主，且关联度稳步上升：在"中国台湾—中国大陆"方向上，平均关联度从 1995 年的 0.098 上升到 2009 年的 0.411，年均增长速度达到 10.78%；在"韩国—中国大陆"方向上，平均关联度从 1999 年的 0.091 上升到 2009 年的

0.231，年均增速达 9.76%；在"日本—中国大陆"方向上，平均关联度从 2004 年的 0.095 上升到 2009 年的 0.136，年均增速达 7.44%。这反映了两点：第一，中国大陆在世界制造业中影响力的上升，中国大陆制造业最终需求的变化对价值链上其他经济体的影响程度在增大；第二，中国大陆制造业对世界制造的依赖程度的加深，制造业国际垂直专业化分工网络中其他经济体产出的变化对中国大陆产出的影响程度在加深。总之，中国大陆融入制造业国际垂直专业化分工网络是一个逐步深入的过程，伴随着中国大陆制造业融入国际垂直专业化分工网络程度的加深，中国大陆制造业在国际垂直专业化分工网络中的重要性在提升。考察平均产业链长度的变化，随着关联环节的增多，平均产业链长度呈现国际垂直专业化分工网络融入国家越多，产业链长度越长的特征。

（三）中国制造业主导行业的垂直专业化分工网络及其特征

在制造业国际垂直专业化分工网络中，中国大陆的重要性在逐步加强和巩固。伴随着中国大陆制造业融入国际垂直专业化分工网络的程度加深，具体到制造业各行业，尤其是主导行业在垂直专业化分工网络中具有什么样的国家/地区和行业间联系值得探讨。接下来，笔者利用上文所述方法，在区分了前向、后向关联的基础上，对中国大陆制造业主导行业的垂直专业化分工网络做进一步剖析。主要展示和分析，在制造业国际垂直专业化分工网络中中国大陆制造业主导行业主要与哪些国家/地区的哪些行业产生重要的关联，也即投入或需求的变化对哪些国家/地区的哪些行业产生的影响较大。

上文已经分析，在 α 国 i 行业到 β 国 j 行业的流向上，里昂惕夫逆矩阵的元素 $l_{ij}^{\alpha\beta}$ 反映了由 β 国 j 行业需求的变化产生的后向关联，而戈什逆矩阵中元素 $g_{ij}^{\alpha\beta}$ 反映了由 α 国 i 行业投入变化产生的前向关联。这样分别考察 $l_{ij}^{\alpha chn}$（$j \in$ 主导行业）和 $g_{ij}^{chn\beta}$（$i \in$ 主导行业），即同时包含产业关联度和产品流向两个因素，可以勾画出中国大陆制造业主导行业的价值链。

选择关联系数的"门槛值"为 0.01，对 2007 ~ 2009 年中国大陆制造业主导行业的国际垂直专业化分工网络进行勾画，结果见图 4 - 4。选择 2007 ~ 2009 年的原因是，这个阶段正是中国大陆从经济过热到由于全球金融危机冲击各行业受到影响的转折期，分析这个阶段制造业主导产业价值链的变化，可以窥见金融危机对中国大陆制造业主导产业影响的"一斑"。

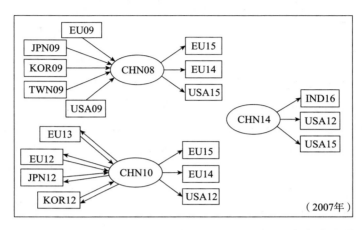

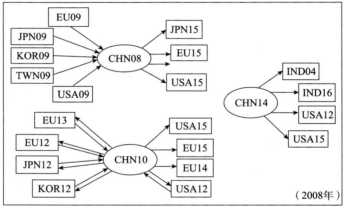

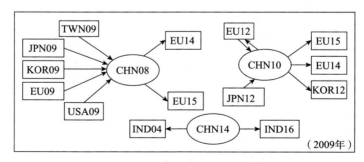

图4-4　2007~2009年中国大陆制造业主导行业的价值链

注：英文为经济体代码，数字为行业代码，如 USA12 表示美国行业 12，具体经济体代码对应名称及行业代码对应行业名称见附录二中表 3 和表 1。

对比 2007～2009 年各制造业主导行业的价值链，可以发现以下几个特征。第一，以 0.01 为"门槛值"，无法勾画出行业 9（化学和化工产品行业）的价值链。反映出，尽管行业 9 是中国大陆制造业的主导行业，但是从对具体国家具体行业的影响看，其影响力仍然不足，后向关联系数和前向关联系数均小于 0.01。第二，在行业价值链上，行业 14（电子和光学设备行业）与其他国家/地区产业的前向关联更为明显，这可能是由于中国大陆是该行业主要的"加工基地"，中国大陆该行业的生产成本或投入的变化对于其他国家/地区该行业产出的影响较大。也就是说，该行业融入国际垂直专业化分工网络主要依赖生产成本的优越性，其成本的变化对于关联国家/地区、关联产业影响较为明显，从而该行业的生产对世界市场的依赖性比较强。这一点也可以从 2009 年其价值链链条减少中可以看出。第三，金融危机对于行业 10（橡胶和塑料行业）的影响最大，垂直专业化分工网络中其网络连接的减少比较明显。

第五节　小结

随着垂直专业化分工逐步成为国际分工的重要模式，国际垂直专业化分工网络将世界各国密切联系起来。从自 1995 年起积极复关到 2001 年成功加入 WTO，再到积极融入国际垂直专业化分工网络，在这个过程中，伴随着产品内分工的深化和细化，中国制造业已经成为国际垂直专业化分工体系中的重要组成部分，和其他经济体的产业关联在增多，产业的国际依赖程度在增强。

中国参与国际垂直专业化分工的程度分析表明，中国制造业的垂直专业化水平在不断提高，并呈现如下结构特征：中高和高技术制造业行业的垂直专业化比率最高，中低技术制造业行业次之，低技术制造业行业最低；从动态发展上看，中国大陆制造业的垂直专业化有从低技术制造业行业向中高和高技术制造业行业转移的趋势。

通过垂直专业化链条的分析，可以发现，中国大陆制造业融入国际垂直专业化分工体系的垂直专业化链条有从"三角模式"转到"欧美—中国大陆—欧美"模式的迹象，转折点为 2001 年，与中国加入 WTO 时间相符，反映出随着中国融入国际垂直专业化分工网络的程度加深，区域界线、地缘优势越来越不重要。另外，"欧美—中国—欧美"模式的出现，也反映出随着中国制造业的发展，为降低成本，欧美寻求"加工基地"的转移；中国制造业和欧美市场之间的密切关联也在一定程度上反映了中国制造业在技术水平、质量等级上的提高。对中国制造业国家/地区间关联的分析，进一步印证了上述的模式演变。

国家/地区间的关联分析发现，中国制造业在国际垂直专业化分工网络中和其他国家/地区的关联越来越重要，具有影响力的行业（主导行业）有行业 8（焦炭、石油炼制和核燃料行业）、行业 9（化学和化工产品行业）、行业 10（橡胶和塑料行业）和行业 14（电子与光学设备行业）。其中行业 8 和行业 10 属于中低技术制造业行业；行业 9 和行业 14 是中高和高技术制造业行业。

通过对制造业国际垂直专业化分工网络的勾画，可以发现，制造业国际垂直专业化分工网络的演变有如下规律：第一，制造业国际垂直专业化分工网络由三大因地缘优势联系在一起的区块——东亚区块、欧美区块和欧洲区块组成；第二，区块间的联系主要体现为区块内主要国家/地区间的联系；第三，随着经济全球化的深入，参与制造业国际垂直专业化分工的国家/地区越来越多。中国融入制造业国际垂直专业化分工网络具有如下特点：第一，是由融入东亚区块开始的；第二，中国在制造业国际垂直专业化分工网络中的关联国家/地区逐渐增多，逐渐演变为制造业国际垂直专业化分工网络中的重要参与者，显示中国在制造业国际垂直专业化分工网络中的地位在逐步提升；第三，从中国制造业主导行业的价值链来看，以书中选择的关联程度为标准，无法勾画出行业 9（化学和化工产品行业）的价值链，说明该行业尽管是制造业主导行业，但它同其他国家/地区的关联程度仍比较低，在全球市场上的影响力较小。

第五章　中国制造业在国际垂直专业化
分工体系中的地位

随着经济的快速发展，中国制造业在国际垂直专业化分工体系中的重要性逐步提升，已成为国际垂直专业化分工网络中的重要一环：一方面，关联国家/地区及关联产业不断增加；另一方面，出口迅速增长，占世界市场的份额逐步扩大。

图 5 - 1 和图 5 - 2 分别展示了 1995 ~ 2009 年中国制造业出口和国际市场占有率的变化情况。从图 5 - 1 中可以看到，除 2009 年受到金融危机的影响而有所下降外，中国制造业出口在其余年份不管是总体还是分技术类别，均在持续增加。其中，中高和高技术制造业行业出口增长最为迅速，1999 年其规模（725 亿美元①）超过低技术、中高和高技术制造业行业出口（分别为 690 亿和 302 亿美元）；并以更快的速度增长，成为制造业出口的重点，2009 年其在制造业总出口中的比重达到 61.96%，在制造业总出口中占据绝对的主导地位。中国制造业总体及分技术类别制造业行业出口在增加的同时，在国际市场上的市场份额也均有不同程度的增加（见图 5 - 2）。

对比制造业总体及不同技术类别制造业行业出口的国际市场占有率及动态变化，可以发现，第一，从制造业总体上看，出口的国际市场占有率在持续增加，但 2001 年后增速加快，反映了加入 WTO 后中国制造业融入国际市场的程度加深；第二，从不同技术类别制造业行业看，中高和高技术制造业行业出口的国际市场占有率增加最为迅速，从 1995 年的 1.97% 增加到 2009 年的 17.53%，年均增长率为 16.90%，高于制造业总体（11.90%）及其他技术类别制造业行业（低技术制造业行业和中低技术制造业行业分别为

① 本章中数据，如未做特殊说明均为笔者利用 WIOD 数据库计算而得。

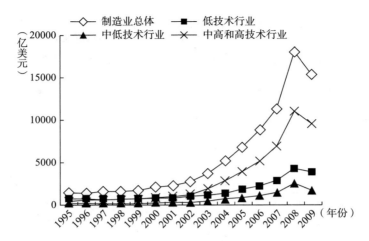

图 5 - 1 1995 ~ 2009 年中国制造业的出口规模

数据来源：笔者利用 matlab（版本为 7.12.0）计算而得（基于传统总量贸易的统计）。

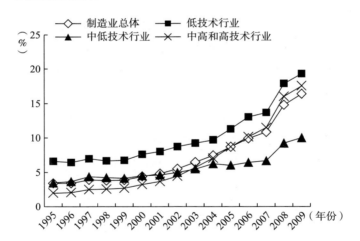

图 5 - 2 1995 ~ 2009 年中国制造业出口的国际市场占有率

数据来源：笔者利用 matlab（版本为 7.12.0）计算而得（基于传统总量贸易的统计）。

7.94% 和 7.89%）；第三，低技术制造业行业仍然是中国制造业在国际市场上的主力，1995 ~ 2009 年，低技术制造业行业出口的国际市场占有率高于制造业总体及其他技术类别制造业行业。制造业出口规模和国际市场占有率的持续增长使得中国成为当仁不让的出口大国，从国家间对比来看（见表 5 - 1），2009 年，与 G7 国家及韩国相比，中国制造业总体及不同技术类别制造业行业出口的国际市场占有率均较高。

表 5 - 1 2009 年中国和 G7 国家及韩国制造业出口的国际市场占有率比较

单位：%

类别	加拿大	中国	德国	法国	英国	意大利	日本	韩国	美国
制造业总体	2.34	**16.37**	11.12	4.79	2.98	4.02	5.74	3.64	8.91
低技术行业	2.56	**19.29**	8.39	4.47	2.43	4.84	1.00	0.92	6.85
中低技术行业	2.91	**10.00**	9.97	3.76	2.70	4.45	6.68	3.58	7.07
中高和高技术行业	2.06	**17.53**	12.53	5.28	3.28	3.56	7.18	4.68	10.33

注：数据系笔者利用 matlab（版本为 7.12.0）计算而得（基于传统总量贸易的统计）；加粗数据为最大数值。

中国制造业在国际垂直专业化分工网络中的重要性在提升，同时其出口的国际市场占有率也在上升并居高位，这是否反映了中国制造业国际分工地位的提高呢？

事实上，当前，生产的全球分割和垂直专业化的普遍存在，使得为完成某最终产品的生产，中间品频繁跨境流动（Yi，2003）。大量中间品贸易的存在使得传统的总量贸易统计方法存在大量重复计算，造成统计上的"假象"（Srholec，2007；Lall，2000）。在这种情况下，传统的利用贸易规模和行业结构来判断一国国际分工地位的方法可靠性降低。而对于中国来说，出口增长很大程度上是由垂直专业化推动的（文东伟和冼国明，2010），由于制造业出口中包含大量进口的中间品，从而，传统的总量贸易统计会夸大中国制造业的出口规模，因此利用基于总量贸易统计方法得出的出口规模体现分工地位是不可靠的。

在统计中去除垂直专业化的影响，增加值贸易核算方法是不错的选择。这种方法直接考虑增加值的跨境"流动"和"交易"，剔除了进口中间品的影响，能够较为准确地反映一国在全球生产、贸易中的净贡献，在当前全球生产共享的情况下，更能反映真实的贸易规模和水平。相对于传统的总量贸易统计方法，增加值贸易核算方法更为科学、合理，自 2010 年起，WTO 就倡导并着手进行增加值贸易核算的研究，可见 WTO 对该方法的认可。

本章从三个角度分析中国制造业在国际垂直专业化分工体系中的地位：第一，利用增加值贸易核算方法，通过增加值贸易和传统总量贸易的对比，重新确定中国制造业的出口水平，从规模和行业结构上反映中国制造业的国际分工地位；第二，在核算了增加值贸易的基础上，对中国制造业的国际竞争力做进一步分析，通过国际比较分析中国制造业的国际分工地位；第三，从国际垂直专业化分工网络要素收入角度衡量中国制造业的国际分工地位，主要通过国家/地区比较、行业比较来反映中国制造业在国际垂直专业化分工体系中的地位。

　　分析中，国家/地区及行业选择依据以下原则：选择国际垂直专业化分工网络中主要参与国家/地区与中国大陆进行比较，由于德国是欧盟内的制造业大国和贸易大国，且在欧盟中同中国大陆的贸易额占比最大①，所以选择德国替代欧盟进行考察。具体如下：第一，在进行制造业总体的比较时，选择制造业国际垂直专业化分工网络中具有核心地位的和所有曾与中国大陆制造业总体有直接关联的国家/地区，从而确定澳大利亚、德国、中国台湾、日本、韩国、墨西哥、美国共7个国家/地区与中国大陆进行比较；第二，在进行制造业主导行业的比较时，去除资源型行业——焦炭、石油炼制和核燃料行业（行业8），并只选择具有国际影响力的行业——橡胶和塑料行业（行业10）和电子和光学设备行业（行业14），将其分别作为中低技术、中高和高技术行业的典型代表，并选择行业价值链上的前向、后向关联国家/地区进行对比，从而确定德国、日本、韩国、美国在行业10上与中国大陆进行比较，印度和美国在行业14上与中国大陆进行比较。

第一节　增加值贸易与传统总量贸易分析的比较及在中国的应用

　　生产的分割、价值链环节的分工，使得生产共享普遍存在，从而依据原产地原则进行的传统总量贸易统计至少存在如下两个弊端：第一，由于大量中间品贸易的存在，统计跨境总量贸易而非净增加值，会产生大量重

① 2008年，中国同德国的贸易额在中国同欧盟的贸易额中的占比为32.6%，接近1/3，2009年该占比超过1/3，为34.5%。数据为笔者利用WIOD国际投入产出表计算而得。

复计算；第二，没有反映出产品在生产环节上的流动，双边贸易统计中包含他国中间投入品的价值。比如在"三角贸易"模式中，中国向美国的出口中就包含大量从日本、韩国等东亚国家进口的中间投入品。基于此，越来越多的学者从理论和实践上提出改革传统贸易统计方法的构想，增加值贸易核算方法被提出并逐渐获得学者和组织的认可。这种方法将视野扩展到全球价值链角度，试图通过衡量参与全球生产过程中获得的增加值来探究实际贸易规模，能够较为准确地反映一国在全球生产、贸易中的净贡献。

从增加值角度分析贸易问题，Hummels 等（2001）做了开创性的研究，从出口中包含的国内外成分角度将出口分解为两部分——消耗国内投入生产的和消耗国外投入生产的。此后，利用投入产出法分析产业链上分工生产和获益的研究增多，但多是在 Hummels 等（2001）基础上的改进，如 CCER 课题组（2006）、Koopman 等（2008）及 Daudin 等（2011）等。这些研究尽管侧重点有所不同，但都基于国家投入产出表进行衡量，通过计算一国出口中包含的他国的中间投入来解释所研究的问题。这种方法是将其他国家视为一个整体来进行的，一方面忽略了他国内部的联系，另外也无法辨别在各国关联的情况下，所研究国家和其他各国之间的关系。国际投入产出表将世界各国之间的投入产出关系都展示出来，清晰地描述了全球的国家/地区间关联和产业间关联，因此国际投入产出表在衡量全球投入、产出关系上具有优越性。利用国际投入产出表来核算增加值贸易将现有研究又向前推进了一步，Koopman 等（2010）结合全球贸易分析（GTAP）模型第 7 版和 UNCOMTRADE 的数据，建立了国家间投入产出表来衡量出口中国内增加值；同样利用 GTAP 数据，Johnson 和 Noguera（2012）在构建全球双边投入产出矩阵的基础上，衡量了 94 个经济体的增加值出口和典型国家（美国和德国）同主要贸易伙伴的双边增加值贸易和贸易差额。Koopman 等（2010）和 Johnson 和 Noguera（2012）的研究无疑在理论和方法上为从增加值角度衡量贸易水平奠定了基础，但是，由于数据的限制，他们的研究只局限于 2004 年一年，从而无法反映时间序列上的动态变化。Stehrer（2012）进一步明确了"增加值贸易"和"贸易中的增加值"这两个概念，并基于国际投入产出表分别利用增加值出口和出口中包含的国内增加值两种方法对中美贸易逆差进行了衡量和对比。

增加值贸易核算立足于全球生产共享的特性，一方面考虑到国际垂直专业化分工网络中各国家/地区的联系，另一方面也能够反映全球生产网络中生产的异质性。当前，在经济复苏艰难、贸易保护加剧的背景下，增加值贸易核算为正确看待中国制造业在国际分工中的地位和优势、理性分析其贸易利益提供了新视角。

一 增加值贸易与传统总量贸易的比较：对"统计假象"的验证

增加值贸易核算方法由于只衡量增加值的跨国流动，因此解决了传统总量贸易统计中的中间品重复计算问题，从而利用增加值贸易方法统计，贸易规模会大大缩小。

表 5-2 展示了基于两种统计方法的中国和世界贸易额的比较，从中可以看到，无论是出口还是进口，用增加值贸易统计均大大缩小了贸易规模，进一步印证了传统总量贸易在统计上的"虚高"这一观点。用差异率表示增加值贸易统计方法衡量的出口（进口）额低于传统统计方法衡量的出口（进口）额的程度，1995~2009 年，增加值贸易核算方法在缩小中国出口水平的程度上低于世界平均水平，缩小中国进口水平的程度在 1995~2002 年低于世界平均水平，而在 2003~2009 年高于世界平均水平。这样，基于两种贸易统计数据计算的国际竞争力指标势必存在差异。具体到中国，由于增加值方法核算的出口降低程度低于进口，因此，用增加值贸易数据计算的国际竞争力指标要大于基于传统统计而得的国际竞争力指标。和世界平均水平相比，用增加值贸易方法核算，中国制造业出口降低程度稍低，进口降低程度在部分年份要高。因此，从增加值贸易角度看，相对于世界总体水平，中国对外贸易条件是有所改善的。

表 5-2 1995~2009 年世界和中国的制造业出口：两种统计方法的对比

单位：亿美元，%

年份	世界			中国					
	VAX（VAM）	EX（IM）	差异率	出口			进口		
				VAX	EX	差异率	VAM	IM	差异率
1995	18417.32	40202.02	118.28	718.88	1363.25	89.64	563.31	1166.67	107.11
1996	18932.49	41811.39	120.84	779.44	1426.61	83.03	578.52	1200.53	107.52
1997	18910.32	41977.67	121.98	908.97	1632.50	79.6	594.73	1291.82	117.21
1998	19020.18	42474.53	123.31	920.94	1618.55	75.75	614.05	1313.42	113.89

年份	世界			中国					
	VAX（VAM）	EX（IM）	差异率	出口			进口		
				VAX	EX	差异率	VAM	IM	差异率
1999	19707.88	44590.18	126.26	955.46	1717.23	79.73	704.17	1520.56	115.94
2000	20903.60	49166.05	135.2	1176.33	2171.69	84.62	850.96	1922.21	125.89
2001	20071.98	47799.41	138.14	1256.69	2295.89	82.69	929.18	2118.30	127.98
2002	21169.76	50017.00	136.27	1477.11	2758.11	86.72	1113.24	2572.68	131.1
2003	24300.00	58186.59	139.45	1903.43	3766.49	97.88	1438.28	3466.34	141.01
2004	28560.23	70345.64	146.31	2359.03	5252.38	122.65	1764.53	4538.46	157.21
2005	31254.80	78506.25	151.18	3006.58	6823.43	126.95	1891.99	5157.80	172.61
2006	34807.15	89282.44	156.51	3929.42	8843.28	125.07	2138.16	6060.51	183.45
2007	40269.87	104724.10	160.06	5013.09	11332.06	126.05	2474.55	7145.95	188.78
2008	45346.39	122122.30	169.31	7503.78	18039.21	140.4	3401.41	10920.59	221.06
2009	37320.57	94336.31	152.77	6811.68	15440.70	126.68	3356.70	9637.87	187.12

注：VAX、EX 分别表示增加值贸易核算方法和传统总量贸易统计方法衡量的出口额，VAM、IM 分别表示增加值贸易核算方法和传统总量贸易统计方法衡量的进口额；差异率 = │（传统贸易统计数据 - 增加值贸易统计数据）/增加值贸易统计数据│。

数据来源：笔者利用 WIOD 数据库国际投入产出表计算而得。

二 中国制造业的出口规模：两种核算方法的比较

中国的出口规模到底有多大，对于该问题正确地分析和解释，有助于正确地看待中国制造业在国际垂直专业化分工体系中的地位。本部分将利用增加值贸易核算方法重新审视中国制造业的出口水平。

（一）总量分析

表 5 - 3 列出了 1995～2009 年两种核算方法下中国制造业的出口规模和二者之间的差异率。传统方法下出口额从 1995 年的 1363.25 亿美元增加到 2009 年的 15460.70 亿美元，增长了 10.33 倍，年均增长速度为 18.9%；而增加值贸易核算方法下，出口规模从 1995 年的 718.88 亿美元增加到 2009 年的 6811.68 亿美元，增长了 8.48 倍，年均增长速度为 17.4%。可以看出，不管是从规模上还是从增长速度上，传统的总量贸易统计方法均夸大了中国制造业的出口规模。

表 5 - 3　1995～2009 年中国制造业的出口规模：两种方法的比较

单位：亿美元，%

年份	增加值方法	传统方法	差异率	占比	年份	增加值方法	传统方法	差异率	占比
1995	718.88	1363.25	89.64	52.73	2003	1903.43	3766.49	97.88	50.54
1996	779.44	1426.61	83.03	54.64	2004	2359.03	5252.38	122.65	44.91
1997	908.97	1632.50	79.60	55.68	2005	3006.58	6823.43	126.95	44.06
1998	920.94	1618.55	75.75	56.90	2006	3929.06	8843.28	125.07	44.43
1999	955.46	1717.23	79.73	55.64	2007	5013.09	11332.06	126.05	44.24
2000	1176.33	2171.69	84.62	54.17	2008	7503.78	18039.21	140.40	41.60
2001	1256.69	2295.89	82.69	54.74	2009	6811.68	15440.70	126.68	44.12
2002	1477.11	2758.11	86.72	53.56	均值			101.83	50.13

注：占比表示增加值出口额占传统方法统计的出口额的比重。

数据来源：笔者基于 WIOD 数据库的国际投入产出表，利用 matlab 计算而得，本章后续图、表同。

　　传统贸易统计方法夸大出口规模的幅度可以用传统方法下的出口额和增加值方法下出口的差异率来反映。从表 5 - 3 中可以看出，与增加值方法相比，传统贸易统计方法夸大出口规模的幅度是惊人的，平均高估了一倍左右，尤其自 2004 年起，该幅度超过一倍，最多时达到 1.4 倍（2008年）；反过来看，利用增加值贸易核算方法，中国制造业的出口规模缩小，平均缩小了 1/2，最多时接近 60%（2008 年）。

　　为快速融入经济全球化的浪潮，中国自 20 世纪 90 年代以来大幅度削减关税，积极吸引外资，恰逢全球范围内的产业转移和产品内分工的深化，中国以其丰富的劳动力资源参与其中，大规模进口中间产品，进行加工装配，向世界各国提供工业制成品，逐渐演变为"世界工厂"。表面上，制成品出口规模增加了，但其中，增加值出口只占一半左右，尤其是自 2004 年起，该比重小于一半。这一方面说明，中国出口并非完全是由本国国内生产创造的，平均有一半左右来源于其他国家的贡献，传统总量贸易统计不能准确反映中国制造业出口的真实水平；另一方面反映出，随着国际分工的演变，中国制造业经历了进一步的"洗牌"和重新定位，尽管已全方位融入全球生产网络，但从全球价值链上获益较少，体现出较低的分工地位。

（二）结构分析

从技术类别上看，利用传统方法衡量，中国迅速扩张的制造业出口具有如下结构特征：出口的重点由低技术行业转向中高和高技术行业。具体来看，中国制造业出口中，低技术行业出口的比重越来越小，从 1995 年的 48.42% 降低到 2009 年的 25.46%；中低技术行业出口的比重总体上在下降，但幅度不大，低于 6 个百分点；而中高和高技术行业出口的比重则快速增加，从 1995 年的 33.32% 增加到了 2009 年的 62.04%（见表 5-4），中高和高技术制造业行业出口成为制造业出口的重心。但是，用增加值贸易方法衡量，中高和高技术行业出口的比重虽然也在稳步上升，但速度低于传统方法下的上升速度，其峰值仅为 45.98%，远低于传统方法统计的 62.04%，1995~2009 年，该比重均低于传统方法得到的数据；低技术行业出口的比重在 1995~2003 年低于传统方法的统计数据，在 2004~2009 年则相反，总体上也呈下降趋势，但下降幅度不及传统方法下的数据；中低技术行业出口的比重在增加值方法下较为稳定，波动幅度低于 3 个百分点，且均高于传统方法的统计数据（见表 5-4）。

表 5-4 1995~2009 年按技术类别区分的中国制造业出口结构：两种方法的比较

单位：%

年份	低技术行业		中低技术行业		中高和高技术行业	
	增加值方法	传统方法	增加值方法	传统方法	增加值方法	传统方法
1995	39.98	48.42	27.13	18.26	32.89	33.32
1996	40.60	46.21	26.34	19.04	33.06	34.75
1997	39.81	42.87	26.22	19.76	33.98	37.36
1998	38.51	41.21	25.76	18.79	35.74	40.01
1999	37.31	40.18	25.21	17.60	37.48	42.22
2000	35.23	38.00	25.31	17.20	39.46	44.80
2001	34.90	37.86	24.85	16.14	40.25	46.00
2002	33.97	36.10	24.17	15.43	41.86	48.47
2003	31.93	32.03	24.29	15.00	43.77	52.96
2004	29.50	27.67	26.42	16.09	44.08	56.24
2005	29.74	27.02	25.74	14.18	44.52	58.80

续表

年份	低技术行业		中低技术行业		中高和高技术行业	
	增加值方法	传统方法	增加值方法	传统方法	增加值方法	传统方法
2006	29.51	26.25	25.69	14.26	44.80	59.50
2007	28.33	25.05	26.02	13.87	45.65	61.08
2008	28.18	23.75	26.16	14.80	45.66	61.45
2009	29.30	25.46	24.72	12.50	45.98	62.04

图 5-3~图 5-5 展示了两种核算方法下不同技术类别制造业行业出口规模的对照，从中可以看出，利用增加值贸易核算方法衡量，不同技术类别的制造业行业出口规模均有所减小，中高和高技术制造业行业减幅最大，中低技术制造业行业减幅最小。与另两类行业相比，按照传统贸易统计方法，中高和高技术制造业行业出口增长最多、最快，但是其出口额中增加值出口所占比重呈减小趋势，最小时仅为 31%（2008 年）。这说明，表面上中高和高技术制造业行业的出口已经成为中国制造业出口的"中流砥柱"，但事实上，其出口的价值中有很大部分是其他国家创造的，我国获益不多，这也与 Srholec（2007）、Lall（2000）所阐述的"统计假象"相一致。低技术制造业行业出口中，增加值出口所占比重基本保持稳定，约占 50%。中低技术制造业行业出口中，增加值出口所占比重最大，最高时达到 87%，1995~2009 年基本呈上升趋势。

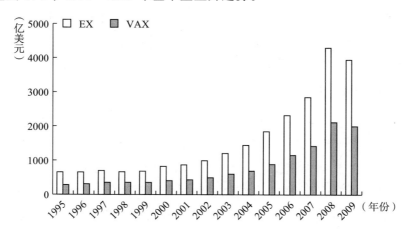

图 5-3　1995~2009 年中国低技术制造业行业出口规模：两种方法的比较

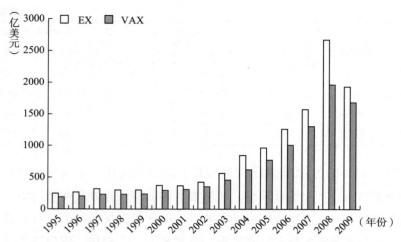

图 5 - 4　1995～2009 年中国中低技术制造业行业出口规模：两种方法的比较

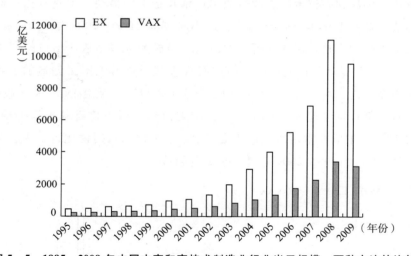

图 5 - 5　1995～2009 年中国中高和高技术制造业行业出口规模：两种方法的比较

　　从结构上看，由于中国制造业在高技术类别行业上的垂直专业化水平最高，从而利用增加值贸易方法核算，高技术制造业行业的出口规模会降低得更大。图 5 - 6 和图 5 - 7 分别展示了两种核算方法下的分技术类别制造业行业的出口结构，按照传统总量贸易统计方法，中国制造业出口的重点自 1999 年起就已经由低技术行业向中高和高技术行业转移；而按照增加值贸易核算方法，中国制造业出口也具有同样的趋势。所不同的是，和传统总量贸易统计相比，利用增加值贸易统计方法核算，中高和高技术制造业行业出口比重有所下降，而中低技术行业出口在制造业总出口中的比重上升。

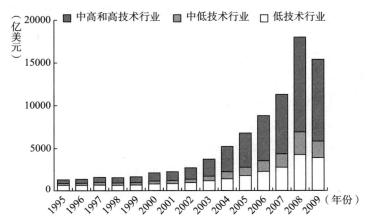

图5-6　传统方法统计的1995~2009年中国制造业出口结构

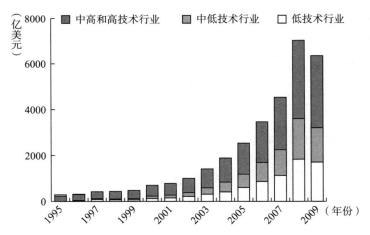

图5-7　增加值方法统计的1995~2009年中国制造业出口结构

　　尽管用两种统计方法得到的统计数据差异很大，但是，所得统计数据均反映出中国制造业出口具有以下特征：在规模上不断增加，在结构上中高和高技术行业逐渐占据重要地位。这样的特征是否意味着中国制造业出口已经具备高技术特征、中国制造业的比较优势已然转移且中国制造业在国际市场上占据了较高的国际分工地位？在接下来的分析中，本章将从竞争力和要素收入两个角度对中国制造业的国际分工地位进行分析。

第二节　增加值贸易与中国制造业的国际竞争力

增加值贸易剔除了中间品因素，消除了重复计算，能够较为准确地反映贸易的真实水平，因此利用增加值贸易数据核算的国际竞争力指标优于利用传统总量贸易统计数据核算的国际竞争力指标。本节将利用国际竞争力指标反映国际分工地位，通过不同技术类别行业间对比和国家/地区间对比分析中国制造业的国际竞争力，并对制造业主导行业在国际垂直专业化分工网络中的竞争力水平也做了国家/地区间对比，以反映中国制造业参与国际垂直专业化分工的地位。国家/地区选择和行业的确定参见第四章第三节。

一　指标的选取

利用进出口数据来反映一国某产品国际竞争力的实质是通过衡量一国的贸易表现来反映其竞争力，通过比较贸易规模和结构来反映一国的分工地位，其理论基础是传统的贸易理论。利用贸易数据分析国际竞争力常用的指标如下。

（一）国际市场占有率指数

国际市场占有率（*MS*）指数用一国某产品出口额在该产品全世界总出口额中的比重来反映该国该产品在国际市场上的竞争力。用 *MS* 代表国际市场占有率，*X* 表示出口额，*i* 表示国家，*j* 表示产品，*w* 表示世界，则 *i* 国 *j* 产品的国际市场占有率的计算方法为：$MS_{ij} = \dfrac{X_{ij}}{X_{wj}}$。该指数取值于 ［0，1］，数值越大说明该产品的国际竞争力越强。

（二）贸易竞争力指数

贸易竞争力（*TC*）指数是 Grubel 和 Lloyd（1975）提出的，因此也被称为 Gruhel – Lloyd 指数，其计算方法为：$TC = \dfrac{X_i - M_i}{X_i + M_i}$，其中 X_i 表示 *i* 产

品的出口额，M_i 表示 i 产品的进口额，该指标的值为 $[-1, 1]$，数值越大说明该产品的国际竞争力越强。

（三）显示性比较优势指数

显示性比较优势（RCA）指数是由 Balassa（1965）提出的，该指数通过一国某产品出口额在该国出口总额中的份额与世界该类商品出口额在世界出口总额中的份额的比值来反映该国该商品的相对优势。用 X 表示出口，w 表示世界，则 i 国 j 产品的显性比较优势指数的计算方法为：$RCA_{ij} = \dfrac{X_{ij}/X_i}{X_{wj}/X_w}$。若 $RCA \geqslant 2.5$，则该产品国际竞争力极强；若 $2.5 > RCA \geqslant 1.25$，则该产品国际竞争力较强；若 $1.25 > RCA \geqslant 0.8$，则该产品国际竞争力一般；若 $RCA < 0.8$，则该产品的国际竞争力很弱。

（四）竞争优势指数

竞争优势（MI）指数通过一国某产品出口份额和进口份额的比较来反映该产品的竞争优势。其计算公式为：$MI = \dfrac{X_i}{\sum X_i} - \dfrac{M_i}{\sum M_i}$，其中 X_i 和 M_i 分别表示 i 产品的出口额和进口额。该指标取值于 $[-1, 1]$，数值越大说明国际竞争力越强。

（五）净出口显示性比较优势指数

Balassa（1989）提出了一个改进的显示性比较优势指数——净出口显示性比较优势（$NERCA$）指数，通过一国某产品 k 的出口份额和进口份额的比较来反映该产品的竞争优势。其计算公式为：$NERCA_k = \dfrac{X_k}{\sum X_k} - \dfrac{M_k}{\sum M_k}$，该指标取值于 $[-1, 1]$，数值越大说明国际竞争力越强。

（六）显示性竞争优势指数

根据 Vollrath（1991），同时考虑到出口的比较优势和进口的比较优势，l 国 k 产品的显示性竞争优势（CA）指数可以用公式 $CA = \dfrac{X_{lk}/X_l}{X_{wk}/X_w} -$

$\dfrac{M_{lk}/M_l}{M_{wk}/M_w}$ 来衡量，其中，X、M 分别表示出口和进口，下标 w、l、k 分别表示世界、国家和产品。若 $CA > 0$，则说明存在竞争优势，若 $CA < 0$，则说明缺乏竞争优势，该指数数值越大说明国际竞争力越强。

（七）贸易差额贡献率指数

Curran 和 Zignago（2010）同时考虑一国贸易差额比重和国内市场的市场容量大小，选用贸易差额贡献率指数（contribution to trade balance indicator）对欧盟各国的专业化程度和国际竞争力水平做了分析，其计算方法为：$CTB = 1000 \times \left[\dfrac{X_{ik} - M_{ik}}{X_i + M_i} - \dfrac{X_i - M_i}{X_i + M_i} \dfrac{X_{ik} + M_{ik}}{X_i + M_i} \right]$，该指标为正说明 k 部门拥有竞争优势，若为负，则反映了 k 部门在竞争上的劣势。

国际竞争力指标通过比较贸易规模和结构来反映一国的国际分工地位，当产品的生产无差异时，国际竞争力指标能够在一定程度上反映出一国的国际分工地位。对比以上 7 种指数，MS 指数通过衡量出口的国际市场占有率来反映产品在国际市场上的竞争力水平，只考虑了出口一方面的因素；TC 指数和 $NERCA$ 指数使用了进出口数据，包含供给和需求两方面的因素，但只考虑本国的情况，缺少与世界平均水平的对比；RCA 指数考虑了与世界平均水平的对比，但只考虑了出口没有考虑进口；CA 指数同时考虑了进口和出口因素，又兼顾了与世界水平的对比；而 CTB 指数综合了贸易差额和市场容量两方面的因素。因此，本书选择 CA 指数和 CTB 指数来衡量国际竞争力，并通过行业间比较和国家/地区间比较，反映中国制造业的国际竞争力水平及其国际分工地位。

二 中国制造业的国际竞争力：行业分析

本部分利用两种贸易统计数据计算中国制造业的国际竞争力，一方面分析基于两种不同统计数据计算的国际竞争力指标的差异；另一方面，进一步考察中国制造业的国际竞争力之所在。

（一）基于不同贸易统计数据的国际竞争力指标差异

表 5 - 5 展示了基于两种不同贸易统计数据计算而得的国际竞争力指标值，并对照制造业总体和不同技术类别制造业行业做了区分。从中可以发

现，第一，用两种贸易数据计算而得的相应国际竞争力指标值均有大体相同的变化趋势；第二，多数情况下，基于增加值贸易数据计算的国际竞争力指标值大于基于总量贸易数据计算的国际竞争力指标值。第一点说明，利用增加值贸易数据，仅是统计方法上的改善——消除中间品贸易的重复计算，不会改变中国制造业实际的国际竞争力；第二点反映，多数情况下以增加值贸易数据计算的国际竞争力数值高于以总量贸易数据计算的国际竞争力指标值，这正是剔除重复计算后的正确表达：以 CA 指数的计算为例，增加值贸易统计使得分子和分母均有所减少，但是分子减少的相对幅度要大，因为，在利用总量贸易统计方法衡量贸易规模时，对全球的统计中出现的中间品重复统计次数比对一国的统计要多。在低技术制造业行业上，以增加值贸易数据计算的 CTB 指数值低于以总量贸易数据计算的 CTB 指数值的原因可能是中国制造业的优势体现在低技术制造业行业上，尽管贸易规模比较大，但是获益较少。

表 5 - 5　基于两种不同贸易统计数据的中国制造业国际竞争力指标

指标 年份	总体				低技术行业			
	CA		CTB		CA		CTB	
	增值	总量	增值	总量	增值	总量	增值	总量
1995	0.02	- 0.01	4.20	- 4.55	1.04	1.19	55.64	106.46
1996	0.07	0.00	15.43	- 1.48	1.16	1.16	61.04	101.61
1997	0.03	- 0.08	5.43	- 29.06	1.04	0.89	52.54	74.63
1998	0.00	- 0.11	0.92	- 40.83	1.02	0.85	51.45	70.99
1999	0.03	- 0.10	5.95	- 35.57	0.98	0.89	50.37	73.42
2000	0.09	- 0.06	19.64	- 20.84	1.05	0.97	51.28	75.62
2001	0.09	- 0.09	18.50	- 31.89	1.05	0.99	51.81	78.86
2002	0.05	- 0.11	10.27	- 39.33	1.04	0.97	51.30	77.79
2003	0.09	- 0.06	17.76	- 22.29	1.09	0.98	52.60	77.04
2004	0.09	0.01	17.94	2.83	1.02	0.94	47.02	69.92
2005	0.15	0.07	28.58	22.59	1.13	1.03	49.20	73.35
2006	0.22	0.11	40.58	37.99	1.24	1.11	51.24	75.07
2007	0.26	0.16	47.56	53.84	1.17	1.06	47.27	70.87
2008	0.32	0.21	57.47	67.46	1.11	0.96	43.50	61.56
2009	0.27	0.17	48.18	56.62	1.08	0.94	45.19	66.28

续表

指标 年份	中低技术行业				中高和高技术行业			
	CA		CTB		CA		CTB	
	增值	总量	增值	总量	增值	总量	增值	总量
1995	0.08	0.03	4.44	1.77	-0.49	-0.54	-55.88	-112.78
1996	0.10	0.07	5.26	4.59	-0.46	-0.52	-50.87	-107.68
1997	0.02	-0.03	1.00	-1.60	-0.45	-0.50	-48.11	-102.09
1998	0.00	-0.07	0.18	-3.99	-0.46	-0.51	-50.71	-107.83
1999	0.04	-0.08	1.98	-4.65	-0.41	-0.48	-46.41	-104.34
2000	0.12	-0.06	5.84	-3.59	-0.34	-0.43	-37.48	-92.87
2001	0.09	-0.08	4.51	-4.49	-0.35	-0.50	-37.82	-106.25
2002	0.03	-0.12	1.50	-7.38	-0.39	-0.52	-42.53	-109.74
2003	0.04	-0.16	2.09	-10.11	-0.34	-0.42	-36.94	-89.22
2004	0.14	0.00	7.08	0.14	**-0.34**	**-0.32**	-36.17	-67.23
2005	0.14	-0.05	7.00	-3.38	**-0.28**	**-0.24**	-27.61	-47.37
2006	0.23	0.02	11.58	1.44	**-0.23**	**-0.20**	-22.24	-38.52
2007	0.26	0.01	13.06	0.98	**-0.13**	**-0.09**	-12.78	-18.01
2008	0.31	0.05	15.14	3.99	**-0.01**	**0.01**	**-1.17**	**1.91**
2009	0.25	-0.09	11.07	-6.17	**-0.09**	**-0.02**	**-8.08**	**-3.48**

注：增值是指基于增加值贸易数据而计算的国际竞争力指标值，总量是指基于总量贸易数据计算的国际竞争力指标值；粗体表示利用增加值贸易数据计算国际竞争力指标值不大于基于总量贸易计算的那些值。

总之，增加值贸易统计将视角放在过程和环节上，侧重于各环节上价值的流动，从而在衡量贸易规模上更科学合理。根据 Jones 和 Kierzkowski（1990）的研究，产品生产链条上各"片段"在各经济体间的分布仍然是按照传统的比较优势进行的，从而用增加值贸易数据来反映中国制造业的贸易表现进而计算其国际竞争力水平是合理的。本部分接下来分析基于增加值贸易数据计算的国际竞争力指标以揭示中国制造业的国际竞争力水平。

（二）中国制造业的国际竞争力：基于增加值贸易数据的计算

图 5－8 和图 5－9 展示了以增加值贸易数据计算的中国制造业总体及

分技术类别制造业行业的两种国际竞争力指标——*CA* 指数和 *CTB* 指数。从中可以看出以两种指标衡量的中国制造业国际竞争力有相似表现，反映了指标选取的稳健性。

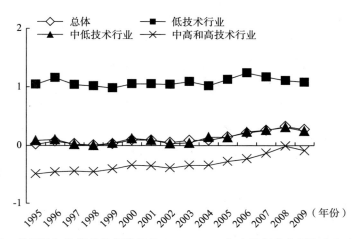

图 5 - 8　基于增加值贸易数据计算的 1995 ~ 2009 年中国制造业国际竞争力（*CA*）

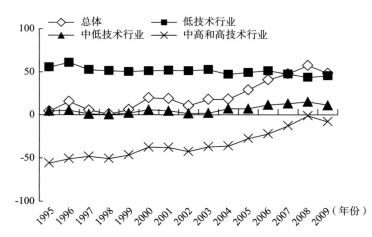

图 5 - 9　基于增加值贸易数据计算的 1995 ~ 2009 年中国制造业国际竞争力（*CTB*）

分析这两种国际竞争力指标的数值可以发现，二者均大于零且不断增加，反映了中国制造业在总体上具备一定的竞争优势，且国际竞争力水平呈不断上升趋势。分技术类别来看，低技术制造业行业的国际竞争力水平最高，中低技术制造业行业次之，而中高和高技术制造业行业不具备国际竞争力。具体来看，低技术制造业行业的国际竞争力水平基本保持稳定，

以 *CTB* 指数衡量的低技术制造业行业的国际竞争力水平还略有下降，该技术类别制造业行业的国际竞争力最强，高于制造业总体的国际竞争力水平，也远高于另外两类技术水平的制造业行业的国际竞争力水平；高技术制造业行业的国际竞争力水平上升得最快，以 *CA* 指数为例，不考虑 2009 年的异常值（受金融危机的影响），该指标的值从 1995 年的 -0.495 增加到 2008 年的 -0.013，然而高技术制造业行业仍不具备竞争优势，两种指标值均小于零；中低技术制造业行业的国际竞争力水平介于两者之间，无论是 *CA* 指数还是 *CTB* 指数值均大于零，且缓慢增长，说明该行业拥有一定的竞争优势，且国际竞争力水平呈现缓慢提升的趋势。

这说明，中国制造业在国际垂直专业化分工体系中的竞争仍然是低水平的竞争，目前我国参与国际垂直专业化分工仍处在价值链低端环节，在低端的装配环节拥有优势；而在高端的高附加值环节，中国制造业仍然处于附属地位，不具备核心竞争力，因而分工地位低下。中国制造业融入国际垂直专业化分工体系的比较优势仍来源于低层次的生产要素。

三　中国制造业的国际竞争力：国际比较

国际竞争力指标作为传统的衡量国际分工地位的指标，通过体现一国在国际市场上的表现、竞争优势反映国际分工地位。从全球价值链角度看，如果一国的增加值出口大于增加值进口，那么该国贸易获益较多，应该具备一定的竞争优势，从而在国际垂直专业化分工体系中就可能拥有较强的掌控能力。与国际垂直专业化分工网络中其他经济体相比，如果中国对价值链环节的控制能力较强，那么则认为中国的国际分工地位较高。本部分在上文增加值贸易核算的基础上，利用增加值贸易数据计算国际竞争力指标，通过国际比较反映中国制造业在国际垂直专业化分工体系中的地位。

（一）制造业总体及分技术类别行业的比较分析

图 5 - 10 ~ 图 5 - 17 展示了以 *CA* 指数和 *CTB* 指数衡量的制造业总体及分技术类别制造业行业的国际竞争力，并做了国家/地区间比较。从中可以看到，第一，受到 2008 年全球金融危机影响，多数国家/地区制造业的国际竞争力水平受到冲击，低技术制造业行业由于产品需求弹性较低受到

的冲击较小；第二，与制造业垂直专业化分工网络中其他主要国家/地区相比，中国只有在低技术制造业行业上的国际竞争力水平遥遥领先，高于其他国家/地区；制造业总体和中低技术制造业行业的国际竞争力水平居中；而中高和高技术制造业行业的国际竞争力水平最低，在国际垂直专业化分工体系中无法和其他国家/地区相抗衡。

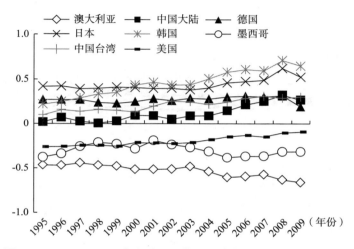

图 5 – 10　1995～2009 年制造业总体国际竞争力：国际比较（*CA*）

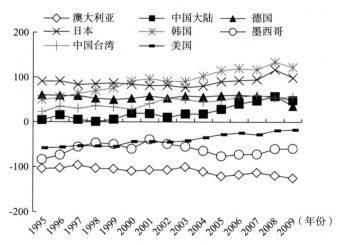

图 5 – 11　1995～2009 年制造业总体国际竞争力：国际比较（*CTB*）

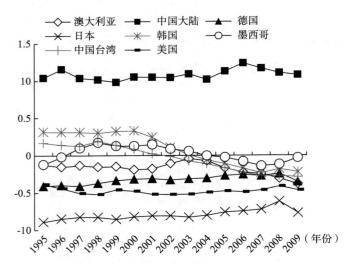

图 5 – 12　1995～2009 年低技术制造业行业国际竞争力：国际比较（CA）

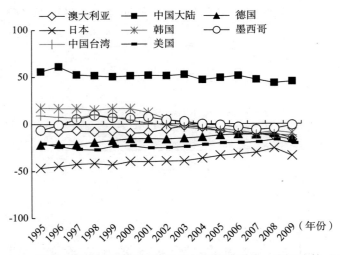

图 5 – 13　1995～2009 年低技术制造业行业国际竞争力：国际比较（CTB）

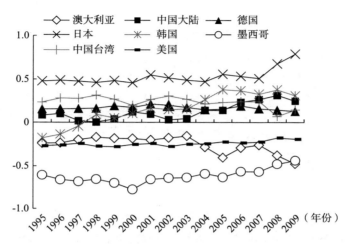

图 5 – 14 1995 ~ 2009 年中低技术制造业行业国际竞争力：国际比较（*CA*）

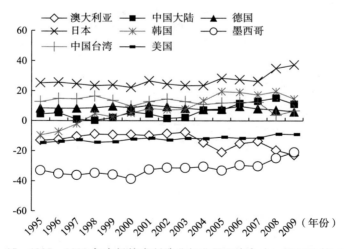

图 5 – 15 1995 ~ 2009 年中低技术制造业行业国际竞争力：国际比较（*CTB*）

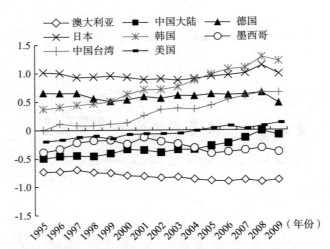

图 5 – 16   1995～2009 年中高和高技术制造业行业国际竞争力：国际比较 （CA）

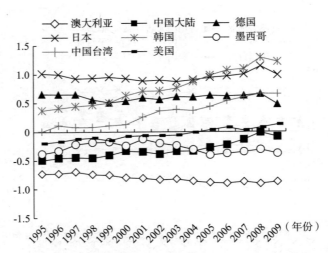

图 5 – 17   1995～2009 年中高和高技术制造业行业国际竞争力：国际比较 （CTB）

具体而言，暂不考虑 2009 年的异常值，在制造业总体上，选择 2008 年数据分析各经济体国际竞争力的静态表现，可以发现，中国大陆、德国、日本、韩国和中国台湾均具备国际竞争力。其中，中国大陆的国际竞争力水平略高于中国台湾、德国，但远低于日本和韩国。考察 1995～2008 年各经济体国际竞争力水平的动态变化，除澳大利亚、德国和墨西哥外，其他经济体的国际竞争力水平均呈明显的上升趋势；其中，中国大陆的国际竞争力水平上升速度最快，以 CA 指数为例，1995～2008 年，年均增速高达 23.5%，高于韩国的 9.4%、中国台湾的 8.6% 和日本的 3.1%。中国大陆制造业国际竞争力水平的快速提升使得中国大陆和德国、中国台湾之间的国际竞争力水平差距缩小，2008 年中国大陆制造业的国际竞争力超过德国和中国台湾，但由于基数较低，和日本、韩国之间的差距仍然很大。而韩国制造业总体的国际竞争力水平于 2000 年超过日本，由此韩国成为制造业最具备国际竞争力的经济体。受到金融危机的影响，2008 年中国台湾，2009 年中国、德国、日本、韩国制造业总体的国际竞争力指标均出现突然下降，这几个经济体的出口规模较大，在时间上出现差异，可能是由于美国是中国台湾在制造业国际垂直专业化分工网络中的主要关联经济体，从而在美国最先爆发的金融危机能够较快地波及中国台湾。

在低技术制造业行业上，1995～2009 年中国大陆与其他经济体相比拥有绝对的竞争优势，国际竞争力指标值远远大于其他经济体。1995～2009 年，澳大利亚、德国、日本和美国的 CA 指数和 CTB 指数值均为负数，表明它们不具备国际竞争力；韩国、中国台湾、墨西哥分别于 2004 年、2002 年和 2004 年经历了国际竞争力指标值从正到负的转变，丧失了国际竞争力，且国际竞争力指标值呈下降趋势。值得注意的是，墨西哥的国际竞争力水平在 2007 年达到最低点（CA 指数值为 -0.14）后于 2008 年、2009 年出现持续上升现象，2009 年的 CA 指数值为 -0.03。作为制造业国际垂直专业化分工网络中北美区块的加工、制造基地，墨西哥制成品的主要市场是美国和加拿大，受高消费水平的影响，这两个国家对于低技术制成品的需求较少，随着金融危机的到来，两国高技术制成品需求受到影响；另外，受到美国"回归制造业"政策的激励，在北美区块内部，制造业的生产会进一步分工，势必强化墨西哥在低技术制造业上的分工地位和竞争优势。

在中低技术制造业行业上，1995～2009 年，中国大陆、德国、日本、韩国和中国台湾具备国际竞争力，国际竞争力指标值在多数年份里大于零。2008 年，中国大陆的国际竞争力水平高于德国和中国台湾，但低于日本和韩国。从其动态变化上看，日本的国际竞争力水平一直遥遥领先且呈上升态势，其 1995～2008 年 CA 指数的年均增速为 2.7%；德国的国际竞争力水平一直比较平稳，1995～2008 年以 CA 指数衡量的国际竞争力水平一直维持在 0.14 和 0.21 之间；韩国 1995～1997 年的国际竞争力为负，此时它并不具备国际竞争力，但 1995～2008 年其国际竞争力水平快速上升，自 2001 年起超过中国大陆并以高于中国大陆的增长速度在增长，2004 年超过德国，成为继日本之后，第二大竞争力强经济体；中国大陆的国际竞争力水平也有所增加，1995～2008 年，年均增速达到 10.7%，2006 年起超过德国和中国台湾；而中国台湾的国际竞争力从 2003 年起出现了下降趋势。澳大利亚、美国、墨西哥在该类型行业上不具备国际竞争力。其中，美国的国际竞争力水平基本保持稳定；墨西哥的国际竞争力水平自 2001 年起呈上升趋势；澳大利亚的国际竞争力水平自 2004 年起呈现较快速的下降。2009 年，受到金融危机的影响，德国、中国大陆和韩国该类型行业的国际竞争力水平受到冲击而大幅下降，而日本和中国台湾在该类型行业上的国际竞争力水平却出现快速的增长。

在中高和高技术制造业行业上，1995～2009 年，德国、日本、韩国和中国台湾均拥有国际竞争力，美国自 2005 年起在该类型行业上也拥有了国际竞争力。2008 年在该类型行业上拥有国际竞争力的国家/地区排名依次为：韩国、日本、中国台湾、德国、美国，中国大陆不具备国际竞争力但是国际竞争力水平高于墨西哥和澳大利亚。分析各国家/地区中高和高技术制造业行业国际竞争力水平的动态变化，1995～2008 年，中国大陆、韩国、中国台湾和美国的国际竞争力水平持续增加，以 CA 指数衡量，中国台湾的国际竞争力水平年均增速最快，达到 47.7%；韩国的国际竞争力水平年均增速为 10.1%，从而使韩国于 2005 年超过日本成为国际竞争力最强的经济体；中国大陆的国际竞争力水平从 1995 年的 -0.49 增长到了 2008 年的 -0.01，低于美国但高于澳大利亚和墨西哥；德国和日本的国际竞争力水平经历了先降后升的过程。2009 年，受到金融危机冲击，韩国、日本、中国台湾、德国、中国大陆和墨西哥该类型行业的国际竞争力水平均出现下降的情况，但是，美国该类型行业的国际竞争力水平持续上升，这可能也与美国的"回归制造业"刺激政策有关。

从以上分析中可以看出，基于利润的考虑，多数经济体放弃了在低技术制造业行业上的竞争，制造业的国际竞争主要集中在中低技术、中高和高技术制造业行业上；和欧美相比，东亚经济体制造业的国际竞争力水平较高，其中尤以日韩两国为甚；中国大陆只在低技术制造业行业上拥有竞争优势，在其他技术类别的制造业行业上，尤其是在中高和高技术制造业行业上无力和其他经济体竞争，与"世界工厂"相称；美国是以服务业为主的经济体，其制造业的国际竞争力较弱，但是在中高和高技术制造业行业上的国际竞争力水平有所增加，并拥有了一定的国际竞争力；和中国大陆地位类似的墨西哥，制造业的国际竞争力不及中国大陆；而在制造业国际垂直专业化分工网络中，作为中国大陆新增的关联国家，澳大利亚经济的重点并不在制造业上，其制造业并不具备国际竞争力。

（二）典型制造业行业分析

橡胶和塑料行业（行业10）是中低技术制造业行业的典型代表，该行业的产品广泛用于工业生产和日用生活。随着中国工业化程度和居民消费水平的提高，该行业发展迅速，产品产量大幅增加。其中，橡胶的产量从1995年的42.4万吨增加到2011年的75.1万吨①，增长了77.1%；初级形态的塑料从1995年的516.87万吨增长到2011年的4992.31万吨②，增长了8.66倍，年均增长达到15.2%。在橡胶制品中，橡胶轮胎制品作为汽车生产中的中间投入，随着中国汽车产量、保有量的增加和陆路运输的发展，产量在增加。1998～2011年，中国汽车产量从163万辆增加到1841.64万辆③，增加了10.3倍，年均增速高达20.5%；相应的，橡胶轮胎外胎的产量从9513.46万条增加到83566.22万条④，增加了7.8倍，年均增速达到18.2%。而塑料制品则广泛应用于包装、建筑、农业、装饰、轻工等国民经济的各个方面，塑料的广泛用途及对其他产品的替代，为塑料行业的

---

① 数据来源于《中华人民共和国年鉴（2012）》。
② 数据来源于国家统计数据库（http://219.235.129.58/welcome.do）。
③ 数据来源于国家统计数据库（http://219.235.129.58/welcome.do）。
④ 数据来源于国家统计数据库（http://219.235.129.58/welcome.do）。

发展提供了广阔的空间。

伴随着产量的增加,行业 10 的出口也在增加,从增加值角度看,行业 10 的出口额从 1995 年的 38.91 亿美元增加到 2009 年的 336.74 亿美元,年均增速达到 16.67%(见表 5-6)。增加值出口的增加反映了中国该行业参与全球生产程度的提高,但是,这种出口的增加,是否反映了该行业在国际垂直专业化分工体系中竞争力的提升呢?接下来,笔者从动态变化及该行业价值链上中国的主要前向、后向关联国家/地区对比两个角度,分析中国该行业的国际竞争力水平及其变化。

表 5-6 1995~2009 年中国行业 10 和行业 14 的增加值出口

单位:亿美元,%

年 份	行业 10	行业 14	年 份	行业 10	行业 14
1995	38.91	112.33	2003	103.65	423.68
1996	45.96	115.28	2004	120.64	549.46
1997	54.95	134.77	2005	154.70	700.86
1998	57.86	153.73	2006	197.87	940.37
1999	59.35	174.03	2007	245.45	1132.49
2000	71.33	235.42	2008	363.21	1627.70
2001	75.95	255.65	2009	336.74	1528.24
2002	86.84	317.50	年均增速	16.67	20.50

注:行业 10 为橡胶和塑料行业,行业 14 为电子与光学设备行业。

表 5-7 展示了 1995~2009 年中国橡胶和塑料行业国际竞争力的变化及国际对比。在该行业价值链上,中国、德国、日本和韩国均拥有一定的国际竞争力,美国不具备国际竞争力;对比 2008 年各国家/地区的国际竞争力水平,韩国最高,日本次之,而中国高于德国、低于日本和韩国。分析 1995~2008 年各国家/地区橡胶和塑料行业国际竞争力水平的动态变化,除个别值(日本 2000 年)外,德国和日本的国际竞争力水平呈现先降后升的变化趋势;韩国的国际竞争力水平呈现上升趋势;而中国的国际竞争力水平却大体出现了先升后降的波动,CA 指数从 1995 年的 0.43 增加到 2000 年的 0.74,之后下降到 2008 年的 0.67,和德国、日本的国际竞争力水平相比呈现此消彼长的状况。2009 年,受到金融危机的冲击,各国家/地区该行业的国际竞争力水平均有所下降。

表 5 - 7　1995 ~ 2009 年橡胶和塑料行业国际竞争力的国际比较

年份 \ 指标	CA					CTB				
	中国	德国	日本	韩国	美国	中国	德国	日本	韩国	美国
1995	0.43	0.38	0.61	0.31	-0.36	4.09	3.61	5.68	3.02	-3.47
1996	0.56	0.36	0.56	0.41	-0.34	5.38	3.47	5.43	4.01	-3.31
1997	0.55	0.35	0.53	0.38	-0.30	5.12	3.38	5.03	3.72	-2.88
1998	0.60	0.34	0.54	0.46	-0.31	5.77	3.30	5.13	4.35	-3.05
1999	0.61	0.32	0.53	0.55	-0.29	5.94	3.19	5.16	5.37	-2.90
2000	0.74	0.31	0.60	0.53	-0.27	6.85	2.91	5.45	4.92	-2.48
2001	0.73	0.33	0.47	0.66	-0.28	6.77	3.08	4.29	6.16	-2.57
2002	0.65	0.35	0.46	0.67	-0.31	6.10	3.26	4.30	6.40	-2.82
2003	0.57	0.34	0.56	0.65	-0.33	5.35	3.12	5.24	6.19	-2.99
2004	0.49	0.39	0.74	0.67	-0.34	4.46	3.51	6.63	6.05	-2.98
2006	0.62	0.42	0.76	0.99	-0.37	5.07	3.49	6.44	8.43	-3.02
2007	0.62	0.38	0.74	0.96	-0.34	4.94	3.10	6.14	8.13	-2.75
2008	0.67	0.46	0.92	0.94	-0.40	5.06	3.56	7.34	7.54	-3.08
2009	0.65	0.29	0.83	0.88	-0.41	4.99	2.26	6.71	7.09	-3.30

　　电子与光学设备行业囊括所有的高技术行业及一个中高技术行业，该行业的发展代表经济发展的新方向、新动力。受到政策支持和全球分工的激励，中国电子与光学设备行业的发展极为迅速。表 5 - 8 列举了 1995 ~ 2011 年部分中国电子与光学设备产品的产量，从中可以发现，各产品的产量均有所增加，且多数呈两位数增长。其中产量增长最为迅速的是微型计算机设备，1995 ~ 2011 年的年均增速高达 45.03%；其次为移动通信手持机，2000 ~ 2011 年的年均增速为 32.21%；复印和胶版印刷设备、房间空气调节器的产量增长也较为可观，考察期内年均增长速度分别为 23.70% 和 20.73%。

　　目前，中国已经成为全球最大的电子产品生产基地，和全球最大的电子产品消费市场，中国制造在国际市场上也有着良好的表现。以微型计算机为例，2010 年，尽管全球经济复苏还没有完全实现，但是中国该产品的出口仍保持了良好的增长，出口额为 72.58 亿美元，同比增长 34.6%；而手持（车载）无线电话 2010 年的出口也实现了两位数的增长，同比增长

表 5 – 8 1995 ～ 2011 年中国电子与光学设备行业部分产品产量

年 份	房间空气 调节器 （万台）	程控 交换机 （万线）	传真机 （万台）	移动通信 手持机 （万台）	微型计算机 设备 （万台）	集成电路 （亿块）	彩色 电视机 （万台）	复印和胶版 印刷设备 （万台）
1995	682.6	2091.6	136.1	—	83.6	55.2	2057.7	21.8
1996	786.2	2274.8	137.9	—	138.8	38.9	2537.6	63.9
1997	974.0	2787.3	162.5	—	206.6	25.5	2711.3	107.8
1998	1156.9	4219.9	128.7	—	291.4	26.3	3497.0	117.9
1999	1337.6	4726.0	160.0	—	405.0	41.5	4262.0	210.3
2000	1826.7	7136.0	196.3	5247.9	672.0	58.8	3936.0	156.6
2001	2333.6	7223.5	318.2	8031.7	877.7	63.6	4093.7	144.1
2002	3135.1	5860.7	297.3	12146.4	1463.5	96.3	5155.0	207.4
2003	4820.9	7379.2	746.6	18231.4	3216.7	148.3	6541.4	264.2
2004	6390.3	7625.2	851.2	23751.6	5974.9	235.5	7431.8	324.6
2005	6764.6	7720.9	1068.2	30354.2	8084.9	270.0	8283.2	403.6
2006	6849.4	7404.6	1188.6	48013.8	9336.4	335.7	8375.4	467.8
2007	8014.3	5387.1	888.5	54857.9	12073.4	411.6	8478.0	452.4
2008	8147.4	4584.0	749.4	55945.1	15853.7	438.8	9187.1	517.7
2009	8078.3	4152.5	683.5	68193.4	18215.1	414.4	9898.8	421.0
2010	10887.5	3138.0	181.1	99827.4	24584.5	652.5	11830.0	534.8
2011	13912.5	3034.0	187.6	113257.7	32036.9	719.5	12231.3	654.8
年均增速	20.73	2.35	2.03	32.21	45.03	17.41	11.78	23.70

数据来源：《中国发展报告（2012）》《中华人民共和国年鉴（2012）》。

了 18.2%[①]。考察电子与光学设备行业的增加值出口，1995～2009 年，其增加值出口从 112.33 亿美元增加到 1528.24 亿美元，年均增速达到 20.5%（见表 5 – 6），高于制造业总体 17.4% 的增长水平，呈现较强的出口态势。

对比电子与光学设备行业价值链上各国家/地区的国际竞争力及其变化（见表 5 – 9）。考察 2008 年各国家/地区的国际竞争力水平，中国和美国在该行业上拥有一定的国际竞争力，其中美国最高；而印度不具备国际竞争力。分析 1995～2008 年各国家/地区的国际竞争力水平的变化，1995～

---

① 数据来源于《中国电子信息产业统计年鉴：综合篇（2010）》。

2001 年，中国该行业的国际竞争力基本保持稳定，波动幅度不大，而自 2002 年起，中国该行业的国际竞争力水平呈上升的趋势，最终中国实现了从缺失国际竞争力到拥有国际竞争力的转变；美国在该行业上的国际竞争力总体上呈现上升趋势，自 2004 年起在该行业的价值链上保持了持续的国际竞争力；而印度在该行业价值链上历年来均不具备国际竞争力，但自 2004 年起其国际竞争力水平呈现持续增加的态势。

表 5 – 9　1995～2009 年电子与光学设备行业国际竞争力的国际比较

指标 年份	CA			CTB		
	中国	美国	印度	中国	美国	印度
1995	– 0.41	– 0.33	– 0.33	– 16.25	– 12.94	– 13.13
1996	– 0.37	– 0.24	– 0.35	– 14.36	– 9.57	– 13.82
1997	– 0.35	– 0.18	– 0.25	– 13.32	– 6.99	– 9.79
1998	– 0.38	– 0.16	– 0.33	– 14.71	– 6.37	– 13.20
1999	– 0.41	– 0.19	– 0.36	– 16.76	– 7.89	– 14.97
2000	– 0.38	– 0.08	– 0.31	– 16.61	– 3.44	– 13.78
2001	– 0.38	– 0.06	– 0.31	– 14.49	– 2.14	– 12.10
2002	– 0.50	– 0.03	– 0.41	– 19.12	– 1.18	– 15.97
2003	– 0.46	– 0.01	– 0.51	– 17.16	– 0.39	– 19.23
2004	– 0.41	0.03	– 0.52	– 15.36	1.20	– 19.49
2005	– 0.37	0.14	– 0.48	– 13.03	4.71	– 17.40
2006	– 0.28	0.18	– 0.45	– 9.82	6.25	– 16.22
2007	– 0.19	0.10	– 0.44	– 6.05	3.25	– 15.10
2008	0.03	0.23	– 0.31	0.84	7.23	– 9.75
2009	– 0.04	0.25	– 0.13	– 1.26	8.48	– 4.38

第三节　国际垂直专业化分工体系中要素收入分配与中国分工地位

第二节从价值流出这个角度，利用增加值贸易这种新的方法，通过分析国际竞争力表现来反映中国制造业在国际垂直专业化分工体系中的地位。当前，生产的全球化导致各国在全球价值链上紧密联系，存在大量的中间品交易，表面上生产要素并没有大规模的跨国流动，但是中间品作为要素投入的载体使得一国的投入在全球范围内获益。从价值使用角度看，在生产全球化的背景下，一国要素投入经过生产过程中的多次循环会在全球范围内获益。如果一国在全球生产中处于较高的分工地位，从而控制了价值链的关键环节，那么该国的要素应该能获得较高的回报。基于这个角度，本节分析中国制造业在国际垂直专业化分工体系中的获益情况，并利用获益能力来反映其国际分工地位并进行国际比较。

本节所用方法与贸易要素成分的衡量密切相关，对于贸易要素含量的研究，Vanek（1968）认为每个国家实质上是丰裕要素服务的净出口国；Reimer（2006）从要素服务贸易出发，提供了两国存在大量中间品贸易情况下，衡量贸易要素成分的方法，他的算法与 Deardorff（1982）提出的贸易的"实际"要素成分计算方法一致。Timmer 等（2012）、Timmer 等（2014）提出了在全球垂直生产网络中，计算中间品贸易和衡量中间品贸易中增加值的方法，他们在实证研究中利用全球价值链收入指标来分析各国的竞争力水平。他们的分析将两国框架进行了拓展，为一般均衡框架下贸易及贸易利益的分析提供了新的视角。本节正是基于Timmer 等（2012）、Timmer 等（2014）的研究框架考虑到投入效率，进而分析中国制造业在国际垂直专业化分工体系中的地位。

一　中国制造业的全球价值链收入

国际垂直专业化分工体系中各国/地区的联系不仅仅是产品间的关联，更重要的是价值上的联系，从而形成关联各国/地区的全球价值链，在这个价值链上，一国的最初投入经由全球生产所获的收益即为其全球价值链收入。

（一）总获益水平分析

1995～2009 年，中国制造业在国际垂直专业化分工体系中的获益均在增加，制造业总体的全球价值链收入从 1995 年的 2533.49 亿美元增加到2009 年的 16265.19 亿美元，年均增速为 14.20%。其中，中高和高技术制造业行业的全球价值链收入增速最快，从 1995 年的 849.66 亿美元增加到

2009 年的 6659. 17 亿美元，年均增速达到 15. 84%，高于制造业总体的全球价值链收入的增长速度；中低技术制造业行业的全球价值链收入次之，年均增速为 13. 51%；低技术制造业行业的全球价值链收入增速最低，年均增速为 12. 99%（见表 5 - 10）。

表 5 - 10　1995~2009 年中国制造业的全球价值链收入及结构

单位：亿美元，%

年份	总体	低技术行业		中低技术行业		中高和高技术行业	
	总值	总值	占比	总值	占比	总值	占比
1995	2533. 49	866. 28	34. 19	817. 54	32. 27	849. 66	33. 54
1996	3034. 99	1088. 68	35. 87	942. 88	31. 07	1003. 44	33. 06
1997	3376. 25	1218. 39	36. 09	1026. 84	30. 41	1131. 01	33. 50
1998	3484. 21	1245. 69	35. 75	1037. 19	29. 77	1201. 33	34. 48
1999	3635. 97	1278. 72	35. 17	1059. 88	29. 15	1297. 37	35. 68
2000	4011. 88	1371. 26	34. 18	1156. 84	28. 84	1483. 77	36. 98
2001	4389. 94	1497. 23	34. 11	1250. 92	28. 50	1641. 80	37. 40
2002	4776. 72	1592. 47	33. 34	1316. 38	27. 56	1867. 88	39. 10
2003	5531. 33	1767. 70	31. 96	1534. 05	27. 73	2229. 58	40. 31
2004	6252. 25	1880. 20	30. 07	1843. 32	29. 48	2528. 73	40. 45
2005	7480. 17	2249. 47	30. 07	2205. 34	29. 48	3025. 36	40. 45
2006	9364. 87	2812. 95	30. 04	2732. 11	29. 17	3819. 81	40. 79
2007	11941. 65	3516. 22	29. 45	3536. 37	29. 61	4889. 06	40. 94
2008	15408. 35	4536. 99	29. 45	4562. 99	29. 61	6308. 37	40. 94
2009	16265. 19	4789. 29	29. 45	4816. 73	29. 61	6659. 17	40. 94
年均增速	14. 20	12. 99	—	13. 51	—	15. 84	—

数据来源：笔者计算而得。

可见，中高和高技术制造业行业全球价值链收入的增加带动了中国制造业总体在国际垂直专业化分工体系中获益的增加。从结构上来看，中国制造业全球价值链收入也具有明显的结构特征：低技术和中低技术制造业行业的获益占比在减少，而中高和高技术制造业行业的获益占比在增加。具体来看，低技术制造业行业的全球价值链获益占比从 1995 年的 34. 19%减少到 2009 年的 29. 45%，减少了 4. 74 个百分点，1995~1998 年，低技术制造业行业的全球价值链获益占比最高，它是制造业全球价值链获益的主导力量；中低技术制造业行业的获益占比从 1995 年的 32.27% 减少到 2009 年的 29.61%，降低幅度为 2.66% 个百分点；中高和高技术制造业行业的获益占比从 1995 年的 33.54% 增加到 2009 年的 40.94%，增幅达到 7.4 个百分点，从 1999 年开始，中高和高技术制造业行业就替代了低技术制造业行业成为制造业全球价值链获益的主导力量。

中国制造业全球价值链收入的增加，反映了国际垂直专业化分工体系中中国制造业盈利能力的提升，这种盈利能力的提升使得中国制造业在全球价值链总收入中分享到的份额持续增加。1995 ~ 2009 年，中国制造业总体获益份额从 4.54% 增加到 18.25%，增加了 13.71 个百分点（见表 5 – 11）。从结构上看，中低技术制造业行业的全球获益份额增加最多，从 5.74% 增加到 20.47%，增加了 14.73 个百分点；而低技术制造业行业获益占全球的比重增长最少，从 1995 年的 4.59% 增加到了 2009 年的 16.56%，增加了 11.97 个百分点；中高和高技术制造业行业全球价值链获益尽管增长很快，但是占全球的份额不多，低于中低技术制造业行业的全球获益份额。

表 5 – 11　1995 ~ 2009 年中国制造业全球价值链收入占全球总收入的份额

单位：%，个百分点

年份	总体	低技术行业	中低技术行业	中高和高技术行业	年份	总体	低技术行业	中低技术行业	中高和高技术行业
1995	4.54	4.59	5.74	3.75	2003	9.06	8.74	10.05	8.73
1996	5.41	5.72	6.6	4.41	2004	9.08	8.46	10.24	8.83
1997	6.07	6.48	7.24	5	2005	10.12	9.6	11.02	9.92
1998	6.44	6.84	7.59	5.41	2006	11.7	11.27	12.56	11.47
1999	6.54	6.72	7.78	5.64	2007	13.22	12.63	14.19	13.01
2000	7.08	7.25	8.88	6.25	2008	15.73	14.88	16.78	15.67
2001	8.18	8.21	9.36	7.45	2009	18.25	16.56	20.47	18.16
2002	8.68	8.53	9.83	8.13	增幅	13.71	11.97	14.73	14.41

数据来源：笔者计算而得。

和制造业国际垂直专业化分工体系中的主要关联国家/地区相比，中国大陆制造业全球价值链收入全球占比的增加是惊人的，2000 年超过德国，2006 年超过日本，2009 年赶上美国（见图 5 – 18）。分析 1995 ~ 2009

年各国家/地区全球价值链收入占全球总收入份额的变化，制造业国际垂直专业化分工体系中美国收入所占份额在 1995～1998 年稳定增加，之后维持在高位直至 2002 年，2002 年以后，该份额持续下降，直至 2008 年的最低点 17%，尽管受到金融危机冲击，在制造业全球价值链总收入中，2009年美国所占份额却不降反升；日本在制造业全球价值链收入中所占的份额总体上呈下降趋势，但一直高于德国；德国制造业全球价值链收入占全球总收入的比重波动不大，除 1995～1997 年有明显的下降趋势外，1998～2008 年该份额基本维持在 7.2% 和 8.3% 之间，波动幅度不超过 1.2%；澳大利亚、韩国、墨西哥、中国台湾相比，韩国在制造业全球价值链总收入中所占的份额最大，但是也没超过 3%，这四个国家/地区在制造业全球价值链总收入中所占的份额于 1995～2009 年基本保持稳定。分析 2009 年各国家/地区在制造业全球价值链总收入中所占的份额（见图 5－19），中国大陆和美国分享了制造业全球价值链上 1/3 以上的利益，体现出两国在制造业国际垂直专业化分工体系中的重要地位。

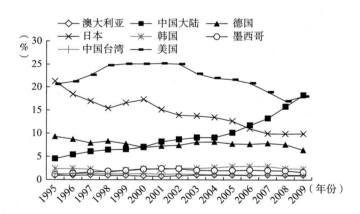

图 5－18　1995～2009 年全球价值链总收入中各经济体份额

（二）人均获益能力分析

前文从制造业全球价值链获益角度对中国进行了总量和结构分析，并进行了国际对比，中国制造业全球价值链收入总额是可观的。但是这种总量分析没有考虑到投入的多少，也就是说分析结果未体现单位投入创造价值的能力，在接下来的分析中，笔者将获益和投入结合，构建全球价值链人均收入这一指标，分析单位劳动创造价值的能力。

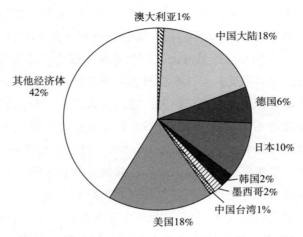

图 5 - 19　2009 年全球价值链总收入中各经济体的份额

　　i 国 j 行业在全球价值链上的人均收入可以用公式 $ULI_{ij} = \dfrac{GVCI_{ij}}{L_{ij}}$ 计算。
其中，$GVCI_{ij}$ 是 i 国 j 行业的全球价值链收入额，该指标的计算笔者在前文中已经做了阐述；L_{ij} 是 i 国 j 行业的劳动力投入，相关数据可以从 WIOD 数据库下的社会账户中获得。表 5 - 12 展示了笔者计算的 1995 ~ 2009 年中国制造业的全球价值链人均收入水平，从中可以发现，中国制造业在全球垂直专业化分工体系中的人均获益在持续增加。其中，中低技术制造业行业的人均收入水平增速最快，从 1995 年 0.28 万美元增加到 2009 年的 1.51万美元，年均增速为 12.85%；中高和高技术制造业行业的人均收入水平次之，从 1995 年的 0.29 万美元增长到 2009 年的 1.57 万美元，年均增速为 12.77%；而低技术制造业行业的人均收入水平增长最慢，年均增速为9.14%，低于制造业总体的人均收入水平。对比三类技术类别制造业行业在全球价值链上的人均收入水平，可以发现，1995 ~ 2009 年，中高和高技术类别制造业行业最高，中低技术制造业行业次之，低技术制造业行业最低。全球价值链人均获益与行业特征密切相关，中高和高技术制造业行业由于有较高的技术附加值在等量的劳动投入下获得的收入最高，与现实相符。因此，利用全球价值链人均收入衡量全球价值链上的收益能力较为合理。

表 5 - 12　1995～2009 年中国制造业的全球价值链人均收入水平

单位：千美元

年份	总体	低技术行业	中低技术行业	中高和高技术行业	年份	总体	低技术行业	中低技术行业	中高和高技术行业
1995	2.42	1.89	2.78	2.92	2003	5.35	3.54	5.97	8.02
1996	2.81	2.28	3.07	3.40	2004	5.50	3.31	6.75	8.54
1997	3.08	2.49	3.31	3.81	2005	6.01	3.51	7.79	9.43
1998	3.17	2.24	3.55	4.77	2006	7.10	4.16	9.29	10.93
1999	3.40	2.32	4.05	5.01	2007	8.42	4.90	11.37	12.57
2000	3.83	2.56	4.54	5.80	2008	10.64	6.26	14.69	15.27
2001	4.21	2.84	4.87	6.37	2009	10.93	6.43	15.10	15.70
2002	4.79	3.22	5.33	7.32	增速	11.37	9.14	12.85	12.77

资料来源：笔者计算而得。

尽管中国大陆制造业全球价值链人均收入水平在持续增加，但是和其他主要关联国家/地区相比，仍比较低。表 5 - 13 展示了 2009 年国际垂直

表 5 - 13　2009 年制造业各行业人均收入的国际比较

单位：千美元

行业	澳大利亚	中国大陆	德国	日本	韩国	墨西哥	中国台湾	美国
3	90.47	**12.52**	44.17	103.23	42.86	25.34	35.95	117.76
4	40.60	5.97	52.04	28.40	26.74	**4.81**	14.25	54.90
5	99.41	**3.96**	46.43	38.28	19.58	10.55	7.27	40.45
6	64.19	**3.87**	50.72	49.12	26.20	17.63	10.03	53.36
7	88.30	**4.82**	70.66	72.32	40.88	19.41	14.49	105.82
8	282.13	**47.22**	175.94	3485.64	79.08	94.70	478.65	1001.59
9	142.56	**20.19**	133.75	205.50	92.93	42.09	82.89	236.15
10	74.82	**5.33**	65.72	66.04	33.34	10.63	16.26	83.43
11	102.70	**12.77**	69.01	101.13	60.98	27.68	17.01	91.34
12	112.98	**25.90**	72.22	99.16	55.60	40.07	20.23	93.38
13	68.52	13.03	84.74	98.29	41.38	**11.25**	29.11	109.69
14	62.90	14.70	81.44	98.37	58.46	**10.36**	27.53	158.01
15	63.58	**17.44**	93.33	127.85	63.65	22.66	22.26	116.87
16	35.33	**3.99**	59.35	43.76	26.78	9.93	10.89	78.17

注：加粗数字为全球价值链上各行业人均收入最低的数据。

资料来源：笔者计算而得。

专业化分工体系中主要关联国家/地区各制造业行业的人均收入水平。从中可以发现，除纺织和纺织品行业（行业4）、其他机械设备行业（行业13）、电子和光学设备行业（行业14）外，中国大陆其他制造业行业全球价值链人均收入均最低，而前述3个行业的中国大陆全球价值链人均收入仅高于墨西哥，低于其他国家/地区。这一发现是令人震惊的，在全球价值链总收入上，2009年中国大陆制造业已经占据了近1/5的份额，但在全球价值链人均收入上，中国大陆多数制造业行业竟低于墨西哥相应行业，反映出中国大陆投入单位劳动所创造的价值仍然很低。

从结构看，中国制造业中全球价值链获益能力最强的是中高和高技术制造业行业，而从占全球市场的份额来看，获益能力最强的是中低技术制造业行业，这种不一致来自比较标准的差异：前者是国内比较，后者考虑了国际因素。笔者认为，一国制造业在国际垂直专业化分工体系中的获益能力还应该体现在与世界水平或他国的比较上，因此，用一国全球价值链收入额在全球价值链收入总额中的份额这个指标表示获益能力，进而体现一国制造业国际分工地位的变化较为合理。但是，考虑到效率的差异，也就是说同样的获益水平，投入的要素成本差异可能很大，从而全球价值链收入份额在衡量一国在国际垂直专业化分工体系中的获益能力和分工地位上又存有缺陷。以中美两国为例，2009年两国制造业在国际垂直专业化分工体系中的获益水平基本相当，但是很显然，两国要素投入不同。当前，中国在高速发展的工业化阶段，各要素——包括劳动力、资本等的投入均在增加，但存在这种可能：中国制造业全球价值链收入的增加是由大规模的要素投入带来的，从效率上讲，获益能力并不高，这一点在人均获益能力上得到了进一步验证。因此，全球价值链收入这个指标由于没有考虑到投入量的大小，没有考虑效率因素，在衡量一国的获益能力从而反映其国际分工地位上存在明显的缺陷。笔者认为，同时考虑全球价值链要素获益额和要素投入量——全球价值链人均收入这一指标更为合理。

二　人均获益能力与中国制造业的国际分工地位

前文分析了利用全球价值链人均收入反映国际分工地位的合理性，该指标反映的是劳动创造价值的能力。很显然，在李嘉图框架下，这种能力反映了生产效率，一国的该能力越强则说明该国在国际分工中的地位越高。接下来，本书用全球价值链人均收入这一指标分析中国制造业在国际垂直专业化分工体系中的地位。

（一）总体及分技术类别制造业行业分析：国际比较

图 5 – 20 ～图 5 – 23 描述了制造业总体及各技术类别制造业行业全球价值链人均收入的国际对比情况，从中可以发现以下明显特征：第一，无论是制造业总体还是分技术类别制造业行业，中国大陆在制造业全球价值链上的人均收入水平均最低；第二，在制造业全球价值链上，无论是制造

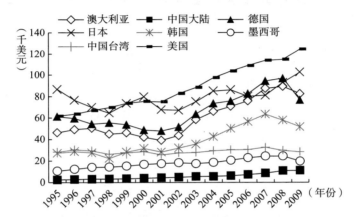

图 5 – 20　1995 ～ 2009 年全球价值链人均收入的国际比较：制造业总体
资料来源：由笔者利用 matlab（版本为 7.12.0）计算而得。

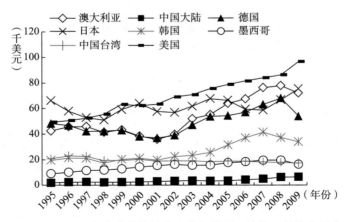

图 5 – 21　1995 ～ 2009 年全球价值链人均收入的国际比较：低技术制造业行业
资料来源：由笔者利用 matlab（版本为 7.12.0）计算而得。

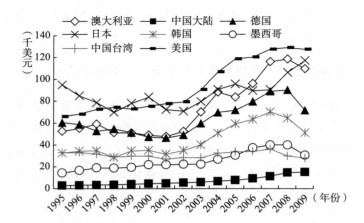

图 5 – 22   1995～2009 年全球价值链人均收入的国际比较：
中低技术制造业行业

资料来源：由笔者利用 matlab（版本为 7.12.0）计算而得。

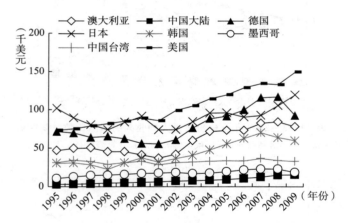

图 5 – 23   1995～2009 年全球价值链人均收入的国际比较：
中高和高技术制造业行业

资料来源：由笔者利用 matlab（版本为 7.12.0）计算而得。

业总体还是各技术类别制造业行业，人均获益能力最强的国家/地区均由日本逐步转变为美国；第三，从结构上看，多数国家都呈现制造业技术类别等级越低，该行业上全球价值链人均收入越低的现象。第四，受金融危机的冲击，各国家/地区全球价值链人均收入，无论是制造业总体还是分技术类别制造业行业，均有不同程度的波动。

具体而言，制造业总体上，从静态上看，2008 年全球价值链人均收入美国最高、中国大陆最低，中间国家/地区依次为：德国、日本、澳大利亚、韩国、中国台湾、墨西哥。从动态角度看，1995～2008年，除2001年外，美国全球价值链人均收入持续增加，年均增长率为4.85%，2001年起稳居国际垂直专业化分工体系中获益最高位置；日本于1995～1997年是国际垂直专业化分工体系中获益最高的经济体，但由于全球价值链人均收入的持续下滑，其地位被美国超过，1998～2008年日本全球价值链人均收入一直呈波动上升趋势，除2000年超过美国外，其他年份里与美国相比仍存有一定差距；德国和澳大利亚全球价值链人均收入均呈现先降后升的波动趋势，均在2001年达到最低点，之后快速上升，先后于2006年、2007年超过日本，而后者又于2008年被日本超过；韩国全球价值链人均收入于1995～2001年与中国台湾大体相当，但于2001～2007年经历了高速增长，缩小了与日本之间的差距，并将中国台湾远远抛在后面；中国台湾全球价值链人均收入在1995～2007年基本维持稳定，在3万美元上下波动；墨西哥在全球价值链上的人均收入略高于中国大陆，并呈缓慢增加的态势，与中国台湾之间的差距逐步缩小；中国大陆在全球价值链上人均收入最低，但是1995～2008年的年均增速最高，达到12.06%，与中国台湾和墨西哥之间的差距在逐步减小。受金融危机的影响，美国的制造业全球价值链人均收入在2008年增速变缓，但在2009年则恢复快速增长态势；韩国和中国台湾的制造业全球价值链人均收入于2008年出现下降，并在2009年继续下滑；德国、澳大利亚、墨西哥的制造业全球价值链人均收入于2009年出现下滑，其中德国受到的冲击最大；中国大陆2009年的制造业全球价值链人均收入增幅减少、增速变缓；日本制造业在全球金融危机中表现较好，从全球价值链人均收入变化上看，基本没有受到影响。

在低技术制造业行业上，1995～2009年，中国大陆全球价值链人均收入最低，尽管年均增速最高，但由于基数较低，仍很难追赶上其他国家/地区；以与墨西哥对比为例，除2009年外，与墨西哥之间的差距越来越大，从1995年的0.72万美元扩大到2008年的1.34万美元。分析各国家/地区1995～2007年全球价值链人均收入的变化，美国除1999年出现突然的增加外，其他年份基本呈现直线上升趋势，从1995年的4.94万美元增加到8.39万美元，年均增长速度为4.51%，略低于制造业总体的增长水平；受到金融危机的影响，2008年美国全球价值链人均收入增速有所下降，仅为 2.76%；但 2009 年的美国全球价值链人均收入快速增长，增速达 11.9%。日本 1995~2008 年的全球价值链人均收入波动频繁，但从整体上看，并没有多少增加；1995~1998 年下降较多，于 1997 年丧失了全球价值链人均收入最高的地位；1998~2000 年又持续增加，2000 年略超美国，之后在不断的起伏波动中与美国之间的差距在增大；与其他国家/地区在全球金融危机中的表现不同，2007~2009 年日本全球价值链人均收入持续增加，2009 年超过澳大利亚和德国，仅次于美国，位居第二。同制造业总体变化趋势相同，澳大利亚和德国低技术制造业行业的全球价值链人均收入均呈现先降后升的变化趋势，在 2001 年达到最低点，但之后澳大利亚该类型行业的全球价值链人均收入上升较快，与德国分别于 2006 和 2007 年超过日本；受金融危机的冲击，两国的全球价值链人均收入在 2009 年大幅下滑。与制造业总体相类似，2001 年之前，韩国和中国台湾低技术制造业行业的全球价值链人均收入差别不大；但韩国的全球价值链人均收入在 2001 年之后进入快速增长期，增速高达 13.08%；而中国台湾 2001~2007 年的全球价值链人均收入则相对比较平稳，维持在 1.82 万~2.31 万美元，总体呈现缓慢下降趋势；受金融危机的影响，2008~2009 年韩国和中国台湾的全球价值链人均收入均有不同程度的下降，韩国的下降幅度较大。墨西哥 1995~2008 年的全球价值链人均收入总体呈增加趋势，年均增速为 6.14%，仅次于中国大陆（9.67%），这种高速增长使其全球价值链人均收入于 2007 年、2008 年高于中国台湾；受金融危机的影响，2009 年墨西哥的全球价值链人均收入有所下滑。1995~2009 年，中国大陆和中国台湾全球价值链人均收入之间的差距在不断减小，从最高时（1996 年）的 2.8 万美元减小到 2009 年的最低值 1.16 万美元。

在中低技术制造业行业上，1995~2008 年，所有国家/地区的全球价值链人均收入在 2002 年之后出现了增长，其中增长最快的是中国大陆，其次为澳大利亚。快速的增长使得澳大利亚的全球价值链人均收入于 2000 年超过德国，并于 2006 年超过日本，自此澳大利亚成为该类型行业全球价值链人均收入第二大强国（2009 年除外）。日本的全球价值链人均收入一直高于德国，而德国的全球价值链人均收入一直高于韩国。中国台湾全球价值链人均收入的下降及墨西哥全球价值链人均收入的上升，导致 2006 年墨西哥的全球价值链收入超过中国台湾。中国台湾全球价值链人均收入的减少，使得中国大陆和中国台湾全球价值链人均收入之间的差距在不断缩小，从 1995 年的最大值 3.00 万美元缩小到 2009 年的最小值 1.30 万美元。而中国大陆和墨西哥全球价值链人均收入之间的差距却有所增加，从 1995 年的 1.14 万美元（最低值）增加到 2008 年的 2.53 万美元（最大值）。受到金融危机的冲击，美国、澳大利亚、德国、韩国、墨西哥、中国台湾的全球价值链人均收入均有所影响，其中所受冲击较为明显的是澳大利亚、德国、韩国和墨西哥。

中高和高技术制造业行业和制造业总体相比，有着类似的表现。在中高和高技术制造业行业上，1995～2008 年，澳大利亚和德国的全球价值链人均收入均呈现先降后升的变化趋势；2009 年，受金融危机的冲击，两国的全球价值链人均收入均大幅下滑，德国下降幅度更大。除 2001 年和 2008 年有所下降以外，美国的全球价值链人均收入在 1995～2009 年持续增加，年均增速高达 5.29%，高于其他国家/地区；这种高速增长，使得美国于 1998 年超过日本成为全球价值链人均收入最高的国家/地区，而后于 2000 年被日本超越一次，但自 2001 年起美国稳居全球价值链人均收入最高国家/地区的位置。日本的全球价值链人均收入波动较大，1995～1997 年和其他国家/地区相比位居第一位，但之后除被美国超过外，于 2006～2008 年又被德国超过；但是与其他国家/地区不同，日本全球价值链人均收入在 2007 年之后保持着较快的增长速度。1995～2009 年，澳大利亚的全球价值链人均收入均低于日本和德国，但高于韩国。1995～1999 年，中国台湾的全球价值链人均收入高于韩国，而 1999 年之后韩国的全球价值链人均收入增长速度加快，与中国台湾之间的距离拉大。墨西哥的全球价值链人均收入于 2003 年出现下滑，之后仍然平稳增加，2009 年，受到金融危机的影响，其全球价值链人均收入降幅较大，从而中国大陆和墨西哥全球价值链人均收入之间的差距有所减少。

（二）典型制造业行业分析：国际比较

同橡胶和塑料行业（行业 10）价值链上主要前向、后向关联经济体相比，中国在该行业上的全球价值链人均收入水平较低（见表 5－14）。考察 2008 年各国家/地区行业 10 的全球价值链人均收入，德国最高，其次是美国、日本、韩国，中国最低。从动态角度考察，1995～2008 年，中国该行业的全球价值链人均收入总体上有所上升，年均增速为 6.82%，高于其他国家/地区，但低于中低技术制造业行业全球价值链人均收入。其中，2004 年中国行业 10 的全球价值链人均收入出现较为明显的下滑，之后又以更高的速度增长，2004~2008 年的年均增速高达 18.30%。1995~2008年，德国行业 10 的全球价值链人均收入呈现明显的先降后升变化趋势，2001 年降到最低点（4.28 万美元），之后快速增长，2008 年超过美国。1995~2008 年，日本行业 10 的全球价值链人均收入的增长主要反映在 2002 年之后，2002~2008 年的年均增速为 5.34%，与 1995~2008 年及1995~2001 年的负增长形成强烈的反差。1995~2008 年，韩国行业 10 的

表 5 - 14　1995~2009 年行业 10、行业 14 全球价值链人均收入的国际比较

单位：千美元

行业\国家\年份	行业 10					行业 14		
	中国	德国	日本	韩国	美国	中国	美国	印度
1995	2.20	62.31	65.58	22.06	52.44	3.38	62.84	4.13
1996	2.63	61.47	58.01	23.34	56.61	3.88	64.95	3.57
1997	2.51	54.05	52.04	22.10	59.11	4.36	69.40	3.37
1998	2.35	53.75	48.46	19.26	61.69	4.81	71.49	3.17
1999	2.27	52.25	53.51	27.73	64.45	5.24	73.28	2.74
2000	2.47	44.13	56.76	26.55	63.25	6.05	82.03	3.41
2001	2.77	42.82	44.07	23.78	64.98	7.02	69.43	3.64
2002	3.13	48.45	43.82	26.27	69.73	8.10	83.01	3.56
2003	3.10	58.55	51.04	27.27	71.45	8.35	92.04	4.59
2004	2.65	67.25	60.43	28.37	74.89	8.58	110.29	5.91
2005	3.00	68.64	59.48	37.58	76.64	9.25	123.41	8.37
2006	3.53	72.97	53.60	41.95	76.34	11.28	135.12	10.54
2007	4.09	79.56	52.46	45.84	84.66	11.99	136.18	13.42
2008	5.19	83.33	59.87	37.61	74.98	14.31	144.39	14.81
2009	5.33	65.72	66.04	33.34	83.43	14.70	158.01	14.74
年均增长率　1995~2008	6.82	2.26	-0.70	4.19	2.79	11.74	6.61	10.32
年均增长率　1995~2001	3.91	-6.06	-6.41	1.26	3.64	12.95	1.68	-2.08
年均增长率　2002~2008	8.79	9.46	5.34	6.16	1.22	9.95	9.66	26.82

注：行业 10 为橡胶和塑料行业，行业 14 为电子与光学设备行业。

资料来源：笔者计算而得。

全球价值链人均收入总体上有所增长，但主要增长反映在 2001 年之后，2002～2008 年，其年均增长速度为 6.16%，高于 1995～2001 年的增长。美国行业 10 于 1995～2007 年的全球价值链人均收入整体呈现增长态势，2008 年受到金融危机的影响，该指标有所下滑，2009 年又迅速回升。除美国外，受金融危机的影响，德国、韩国的全球价值链人均收入均于 2009 年出现下降，而中国、日本的全球价值链人均收入仍在增加。

在电子与光学设备行业（行业 14）上，对比中国与各主要关联国家/地区 2008 年的全球价值链人均收入，美国最高，印度次之，中国略低于印度，是全球价值链人均收入最低的国家/地区（见表 5－14）。从动态角度考察，1995～2008 年，中国的全球价值链人均收入呈现持续增长趋势，从 1995 年的 0.34 万美元增长到 2008 年的 1.43 万美元，年均增速为 11.74%，高于另外两个国家/地区；1996～2006 年，中国的全球价值链人均收入高于印度，低于美国，但是自 2007 年起被印度超过，中国由此沦为全球价值链人均收入最低的国家/地区。与中高和高技术制造业行业的全球价值链人均收入相比，1995～2004 年，行业 14 的全球价值链人均收入高于中高和高技术制造业行业的全球价值链人均收入，但 2007 年之后整体低于中高和高技术制造业行业的全球价值链人均收入。美国的全球价值链人均收入在 1995～2009 年呈现增加态势，且增速有越来越快的趋势，2002～2008 年的年均增速为 9.66%，高于 1995～2001 年的 1.68%。印度的全球价值链人均收入在 1995～2009 年整体呈下降趋势，但在 2000 年之后有所上升，2000～2008 年，其年均增长速度高达 20.15%，超过同期中国 11.36% 的增长速度；全球价值链人均收入的高速增长使得印度的这一指标于 2007 年超过中国。

第四节　小结

贸易规模和行业结构是判断一国国际分工地位的重要传统指标，从增加值贸易角度，通过对中国制造业出口规模的进一步剖析，发现以下结论。第一，传统的总量贸易统计方法夸大了中国制造业的出口水平，总体上高估幅度超出了一倍；分技术类别制造业行业的分析表明，传统的统计方法尤其夸大了中高和高技术制造业行业的出口规模。平均来讲，中国迅速扩张的制造业出口中，增加值出口所占比重仅为一半左右；其中，中高和高技术制造业行业出口中增加值出口所占比重越来越小，而中低技术制造业行业出口中，增加值出口所占比重却不断增加。第二，利用增加值出口反映的贸易规模，是当前新型国际分工下，我国制造业比较优势结构的真实写照：中高和高技术行业由于没有掌握价值链的核心环节而获益较低，中低技术行业拥有比较优势而获益相对较高。

在增加值贸易核算的基础上，利用 CA 指数和 CTB 指数衡量国际竞争力，通过国际比较可以发现，中国只有在低技术制造业行业上国际竞争力水平才高于其他经济体，在中高和高技术制造业行业上国际竞争力水平低下，且低于多数经济体，但在持续增加。对典型制造业行业的分析发现，中国在橡胶和塑料行业（行业 10）上具有一定的国际竞争力，在国际市场上可以与德国竞争；在电子与光学设备行业（行业 14）上，中国的国际竞争力水平虽然在提高，但是与美国之间的差距仍然很大。

在制造业全球价值链上，尽管中国的获益能力在不断提升，总获益水平不断增加甚至超过德国、直追美国。然而通过人均获益能力分析，揭示出在制造业全球价值链上中国不管是在制造业总体上还是在分技术类别制造行业上，人均获益能力均比较差，反映出较低的分工地位。但可喜的是，中国制造业总体及分技术类别制造业行业全球价值链人均收入的增长和其他国家/地区相比是最高的，反映出国际分工地位的提升。

第六章 结论和政策建议

在传统的分工和贸易理论中，贸易被看作最终产品的跨国界流动，商品的生产均在各国内部完成。很显然，传统的理论框架与当前生产分割、跨国生产和生产环节分工的情况不符。在全球生产分割的情况下，价值链将各国连接起来融为一个体系，同时，中国融入国际垂直专业化分工体系的程度越来越深。在这种背景下，本书基于增加值视角，从垂直专业化和增加值贸易角度，基于一般均衡的分析框架下，分析了国际垂直专业化分工网络中的产业关联和国家/地区关联，进而从价值流动角度分析了中国制造业在国际垂直专业化分工体系中的地位。

本章对前文的分析做一简要的归纳和总结，并在此基础上提出提升我国制造业国际分工地位的政策建议。

第一节 主要结论

本书对中国制造业国际分工地位的分析从传统"商品流"角度转到"价值流"角度，通过对中国制造业融入国际垂直专业化分工体系的程度、模式、网络的演变反映中国制造业融入国际垂直专业化分工体系的情况，继而从增加值角度分析中国制造业在国际垂直专业化分工体系中的地位。

本书的理论分析（第二章）表明，产品生产环节上要素密集度差异和各国的要素禀赋差异仍然是决定分工和贸易模式的动因之一，资本丰裕的国家会专业化生产上游中间品，如零部件等，而劳动丰裕的国家会进口中间品进行加工，进而出口最终品；出口产品价格上升会使得处于下游加工环节的国家在该产品上的增加值占比降低。依据该理论分析，像中国这样的劳动丰裕国家参与国际垂直专业化分工，一般承接产品生产中劳动密集型的下游加工环节，即使出口产品价格上升，其增加值占比，也即在全球中的获益比率也是减少的。

本书的经验事实分析和实证研究主要集中于第三章、第四章和第五章三个部分，对于分析的角度及结论总结如下。

第一，本书利用 WIOD 非竞争型投入产出表、国际投入产出表分析了中国制造业融入国际垂直专业化分工体系中的程度。研究发现，总体上中国制造业融入国际垂直专业化体系的程度在上升；其中，中高和高技术制造业行业的融入程度最高且上升速度最快。在此背景下，笔者在区分了中间品的进口来源和产成品的出口方向的基础上，通过计算垂直专业化比率勾勒了中国制造业融入国际垂直专业化分工体系的垂直专业化链条。结果表明，中国制造业融入国际垂直专业化分工体系有从"三角模式"转到"欧美—中国—欧美"模式的迹象，转折点为 2001 年，与中国加入 WTO时间相符。影响中国制造业融入国际垂直专业化分工体系的因素分析显示，劳动力成本优势仍然是中国制造业融入国际垂直专业化分工体系的根本因素；关税的降低和经济刺激政策的实施也为中国制造业融入国际垂直专业化分工体系起到重要的激励作用；同时，中国制造业专业化程度的提升和产业集聚的力量也为中国制造业融入国际垂直专业化分工体系夯实了基础。

第二，针对在制造业国际垂直专业化分工网络上，各国家/地区产业间关联程度如何，笔者结合产业关联系数和平均产业链长度，勾画了 1995～2009 年制造业国际垂直专业化分工网络，并进行了归类。分析发现，制造业国际垂直专业化分工网络"区块化"特征非常明显，随着时间发展，制造业国际垂直专业化分工从区域融合发展到网络融合，形成复杂、交叉的网络结构。

第三，中国制造业融入国际垂直专业化分工体系是从融入东亚区块开始的，且在国际垂直专业化分工网络中的重要性、地位不断提升，和其他国家/地区的联系从单一关联逐步演变成多边、网状联系。通过勾画制造业主导行业的价值链，形象地展示出中国制造业主导行业价值链上的主要关联国家/地区和关联产业。对于中国和其他经济体的国家/地区关联和产业关联如何，又如何变化，本书利用国际投入产出表做了分析。分析发现，除 2009 年受到金融危机的冲击外，中国制造业在国际垂直专业化分工体系中的国家/地区关联、各行业的国际关联均在不断增加，其中，欧美同中国的关联越来越重要；另外，中国行业 8（焦炭、石油炼制和核燃料行业）、行业 9（化学和化工产品行业）、行业 10（橡胶和塑料行业）和行业 14（电子与光学设备行业）的国际影响力比较大。

第四，考虑到国际垂直专业化分工网络中价值的流动，本书用增加值贸易核算方法重新衡量了中国制造业的出口水平，并将其与传统的总量贸易统计方法衡量的中国制造业出口水平做了比较。从增加值贸易角度衡量中国制造业的出口水平，中国制造业出口规模缩小，平均缩小了 1/2，最多接近 60%（2008 年）。尽管中国的出口呈现高技术特征，但是中高和高技术出口中，增加值出口所占比重却越来越小，反映出，表面上中高和高技术制造业行业出口已经成为中国制造业出口的"中流砥柱"，但事实上，其出口的价值中有很大部分是其他国家创造的，我国从中获益不多。

第五，在用增加值贸易核算方法衡量了贸易额的基础上，计算了 CA 指数和 CTB 指数以反映国际竞争力，通过行业分析和国际对比研究了中国制造业在国际垂直专业化分工体系的国际竞争力。研究发现，中国制造业只有在低技术行业上具备国际竞争力，中高和高技术制造业行业尽管国际竞争力水平在不断提升，但是和其他国家/地区相比仍缺乏国际竞争力。在典型制造业行业上，橡胶和塑料行业（行业 10）具有一定的国际竞争力，在国际市场上可以与德国竞争；电子与光学设备行业（行业 14）的国际竞争力虽然在提高，与美国之间的差距仍然非常大。

第六，从价值流动角度考察全球价值链上的要素获益，可以发现中国在制造业全球价值链上总获益水平不断提升，分别于 2000 年和 2006 年超过德国和日本，并直追美国。然而通过人均获益能力分析发现，在制造业全球价值链上中国不管是在制造业总体上还是在分技术类别制造业行业上，人均获益能力均比较差，反映出较低的分工地位。但是，中国制造业总体及分技术类别制造业全球价值链人均收入的增长速度超过其他国家，反映出国际分工地位的提升。

第七，世界经济中重大事件的发生都有可能引发国际分工格局的重新调整和利益的重新分配，这一点可以通过基于增加值贸易的国际竞争力指标在低技术制造业行业上的国际比较及全球价值链人均收入的国际比较看出，2001 年中国加入 WTO 及 2008 年全球金融危机的冲击对制造业国际竞争力和制造业全球价值链上利益分配均产生了影响。

第八，中国融入国际垂直专业化分工体系主要依赖于中国国内良好的经济和制度环境、劳动力成本优势和较高的专业化生产能力，资本积累和技术投入仍有不足。因此，中国参与国际垂直专业化分工主要承担加工环节。在这样的情况下，中国在国际垂直专业化分工体系中难免处于被支配地位，国际分工地位不高。

第二节　政策建议

由第一节中的主要结论，可以得到如下启示。第一，尽管中国制造业出口规模不断增加，但其中增加值出口所占比重并不高，尤其是中高和高技术制造业行业出口，说明中国制造业出口获益能力还有待于提高。第二，随着产品内分工的进一步细化，要提高在国际分工中的地位，量的扩张是一方面，更重要的是产业链环节上的提升和对价值链关键、核心环节的把握，实现全球价值链上获益能力的提升。因此，政策导向上也应关注对具体经济行为的引导。第三，世界金融危机后，面对全球范围内新贸易保护主义的抬头及美国"再工业化"战略可能引起的国际分工格局新调整，一方面应关注贸易格局背后的利益分配，另一方面也应重视技术创新，以自主创新的核心技术构筑中国制造业的核心竞争力，提升其在全球价值链上的获益能力。由此，提出以下具体政策建议。

一　以自主创新的核心技术构筑中国制造业的核心竞争力

前文的分析表明，长期以来，中国是以劳动力成本优势融入国际垂直专业化分工体系中的，以价格优势在国际市场同其他经济体竞争，因此在国际垂直专业化分工体系中投入了较多的劳动力而获得的利益却比较少。随着人口红利的逐步消失，劳动力成本优势以及价格竞争是难以为继的，要在国际垂直专业化分工体系中获得更多的利益，必须依赖技术创新进而掌握价值链关键环节。因此，应加大技术研发投资力度，以自主创新的核心技术构筑中国制造业的核心竞争力，提升中国制造业在国际垂直专业化分工体系中的地位。

在全球价值链上，中国长期处于劳动密集型制造环节，在这个环节，竞争激烈，获利水平较低；而在技术密集型环节，由于技术垄断存在，获益水平较高。要在全球价值链上获得更多的利益，提升国际分工地位，技术创新是必经之路。熊彼特将创新视为企业攫取的垄断利润的来源，他认为创新体现在以下几个方面："引进一种新的产品或提高一种产品的质量；采用一种新的生产方法；开辟一个新的市场；获得一种原料或半成品的新的供给来源；实行一种新的组织形式等等"，企业的长期发展依赖创新，其中在技术创新上实现良好的循环，是企业自身成长的关键。因此，政策的制定应注重激励制造业向高增加值、高技术的全球价值链环节发展，注重引导核心技术的研发与自主品牌的打造和国际化推广，加强以前瞻性的技术投入和高质量的技术打造制造业，力争在全球价值链上的若干重要环节实现自主创新的新跨越。

二 重视人力资本的积累，加大对教育的投入

技术进步和技术创新，人才是关键。中国作为发展中大国，尽管劳动力资源丰富，但是受到自身发展条件的约束，丰富的劳动力资源中，非熟练劳动力居多，这极大地影响了中国在参与国际垂直专业化分工的过程中对新技术、新方法的学习和掌握。当前，生产的无国界化导致知识传播和技术溢出速度加快，从这个角度看，全球价值链是知识传播、技术外溢的强大载体。另外，以跨国公司作为生产全球化的主要推动者，在全球范围内布置价值链环节的过程中，也需要考虑当地劳动者素质和要素禀赋情况。若当地劳动者具有较高的素质，则该地区有可能承接到价值链中比较高端的环节，正如 Kim（1997）所说，转移的知识只有被接受者完全掌握了，知识的溢出才算有效完成。提升知识水平和能力除了"干中学"外，还有另外一种，即自主学习和创新，这种方法在培育创新能力方面尤为重要。基于这一点，为培育创新人才，必须重视对人力资本的投资，这包括对教育、培训、健康等多方面的投资。

对中国来说，尽管历年来用于教育的公共支出逐年增加，占 GDP 的比重也逐步增加，但是仍不及国际垂直专业化分工体系中其他主要经济体。当今人才及其知识水平已成为全球竞争的关键，中国劳动力资源丰富，但

劳动者素质欠佳，特别是农村地区的状况更为严重。因此，一方面要加大教育投入，另一方面也应注意教育资源的合理分配。加大教育投入是提升劳动者素质水平和能力的必要途径，对于教育投入不足的中国来说，更应该重视加大教育投资。

中国作为制造业大国，在国际垂直专业化分工体系中负责产品的具体生产环节，需要大量的专业技术人员；另外，在当今信息传播、技术扩散速度加快的情况下，产品技术更迭较为频繁，需要技术人员及时掌握新的操作方法和手段。因此，也应重视专业的技术培训，形成良好的技术培训体系，这对于中国制造业在国际垂直专业化分工体系中及时把握技术动向、掌握技术，向高技术制造环节攀升尤为重要。

中国有句俗语"身体是革命的本钱"，健康的体魄（包括心灵和肉体）是劳动者参与生产、创造价值的根本。尊重劳动者的生命健康权，为其提供良好的医疗卫生保障，不仅仅是维持劳动者生产能力的必要，更是保证国民素质的根本。

三　进一步优化产业结构，以生产性服务业打造主导行业竞争力

本书所说的主导行业是在国际市场上关联度比较高，具有影响力的行业，与其他行业相比，主导行业会产生明显的带动效应。主导行业的良好发展可以通过与国外产业对接，以及中间品的循环使用，产生良好的价值增值效应。在全球经济复苏艰难的情况下，主导行业在一定程度上可以作为经济增长的驱动源。

中国制造业全球价值链人均收入较低的事实反映出，中国制造业在全球生产过程中"物质形态"投入较多，而"无形"投入相对较少，从而附加值较低，为突破这一点，应大力发展生产性服务业。生产性服务业作为与制造业直接相关的配套行业，以人力资本和知识资本作为主要投入品，通过把日益专业化的人力资本和知识资本引进制造业，可以推动我国生产供给结构的优化，提升出口产品的附加值水平和非价格竞争力，从而使我国制造业摆脱主要依靠价格竞争、在全球价值链上获益不高的不利局面。

过去，我国将产业结构调整的重点放在比例关系调整上。随着中国产业结构比例的逐步协调和国际分工模式的转变，在国际市场上，要赢

得竞争优势，掌握全球价值链的高端位置，必须掌控价值链的关键环节。因此，对产业结构的调整应放到突破研发、设计、营销、品牌培育、技术服务、供应链管理、专门化分工等制约产业结构优化升级的关键环节和生产性服务业上，重点培育我国企业在"微笑曲线"两端的竞争优势。具体说来，可以从以下几个角度进行产业结构的调整：对于传统的优势产业，通过产品创新、管理创新、营销创新等措施，让其以新颖性维持并扩大竞争优势；对于新型产业，通过扩大规模、引入竞争优化生产模式、降低生产成本，推动其国际竞争力的提升；培育战略性新兴产业，战略性新兴产业代表了未来科技和产业发展的新方向，当前，为推动全球经济的复苏，各国纷纷将经济增长的重点寄托于战略性新兴产业的发展上，可以说谁最先掌握了战略性新兴产业，谁就掌握了经济增长的动力。

四　强化制度创新，为技术创新的顺利实施提供有利的制度保障

当前，以垂直专业化分工为主要形式的国际分工纵深化发展趋势明显，顺应这个趋势，为保证中国制造业更深入地融入国际垂直专业化分工网络、逐步提升中国制造业在国际垂直专业化分工体系中的地位，一定的制度保障是必要的。制度的设定要围绕以下几点：交易成本的降低；产业专业化水平，及产品生产环节生产能力的提升；生产和利益分配过程中的公平竞争和利益保护。因此，应减少政府管制，营造良好的营商环境，降低交易成本；完善知识产权保护制度，降低从事研究开发、品牌营销等附加价值高端环节的风险；推动竞争、减少垄断，逐步形成市场自发形成的规模经济和产业聚集；制定和完善提升自主创新能力的相关规划和产业政策。

总之，垂直专业化生产中产品环节的分工，使得资源在全球范围内有效配置，一国处于何种国际分工地位很大程度上取决于该国的要素禀赋、技术能力等情况。从增加值视角，抓住全球价值链的核心环节是提升自身在国际垂直专业化分工体系中的地位的关键，而核心技术、关键环节正是价值链的核心。当前，世界金融危机后，各国面临着全球范围内可能存在的产业结构调整及由此带来的国际分工格局新调整，中国要把握机遇。一方面，在加大对人力资本投资的同时，应以前瞻性的技术投入和高质量的

技术改造引领产业结构整体升级；通过自主创新，提高中国企业在国际垂直专业化分工体系中的地位与获益能力。另一方面，为保证制造业整体水平的提升，提升投融资、研发设计、系统集成等专业服务能力是有必要的；实施人才战略培育和引进一大批具备国际化视野、全球化运营意识并且能熟练驾驭全球性管理工具的高端产业人才，提升现代服务业与制造业的融合度。

参考文献

[1] CCER 课题组:《中国出口贸易中的垂直专门化与中美贸易》,《世界经济》2006 年第 5 期,第 3~11 页。

[2] 陈丰龙、徐康宁:《国际生产网络与地区发展差距:中国的经验研究》,《财贸经济》2012 年第 5 期,第 45~53 页。

[3] 陈宏易:《从国际垂直分工的观点探讨台湾贸易的形态及其变动》,《台湾经济预测与政策》2002 年第 2 期,第 60~92 页。

[4] 陈继勇、刘威:《产品内分工视角下美中贸易失衡中的利益分配》,《财经问题研究》2008 年第 11 期,第 111~116 页。

[5] 陈锡康:《投入产出方法》,人民出版社,1983,第 35~40 页。

[6] 单豪杰:《中国资本存量 K 的再估算:1952~2006 年》,《数量经济技术经济研究》2008 年第 1 期,第 25~35 页。

[7] 樊纲、关志雄、姚枝仲:《国际贸易结构分析:贸易品的技术分布》,《经济研究》2006 年第 8 期,第 70~80 页。

[8] 高越、李荣林:《国际生产分割、技术进步与产业结构升级》,《世界经济研究》2011 年第 12 期,第 78~83 页。

[9] 郭晶、赵越:《高技术产业国际分工地位的影响因素:基于完全国内增加值率视角的跨国实证》,《国际商务(对外经济贸易大学学报)》2012 年第 2 期,第 87~95 页。

[10] 胡昭玲:《国际垂直专业化分工与贸易研究综述》,《南开经济研究》2006 年第 5 期,第 12~26 页。

[11] 胡昭玲:《国际垂直专业化对发展中国家的影响与启示》,《经济经纬》2006 年第 5 期,第 35~38 页。

[12] 胡昭玲:《国际垂直专业化对中国工业竞争力的影响分析》,《财经研

究》2007 年第 4 期，第 18～27 页。

[13] 胡昭玲：《产品内国际分工对中国工业生产率的影响分析》，《中国工业经济》2007 年第 6 期，第 3～37 页。

[14] 胡昭玲、张蕊：《中国制造业参与产品内国际分工的影响因素分析》，《世界经济研究》2008 年第 3 期，第 3～8 页。

[15] 黄先海、韦畅：《中国制造业出口垂直专业化程度的测度与分析》，《管理世界》2007 年第 4 期，第 158～159 页。

[16] 黄先海、杨高举：《中国高技术产业的国际分工地位研究：基于非竞争型投入占用产出模型的跨国分析》，《世界经济》2010 年第 5 期，第 82～100 页。

[17] 李晓、张建平：《东亚产业关联与经济相互依赖性——基于 AIIOT 2000 的实证分析》，《世界经济研究》2010 年第 4 期，第 72～79 页。

[18] 刘建江、杨细珍：《产品内分工视角下中美贸易失衡中的贸易利益研究》，《国际贸易问题》2011 年第 8 期，第 68～80 页。

[19] 刘庆林等：《国际生产分割的生产率效应》，《经济研究》2010 年第 2 期，第 32～43 页。

[20] 刘志彪、吴福象：《全球化经济中的生产非一体化——基于江苏投入产出表的实证研究》，《中国工业经济》2005 年第 7 期，第 12～20 页。

[21] 刘遵义、陈锡康、杨翠红等：《非竞争型投入占用产出模型及其应用——中美贸易顺差透视》，《中国社会科学》2007 年第 5 期，第 91～103 页。

[22] 卢锋：《产品内分工》，《经济学》（季刊）2004 年第 4 期，第 55～82 页。

[23] 孟猛：《中国在国际分工中的地位：基于出口最终品全部技术含量与国内技术含量的跨国比较》，《世界经济研究》2012 年第 3 期，第 17～21 页。

[24] 欧阳秋珍、陈昭：《国际贸易、技术溢出和利益分配失衡》，《世界经济研究》2011 年第 9 期，第 36～43 页。

[25] 彭支伟：《东亚生产与贸易一体化》，博士学位论文，南开大学国际经济与贸易系，2009，第 60～68 页。

[26] 邱斌、叶龙凤、孙少勤：《参与全球生产网络对我国制造业价值链提升影响的实证研究——基于出口复杂度的分析》，《中国工业经济》2012 年第 1 期，第 57～67 页。

[27] 沈利生、王恒：《增加值率下降意味着什么》，《经济研究》2006 年第 3 期，第 59～66 页。

[28] 盛斌、马涛：《中国工业部门垂直专业化与国内技术含量的关系研究》，《世界经济研究》2008 年第 8 期，第 61～67 页。

[29] 施炳展：《中国出口产品的国际分工地位研究——基于产品内分工的视角》，《世界经济研究》2010 年第 1 期，第 56～62 页。

[30] 唐海燕、张会清：《中国在新型国际分工体系中的地位——基于价值链视角的分析》，《国际贸易问题》2009（a）年第 2 期，第 18～26 页。

[31] 唐海燕、张会清：《产品内国际分工与发展中国家的价值链提升》，《经济研究》2009（b）年第 9 期，第 81～93 页。

[32] 王子龙等：《产业集聚水平测度的实证研究》，《中国软科学》2006 年第 3 期，第 25～33 页。

[33] 文东伟：《中国制造业出口的技术复杂度及其跨国比较研究》，《世界经济研究》2011 年第 6 期，第 39～43 页。

[34] 文东伟、冼国明：《垂直专业化与中国制造业贸易竞争力》，《中国工业经济》2009 年第 6 期，第 77～87 页。

[35] 文东伟、冼国明：《中国制造业的垂直专业化与出口增长》，《经济学》（季刊）2010 年第 2 期，第 467～494 页。

[36] 肖文、林高榜：《产业集聚和外国直接投资区位选择——基于长三角地区经济发展的视角》，《国际贸易问题》2008 年第 7 期，第 82～86 页。

[37] 徐康宁、王剑：《要素禀赋、地理因素与新国际分工》，《中国社会科学》2006 年第 6 期，第 65～77 页。

[38] 徐毅、张二震：《外包与生产率：基于工业行业数据的经验研究》，《经济研究》2008 年第 1 期，第 103～113 页。

[39] 姚洋、张晔：《中国出口品国内技术含量升级的动态研究——来自全国及江苏省、广东省的证据》，《中国社会科学》2008 年第 2 期，第 67～82 页。

[40] 喻春娇、陈咏梅、张洁莹：《中国融入东亚生产网络的贸易利益——基于 20 个工业部门净附加值的分析》，《财贸经济》2010 年第 2 期，第 70～77 页。

[41] 张明志、李春盛：《中国产品内贸易发展的国际地位与地理方向特征——基于电子机械类产品的经验研究》，《国际贸易问题》2007 年第 7 期，第 16～23 页。

[42] 张小蒂、孙景蔚：《基于垂直专业化分工的中国产业国际竞争力分析》，《世界经济》2006 年第 5 期，第 12～21 页。

[43] 张亚雄、赵坤：《区域间投入产出分析》，社会科学文献出版社，2006，第 142～150 页。

[44] 曾铮、张路路：《全球生产网络体系下中美贸易利益分配的界定——基于中国制造业贸易附加值的研究》，《世界经济研究》2008 年第 1 期，第 36～43 页。

[45] Albino, V., et al., "Input-output Models for the Analysis of a Local/Global Supply Chain," *International Journal of Production Economics* 2 (2002): 119 – 131.

[46] Amiti, M., C. Freund, "China's Growing Role in World Trade: The Anatomy of China's Export Growth," *Research Working Papers* (2011): 1 – 29.

[47] Amiti, M., Wei Shang-Jin, "Service Offshoring, Productivity, and Employment: Evidence from the United States," IMF Working Paper 05/238, 2005.

[48] Ando, M., F. Kimura, "The Formation of International Production and Distribution Networks in East Asia: International Trade in East Asia," NBER Working Paper No. 10167, 2003.

[49] Arndt, S. W., "Globalization and the Open Economy," *The North American Journal of Economics and Finance* 1 (1997): 71 – 79.

[50] Arndt, S. W., "Supper-specialization and the Gains from Trade," *Contemporary Economic Policy* 4 (1998): 480 – 485.

[51] Athukorala, P., N. Yamashita, *Patterns and Determinants of Production Fragmentation in World Manufacturing Trade* (Cambridge: Cambridge Uni-

versity Press, 2008), pp. 45 – 72.

[52] Athukorala, P., "Product Fragmentation and Trade Patterns in East A-sia," *Asian Economic Papers* 3 (2005): 1 – 27.

[53] Athukorala, P., "Production Networks and Trade Patterns in East Asia: Re-gionalization or Globalization?" *Asian Economic Papers* 1 (2011): 65 – 95.

[54] Balassa, B., *Comparative Advantage, Trade Policy and Economic Development* (New York: New York University Press, 1989), p. 45.

[55] Balassa, B., *Trade Liberalization among Industrial Countries* (New York: McGraw Hill, 1967), p. 77.

[56] Balassa, B., "Trade Liberalization and 'Revealed' Comparative Advan-tage," *The Manchester School Economic and Social Studies Journal* 2 (1965): 99 – 123.

[57] Baldwin, R., A. Venables, "Relocating the Value Chain: Offshoring and Agglomeration in the Global Economy," NBER Working Papers No. 16611, 2010.

[58] Baldwin, R., F. Robert-Nicoud, "Trade-in-goods and Trade-in-tasks: An Integrating Framework," NBER Working Papers No. 15882, 2010.

[59] Bergin, P. R., et al., "Offshoring and Volatility: Evidence from Mexico's Maquiladora Industry," *American Economic Review* 4 (2009): 1664 – 1671.

[60] Bond, E. W., "Commercial Policy in a 'Fragmented' World," *American Economic Review* 2 (2001): 358 – 362.

[61] Branstetter, L., N. Lardy, "China's Embrace of Globalization," NBER Working Paper No. 12373, 2006.

[62] Bridgman, B., "The Rise of Vertical Specialization Trade," *Journal of International Economics* 1 (2012): 133 – 140.

[63] Campa, J., L. S. Goldberg, "The Evolving External Orientation of Manufacturing Industries: Evidence from Four Countries," NBER Work-ing Paper No. 5919, 1997.

[64] Chenery, H. B., T. Watanabe, "International Comparisons of the Struc-ture of Production," *Econometrica* 4 (1958): 487 – 521.

[65] Cheng, L., H. Kierzkowski, *Global Production and Trade in East Asia* (New York: Kluwer Academic Press, 2001), p. 33.

[66] Coase, R. H., "The Nature of the Firm," *Economica* 4 (1937): 386 – 405.

[67] Coe, D. T., et al., "North-south R&D Spillovers," NBER Working Paper No. 5048, 1995.

[68] Coe, D. T., E. Helpman, "International R&D Spillovers," *European Economic Review* 5 (1995): 859 – 887.

[69] Curran, L., S. Zignago, "Evolution of EU and Its Member States' Competitiveness in International Trade," *Ssrn Electronic Journal* 2 (2010): 73 – 77.

[70] Daudin, G., et al., "Who Produces for Whom in the World Economy?" *Canadian Journal of Economics* 4 (2011): 1403 – 1437.

[71] Davidson, C., S. J. Matusz, *International Trade with Equilibrium Unemployment* (Princeton: Princeton University Press, 2009), p. 78.

[72] Dean, J. M., et al., "Measuring the Vertical Specialization in Chinese Trade," USITC Office of Economics Working Paper No. 2007 – 01 – A, 2007.

[73] Deardorff, A. V., "Fragmentation in Simple Trade Models," *The North American Journal of Economics and Finance* 2 (2001): 121 – 137.

[74] Deardorff, A. V., "The General Validity of the Heckscher-Ohlin Theorem," *American Economic Review* 4 (1982): 683 – 694.

[75] Deardorff, A. V. "Gains from Trade and Fragmentation," in S. Brakman and H. Garretsen, eds., *Foreign Direct Investment and the Multinational Enterprise* (Massachusetts: MIT Press, 2008), p. 155.

[76] Dietzenbacher, E., I. Romero, "Production Chains in an Interregional Framework: Identification by Means of Average Propagation Lengths," *International Regional Science Review* 4 (2007): 362 – 383.

[77] Dietzenbacher, E., "The Measurement of Interindustry Linkages: Key Sectors in the Netherlands," *Economic Modelling* 4 (1992): 419 – 437.

[78] Diewert, W. E., "Hicks' Aggregation Theorem and the Existence of a Real Value Added Function," *Contributions to Economic Analysis* 2 (1978):

17 – 51.

[79] Diewert, W. E. , "Functional Forms for Revenue and Factor Requirements Functions," *International Economic Review* 1 (1974): 119 – 130.

[80] Dixit, A. K. , G. M. Grossman, "Trade and Protection with Multistage Production," *The Review of Economic Studies* 4 (1982): 583 – 594.

[81] Dornbusch, R. , et al. , "Comparative Advantage, Trade and Payments in a Ricardian Model with a Continuum of Goods," *American Economic Review* 5 (1977): 823 – 839.

[82] Eckel, C. , "International trade, Flexible Manufacturing, and Outsourcing," *Canadian Journal of Economics* 4 (2009): 1449 – 1472.

[83] Egger, H. , P. Egger, "The Determinants of EU Processing Trade," *The World Economy* 2 (2005): 147 – 168.

[84] Eichengreen, B. , M. Hatase, "Can a Rapidly-Growing Export-Oriented Economy Smoothly Exit an Exchange Rate Peg? Lessons for China from Japan's High-Growth Era," NBER Working Paper No. 11625, 2005.

[85] Feenstra, R. C. , G. H. Hanson, "Aggregation Bias in the Factor Content of Trade: Evidence from U. S. Manufacturing," *American Economic Review* 2 (2000): 155 – 160.

[86] Feenstra, R. C. , G. H. Hanson, "Foreign Investment, Outsourcing and Relative Wages," NBER Working Paper No. 5121, 1995.

[87] Feenstra, R. C. , G. H. Hanson, "Globalization, Outsourcing, and Wage Inequality," *American Economic Review* 2 (1996): 240 – 245.

[88] Feenstra, R. C. , G. H. Hanson, "Ownership and Control in Outsourcing to China: Estimating the Property-Rights Theory of the Firm," *The Quarterly Journal of Economics* 2 (2005): 729 – 761.

[89] Feenstra, R. C. , G. H. Hanson, "The Impact of Outsourcing and High-Technology Capital on Wages: Estimates for the United States, 1979 – 1990," *The Quarterly Journal of Economics* 3 (1999): 907 – 940.

[90] Feenstra, R. C. , "Integration of Trade and Disintegration of Production in the Global Economy," *The Journal of Economic Perspectives* 4 (1998): 31 – 50.

[91] Findlay, R. , "Some Aspects of Technology Transfer and Direct Foreign

Investment," *American Economic Review* 2 (1978): 275 – 279.

[92] Finger, J. M., M. E. Kreinin, "A Measure of 'Export Similarity' and Its Possible Uses," *The Economic Journal* (1979): 905 – 912.

[93] Flam, H., E. Helpman, "Vertical Product Differentiation and North-South Trade," *American Economic Review* 5 (1987): 810 – 822.

[94] Fontagné, L., et al., "Specialization across Varieties and North-South Competition," *Economic Policy* 53 (2008): 51 – 91.

[95] Fontagné, L., et al., "Statistical Analysis of EC Trade in Intermediate Products," EU Commission Working Document, 1997.

[96] Fontagné, L., "Spécialisation et protection en présence de biens intermédiaires échangés," *Revue économique* 1 (1991): 51 – 74.

[97] Fujita, M., J. Thisse, "Globalization and the Evolution of the Supply Chain: Who Gains and Who Loses?" *International Economic Review* 3 (2006): 811 – 836.

[98] Fukasaku, K., F. Kimura, "Globalisation and Intra-firm Trade: Further Evidence," in J. P. Lloyd, ed., *Frontiers of Research in Intra-Industry Trade* (New York: Palgrave MacMillan, 2002), p. 56.

[99] Gaulier, G., et al., "China's Integration in Asian Production Networks and Its Implications," RIETI Discussion Paper, 2004.

[100] Gaulier, G., F. Lemoine, D. ünal-Kesenci, "China's Integration in East Asia: Production Sharing, FDI & High-Tech Trade," CEPII Working Paper No. 2005 – 09, 2005.

[101] Ghosh, A., "Input-Output Approach in an Allocation System," *Economica* (1958): 58 – 64.

[102] Grossman, G. M., E. Helpman, "Comparative Advantage and Long-Run Growth," NBER Working Paper No. 2809, 1991.

[103] Grossman, G. M., E. Helpman, "Complementarities between Outsourcing and Foreign Sourcing," *American Economic Review* 2 (2005): 19 – 24.

[104] Grossman, G. M., E. Helpman, "Integration versus Outsourcing in Industry Equilibrium," *The Quarterly Journal of Economics* 1 (2002): 85 – 120.

[105] Grossman, G. M., E. Helpman, "Managerial Incentives and the Inter-

national Organization of Production," *Journal of International Economics* 2 (2004): 237 – 262.

[106] Grossman, G. M., E. Helpman, "Outsourcing versus FDI in Industry Equilibrium," *Journal of the European Economic Association* 1 (2003): 317 – 327.

[107] Grossman, G. M., E. Helpman, "Separation of Powers and the Budget Process," *Journal of Public Economics* (2005): 407 – 425.

[108] Grossman, G. M., E. Rossi-Hansberg, "Trading Tasks: A Simple Theory of Offshoring," NBER Working Papers No. 12721, 2006.

[109] Grubel, H. G., P. J. Lloyd, "Intra-industry Trade: the Theory and Measurement of International Trade in Differentiated Products," *Journal of International Economics* 6 (1975): 312 – 314.

[110] Görg, H., "Fragmentation and Trade: US Inward Processing Trade in the EU," *Review of World Economics* 3 (2000): 403 – 422.

[111] Hallak, J. C., P. K. Schott, "Estimating Cross-Country Differences in Product Quality," *The Quarterly Journal of Economics* 1 (2011): 417 – 474.

[112] Hausmann, R., et al., "What You Export Matters," *Journal of Economic Growth* 1 (2007): 1 – 25.

[113] Helleiner, G. K., "Manufactured Exports from Less-Developed Countries and Multinational Firms," *Economic Journal* (1973): 21 – 47.

[114] Henderson, J. V., "Efficiency of Resource Usage and City Size," *Journal of Urban Economics* 19 (1986): 47 – 70.

[115] Hirschman, A. O., *The Strategy of Economic Development* (Boulder: Westview Press, 1958), p. 94.

[116] Hummels, D., et al., "The Nature and Growth of Vertical Specialization in World Trade," *Journal of International Economics* 1 (2001): 75 – 96.

[117] Hummels, D., et al., "Vertical Specialization and the Changing Nature of World Trade," *Economic Policy Review* 2 (1998): 79 – 99.

[118] Hummels, D., P. J. Klenow, "The Variety and Quality of a Nation's Trade," NBER Working Paper No. 8712, 2002.

[119] Ishii, J., K. M. Yi, "The Growth of World Trade," Federal Reserve Bank Research Paper No. 9718, 1997.

[120] Johnson, R. C. , G. Noguera, "Accounting for Intermediates Production Sharing and Trade in Value Added," *Journal of International Economics* 2 (2012): 224 – 236.

[121] Johnson, R. C. , G. Noguera, "Fragmentation and Trade in Value Added over Four Decades," NBER Working Paper No. 18186, 2012.

[122] Jones, L. P. , "The Measurement of Hirschmanian Linkages," *The Quarterly Journal of Economics* 2 (1976): 323 – 333.

[123] Jones, R. W. , H. Kierzkowski, "Globalization and the Consequences of International Fragmentation," in R. Dornbusch, G. Calvo, and M. Obstfeld, eds. , *Money, FactorMobility and Trade* (MA: The MIT Press, 2001), p. 141.

[124] Jones, R. W. , H. Kierzkowski, "International Trade and Agglomeration: An Alternative Framework," *Journal of Economics* 10 (2005): 1 – 16.

[125] Jones, R. W. , H. Kierzkowski, "The Role of Services in Production and International Trade Atheoretical Framework," in Ronald Jones and Anne Krueger, eds. , *The Political Economy of International Trade* (Oxford: Basil Blackwell, 1990), pp. 31 – 48.

[126] Jones, R. W. , R. Findlay, "Input Trade and the Location of Production," *American Economic Review* 2 (2001): 29 – 33.

[127] Jones, R. W. , "A Framework for Fragmentation," in S. W. Arndt and H. Kierzkowski, eds. , *Fragmentation: New Production Patterns in the World Economy* (Oxford: Oxford University Press, 2001), p. 103.

[128] Jones, R. W. , "The Structure of Simple General Equilibrium Models," *Journal of Political Economy* 6 (1965): 557 – 572.

[129] Keller, W. , "The Geography and Channels of Diffusion at the World's Technology Frontier," NBER Working Paper No. 8150, 2001.

[130] Kemp, M. C. , "Generalizations of the Stolper-Samuelson and Samuelson-Rybczynski Theorems in Terms of Conditional Input-Output Coefficients," *International Economic Review* 3 (1969): 414 – 425.

[131] Kim, L. , "The Dynamics of Samsung's Technological Learning in Semiconductor," *California Management Review* 3 (1997): 86 – 101.

［132］ Kimura, F. , Y. Takahashi, "International Trade and FDI with Frag-mentation: The Gravity Model Approach," Working Paper, 2004.

［133］ Kohler, W. , "International Outsourcing and Factor Prices with Multi-stage Production," *The Economic Journal* 114 (2004): C166 – C185.

［134］ Koopman, R. , et al. , "Give Credit Where Credit is Due: Tracing Value Added in Global Production Chains," NBER Working Paper No. 16426, 2010.

［135］ Koopman, R. , et al. , "How much of Chinese Exports is Really Made in China? Assessing Domestic Value-Added When Processing Trade is Per-vasive," NBER Working Paper No. 14109, 2008.

［136］ Krugman, P. , A. J. Venables, "Globalization and the Inequality of Na-tions," *The Quarterly Journal of Economics* 4 (1995): 857 – 880.

［137］ Krugman, P. , et al. , "Growing World Trade: Causes and Conse-quences," *Brookings Papers on Economic Activity* 1 (1995): 327 – 377.

［138］ Krugman, P. , *Geography and Trade* (MA: MIT Press, 1991), p. 234.

［139］ Krugman, P. , "Increasing Returns and Economic Geography," *Journal of Political Economy* 3 (1991): 483 – 499.

［140］ Krugman, P. R. , "Technology, Trade and Factor Prices," *Journal of International Economics* 1 (2000): 51 – 71.

［141］ Lall, S. , et al. , "The 'Sophistication' of Exports: A New Trade Meas-ure," *World Development* 2 (2006): 222 – 237.

［142］ Lall, S. , "The Technological Structure and Performance of Developing Country Manufactured Exports, 1985 – 98," *Oxford Development Studies* 3 (2000): 337 – 369.

［143］ Lassudrie-Duchêne, B. , "L'échange International avec Segmentation des Produits," in B. Lassudrie-Duchêne and J. L. Reiffers, eds. , *Le Protection-isme* (Paris: Economica, 1985), p. 83.

［144］ Leontief, W. , "Structure of the World Economy: Outline of a Simple In-put-Output Formulation," *American Economic Review* 6 (1974): 823 – 834.

［145］ Leontief, W. , "Structural Matrices of National Economies," *Econometrica* 17 (1949): 273 – 282.

［146］ Levchenko, A. A. , "Institutional Quality and International Trade," *The Review of Economic Studies* 3 (2007): 791 – 819.

［147］ Lucas, R. E. , "On the Mechanics of Economic Growth," *Journal of Monetary Economics* 1 (1988): 3 – 42.

［148］ Manger, M. S. , "Vertical Trade Specialization and the Formation of North-South PTAs," *World Politics* 4 (2012): 622 – 658.

［149］ Markusen, J. R. , A. J. Venables, "A Multi-Country Approach to Factor-Proportions Trade and Trade Costs," NBER Working Paper 11051, 2005.

［150］ Markusen, J. R. , "Modeling the Offshoring of White-Collar Services: From Comparative Advantage to the New Theories of Trade and FDI," NBER Working Paper No. 11827, 2005.

［151］ Markusen, J. R. , "Trade versus Investment Liberalization," NBER Working Papers No 6231, 1997.

［152］ McLaren, J. , " 'Globalization' and Vertical Structure," *American Economic Review* 5 (1996): 1239 – 1254.

［153］ Melitz, M. , "Firm Productivity Estimation in Differentiated Product Industries," Harvard University Open Scholar Working Paper 14404, 2000.

［154］ Miranda, S. M. , Y. Kim, "Professional versus Political Contexts: Institutional Mitigation and the Transaction Cost Heuristic in Information Systems Outsourcing," *MIS Quarterly* 3 (2006): 725 – 753.

［155］ Mussa, M. , "Tariffs and the Distribution of Income: The Importance of Factor Specificity, Substitutability, and Intensity in the Short and Long Run," *The Journal of Political Economy* 6 (1974): 1191 – 1203.

［156］ Ng, F. , A. Yeats, *Production Sharing in East Asia: Who Does What for Whom, and Why?* (New York: Springer US, 2015), pp. 63 – 72.

［157］ Ng, F. , A. Yeats, "Major Trade Trends in East Asia: What are Their Implications for Regional Cooperation and Growth?" World Bank Development Research Group Policy Research Working Paper No. 3084, 2003.

［158］ Nordås, H. K. , "Fragmented Production: Regionalization of Trade?" WTO Staff Working Paper ERSD – 2003 – 01, 2003a.

[159] Nordås, H. K. , "Vertical Specialization and the Quality of Infrastructure," WTO Staff Working Paper ERSD - 2003 - 04, 2003b.

[160] Nunn, N. , "Relationship-specificity, Incomplete Contracts, and the Pattern of Trade," *The Quarterly Journal of Economics* 2 (2007): 569 - 600.

[161] Pol, A. , H. Elhanan, "Global Sourcing," *Journal of Political Economy* 3 (2004): 552 - 580.

[162] Porter, M. E. , *Competitive Advantage, Creating and Sustaining Superior Performance* (New York: Free Press, 1985), p. 76.

[163] Rasmussen, P. N. , *Studies in Intersectoral Relations* (Amsterdam: North-Holland, 1956), pp. 55 - 80.

[164] Reimer, J. J. , "Global Production Sharing and Trade in the Services of Factors," *Journal of International Economics* 2 (2006): 384 - 408.

[165] Rodrik, D. , "What's So Special about China's Exports?" China & World Economy 5 (2006): 1 - 19.

[166] Romer, P. M. , "Increasing Returns and Long-Run Growth," *Journal of Political Economy* 5 (1986): 1002 - 1037.

[167] Sanyal, K. K. , R. W. Jones, "The Theory of Trade in Middle Products," *American Economic Review* 1 (1982): 16 - 31.

[168] Sanyal, K. K. , "Vertical Specialization in a Ricardian Model with a Continuum of Stages of Production," *Economica* (1983): 71 - 78.

[169] Schott, P. K. , "Across-Product versus Within-Product Specialization in International Trade," *The Quarterly Journal of Economics* 2 (2004): 647 - 678.

[170] Schott, P. K. , "The Relative Sophistication of Chinese Exports," *Economic Policy* (2007): 5 - 49.

[171] Schultz, T. W. , "Capital Formation by Education," *Journal of Political Economy* 6 (1960): 571 - 572.

[172] Shearer, D. , "Outsourcing War," *Foreign Policy* (1998): 68 - 81.

[173] Spencer, B. J. , "International Outsourcing and Incomplete Contracts," *Canadian Journal of Economics* 4 (2005): 1107 - 1135.

[174] Srholec, M. , "High-tech Exports from Developing Countries: A Symp-

tom of Technology Spurts or Statistical Illusion?" *Review of World Economics* 2 (2007): 227 – 255.

[175] Stehrer, R. , "Trade in Value Added and the Value Added in Trade," WIOD Working Paper No. 8, 2012.

[176] Sturgeon, T. J. , "How Do We Define Value Chains and Production Networks?" *IDS Bulletin* 3 (2009): 9 – 18.

[177] Swenson, D. L. , "Multinationals and the Creation of Chinese Trade Linkages," *Canadian Journal of Economics* 2 (2008): 596 – 618.

[178] Timmer, M. , A. A. Erumban, B. Los, R. Stehrer, G. J. D. Vries, "Slicing up Global Value Chains," *Journal of Economic Perspectives* 2 (2014): 99 – 118.

[179] Timmer, M. , et al. , "New Measures of European Competitiveness: A Global Value Chain Perspective on Manufacturing," WIOD Working Paper No. 9, 2012.

[180] Timmer, M. P. , "The World Input-Output Database (WIOD): Contents, Sources and Methods," Iide Discussion Papers, 2012, p. 70.

[181] Tybout, J. R. , M. D. Westbrook, "Trade Liberalization and the Dimensions of Efficiency Change in Mexican Manufacturing Industries," *Journal of International Economics* 1 (1995): 53 – 78.

[182] Vanek, J. , "The Factor Proportions Theory: The N-Factor Case," *Kyklos* 4 (1968): 749 – 756.

[183] Varian, H. R. , "An iPod Has Global Value: Ask the (many) Countries that Make It," *New York Times*, June 28, 2007.

[184] Venables, A. J. , "Fragmentation and Multinational Production," *European Economic Review* 4 (1999): 935 – 945.

[185] Vollrath, T. L. , "A Theoretical Evaluation of Alternative Trade Intensity Measures of Revealed Comparative Advantage," *Weltwirtschaf clichés Archives* (1991): 265 – 280.

[186] Waene, R. D. , "Intermediate Goods in International Trade with Variable Proportions and Two Primary Inputs," *The Quarterly Journal of Economics* 2 (1971): 225 – 236.

［187］ Wall, D. , et al. , "Effective Tariff Protection," *Economic Journal* (1972): 326.

［188］ Wang, Zhi, Wei Shang-Jin, "What Accounts for the Rising Sophistication of China's Exports?" NBER Working Papers No. 13771, 2010.

［189］ Woodland, A. D. , "Joint Outputs, Intermediate Inputs and International Trade Theory," *International Economic Review* 3 (1977): 517 – 533.

［190］ WTO, IDE-JETRO, *Trade Patterns and Global Value Chains in East Asia: From Trade in Goods to Trade in Tasks* (WTO, 2011), p. 95.

［191］ Yang, Xiaokai, *Economics: New Classical Versus Neoclassical Frameworks* (New Jersey: Wiley-Blackwell, 2001), p. 88.

［192］ Yeats, A. J. , "Just How Big is Global Production Sharing?" in S. W. Arndt and H. Kierzkowski, eds. , *Fragmentation: New Production Patterns in the World Economy* (Oxford: Oxford University Press, 2001), pp. 108 – 143.

［193］ Yi, K. M. , "Can Vertical Specialization Explain the Growth of World Trade?" *Journal of Political Economy* 1 (2003): 52 – 102.

［194］ Yu, Miaojie "Processing Trade, Firm Productivity, and Tariff Reductions: Evidence from Chinese Products," Macroeconomics Working Papers, 2010: 1846 – 1849.

附　录

附录一　公式推导

证明：$Y' \times TFL = TBL \times Y$。

$\because a_{ij} = \dfrac{X_{ij}}{Y_j}$，$b_{ij} = \dfrac{X_{ij}}{Y_i}$

$\therefore b_{ij} = \dfrac{a_{ij} \times Y_j}{Y_i}$

$\therefore$ 题中等式的矩阵表达式为：$B = \hat{Y}^{-1} A \hat{Y}$

$\therefore G = \hat{Y}^{-1} L \hat{Y}$

$$\begin{aligned} \therefore Y' \times TFL &= Y' \times G \times U \\ &= Y' \times \hat{Y}^{-1} \times L \times \hat{Y} \times U \\ &= U' \times L \times Y \\ &= TBL \times Y \end{aligned}$$

附录二　国家、行业名称和代码

表 1　WIOD 制造业行业名称、代码及技术分类

IO 行业代码	NACE 代码	制造业名称	技术类别
3	15t16	食品、饮料和烟草行业	低技术制造业
4	17t18	纺织和纺织品行业	低技术制造业
5	19	皮革和鞋类行业	低技术制造业
6	20	木材和木材产品和软木行业	低技术制造业
7	21t22	纸浆、纸、纸张、印刷和出版行业	低技术制造业
8	23	焦炭、石油炼制和核燃料行业	中低技术制造业
9	24	化学和化工产品行业	中高技术制造业
10	25	橡胶和塑料行业	中低技术制造业
11	26	其他非金属矿物行业	中低技术制造业
12	27t28	基本金属和金属行业	中低技术制造业
13	29	其他机械设备行业	中高技术制造业
14	30t33	电子和光学设备行业	30、32、33 为高技术制造业 HT；31 为中高技术制造业
15	34t35	运输设备行业	中高技术制造业
16	36t37	其他制造业，回收利用业	低技术制造业

资料来源：Timmer, M. P. , "The World Input-Output Database（WIOD）: Contents, Sources and Methods," Iide Discussion Papers, 2012, p. 70。

表 2　第三章产业聚集度计算涉及的行业名称及对应代码

行业代码	行业名称	行业代码	行业名称
1	农副食品加工业	8	木材加工及木、竹、藤、棕、草制品业
2	食品制造业	9	家具制造业
3	饮料制造业	10	造纸及纸制品
4	烟草制品业	11	印刷业和记录媒介的复制
5	纺织业	12	文教体育用品制造业
6	纺织服装、鞋、帽制造业	13	石油加工、炼焦及核燃料加工业
7	皮革、毛皮、羽毛（绒）及其制品业	14	化工原料及化学制品制造业

行业代码	行业名称	行业代码	行业名称
15	医药制造业	23	通用设备制造业
16	化学纤维制造业	24	专用设备制造业
17	橡胶制品业	25	交通运输设备制造业
18	塑料制品	26	电气机械及器材制造业
19	非金属矿物制业	27	通信设备、计算机及其他电子设备制造业
20	黑色金属冶炼及压延加工业	28	仪器仪表及文化、办公用机械制造业
21	有色金属冶炼及压延加工业	29	工艺品及其他制造业
22	金属制品业		

资料来源：中国国家统计局数据库，行业代码系笔者为方便分析自行设置的。

表3　WIOD国家/地区名称及代码

国家/地区	代码	国家/地区	代码	国家/地区	代码	国家/地区	代码	国家/地区	代码
澳大利亚	AUS	印度	IND	德国	DEU	土耳其	TUR	中国大陆	CHN
巴西	BRA	日本	JPN	欧盟	EU	中国台湾	TWN	墨西哥	MEX
加拿大	CAN	韩国	KOR	印度尼西亚	IDN	美国	USA	世界其他国家	ROW

附录三　垂直专业化链条及国家/地区间、产业间关联

表 1　典型制造业行业的垂直专业化比率：同时考虑进口来源和出口方向

单位：%

行业	出口目的地	进口来源地									
		1995 年					2000 年				
		EU	JPN	KOR	TWN	USA	EU	JPN	KOR	TWN	USA
8	EU	0.13	0.13	0.07	0.07	0.06	0.26	0.17	0.15	0.12	0.08
	JPN	0.10	0.10	0.05	0.06	0.05	0.20	0.13	0.12	0.09	0.06
	KOR	0.02	0.03	0.01	0.01	0.01	0.17	0.11	0.10	0.08	0.05
	TWN	0.01	0.01	0.01	0.01	0.01	0.03	0.02	0.02	0.01	0.01
	USA	0.13	0.14	0.08	0.08	0.07	0.22	0.14	0.13	0.10	0.06
9	EU	0.48	0.54	0.44	0.41	0.33	0.48	0.48	0.50	0.44	0.24
	JPN	0.32	0.36	0.29	0.28	0.22	0.28	0.27	0.28	0.25	0.14
	KOR	0.12	0.13	0.11	0.10	0.08	0.16	0.15	0.16	0.14	0.08
	TWN	0.06	0.07	0.06	0.05	0.04	0.08	0.08	0.08	0.08	0.04
	USA	0.55	0.62	0.51	0.48	0.38	0.51	0.51	0.52	0.47	0.26
10	EU	0.63	0.81	0.76	0.82	0.42	0.67	0.71	0.71	0.75	0.33
	JPN	0.29	0.37	0.35	0.38	0.19	0.32	0.33	0.33	0.35	0.16
	KOR	0.03	0.04	0.04	0.04	0.02	0.04	0.04	0.04	0.04	0.02
	TWN	0.03	0.03	0.03	0.03	0.02	0.05	0.06	0.06	0.06	0.03
	USA	0.69	0.88	0.83	0.89	0.46	0.70	0.73	0.73	0.78	0.34
12	EU	0.44	0.75	0.30	0.31	0.26	0.37	0.53	0.34	0.36	0.16
	JPN	0.36	0.62	0.24	0.26	0.22	0.33	0.47	0.30	0.32	0.14
	KOR	0.11	0.19	0.08	0.08	0.07	0.13	0.19	0.12	0.13	0.06
	TWN	0.08	0.14	0.06	0.06	0.05	0.16	0.23	0.14	0.15	0.07
	USA	0.44	0.75	0.30	0.31	0.26	0.50	0.71	0.45	0.48	0.21
13	EU	0.58	0.85	0.32	0.41	0.30	0.59	0.73	0.41	0.49	0.24
	JPN	0.25	0.36	0.13	0.17	0.13	0.30	0.37	0.21	0.25	0.13
	KOR	0.04	0.06	0.02	0.03	0.02	0.05	0.06	0.03	0.04	0.02

续表

行业	出口目的地	进口来源地									
		1995 年					2000 年				
		EU	JPN	KOR	TWN	USA	EU	JPN	KOR	TWN	USA
13	TWN	0.05	0.08	0.03	0.04	0.03	0.06	0.07	0.04	0.05	0.02
	USA	0.81	1.19	0.44	0.57	0.42	0.97	1.20	0.67	0.80	0.40
14	EU	0.65	1.19	0.48	0.71	0.52	0.87	1.09	0.67	1.00	0.48
	JPN	0.32	0.58	0.23	0.35	0.26	0.39	0.49	0.30	0.45	0.22
	KOR	0.08	0.16	0.06	0.09	0.07	0.19	0.23	0.15	0.21	0.10
	TWN	0.08	0.15	0.06	0.09	0.07	0.14	0.17	0.11	0.16	0.08
	USA	0.94	1.74	0.70	1.03	0.76	1.23	1.55	0.96	1.42	0.68
15	EU	0.70	0.90	0.32	0.46	0.35	0.79	0.75	0.40	0.49	0.28
	JPN	0.29	0.37	0.13	0.19	0.15	0.28	0.27	0.14	0.17	0.10
	KOR	0.04	0.05	0.02	0.03	0.02	0.07	0.06	0.03	0.04	0.02
	TWN	0.04	0.05	0.02	0.02	0.02	0.06	0.06	0.03	0.04	0.02
	USA	0.69	0.88	0.32	0.45	0.35	0.80	0.76	0.40	0.49	0.28

行业	出口目的地	进口来源地									
		2004 年					2009 年				
		EU	JPN	KOR	TWN	USA	EU	JPN	KOR	TWN	USA
8	EU	0.36	0.24	0.19	0.15	0.11	0.12	0.06	0.05	0.03	0.05
	JPN	0.18	0.12	0.09	0.07	0.06	0.06	0.03	0.02	0.01	0.03
	KOR	0.08	0.05	0.04	0.03	0.03	0.05	0.02	0.02	0.01	0.02
	TWN	0.03	0.02	0.01	0.01	0.01	0.02	0.01	0.01	0.00	0.01
	USA	0.18	0.12	0.09	0.08	0.06	0.08	0.04	0.03	0.02	0.03
9	EU	0.67	0.50	0.51	0.44	0.28	0.66	0.39	0.37	0.23	0.36
	JPN	0.33	0.25	0.25	0.22	0.14	0.27	0.16	0.15	0.10	0.15
	KOR	0.22	0.17	0.17	0.15	0.09	0.22	0.13	0.13	0.08	0.12
	TWN	0.16	0.12	0.12	0.10	0.07	0.17	0.10	0.09	0.06	0.09
	USA	0.76	0.57	0.58	0.50	0.32	0.60	0.36	0.34	0.21	0.33
10	EU	0.84	0.73	0.69	0.67	0.38	0.80	0.58	0.50	0.35	0.48
	JPN	0.46	0.40	0.38	0.37	0.21	0.42	0.31	0.26	0.18	0.25

行业	出口 目的地	进口来源地									
		2004 年					2009 年				
		EU	JPN	KOR	TWN	USA	EU	JPN	KOR	TWN	USA
10	KOR	0.07	0.06	0.06	0.06	0.03	0.08	0.06	0.05	0.03	0.05
	TWN	0.07	0.06	0.06	0.05	0.03	0.04	0.03	0.02	0.02	0.02
	USA	1.03	0.89	0.85	0.82	0.47	0.81	0.59	0.51	0.35	0.48
12	EU	0.48	0.43	0.31	0.27	0.20	0.53	0.34	0.23	0.15	0.43
	JPN	0.45	0.41	0.29	0.26	0.18	0.27	0.17	0.11	0.07	0.22
	KOR	0.46	0.42	0.30	0.26	0.19	0.27	0.18	0.12	0.08	0.22
	TWN	0.24	0.22	0.16	0.14	0.10	0.09	0.06	0.04	0.03	0.07
	USA	0.63	0.57	0.41	0.36	0.26	0.48	0.31	0.21	0.13	0.39
13	EU	1.30	1.06	0.62	0.64	0.41	1.19	0.70	0.48	0.36	0.56
	JPN	0.61	0.50	0.29	0.30	0.19	0.42	0.25	0.17	0.13	0.20
	KOR	0.12	0.10	0.06	0.06	0.04	0.17	0.10	0.07	0.05	0.08
	TWN	0.13	0.11	0.06	0.06	0.04	0.10	0.06	0.04	0.03	0.05
	USA	2.03	1.66	0.97	1.01	0.65	1.16	0.69	0.47	0.35	0.55
14	EU	1.02	1.23	0.91	1.49	0.58	0.93	0.87	0.79	1.11	0.67
	JPN	0.50	0.60	0.44	0.72	0.28	0.31	0.29	0.26	0.37	0.22
	KOR	0.22	0.27	0.20	0.33	0.13	0.18	0.17	0.15	0.21	0.13
	TWN	0.14	0.17	0.13	0.21	0.08	0.11	0.10	0.09	0.13	0.08
	USA	1.43	1.72	1.28	2.09	0.81	1.08	1.01	0.91	1.28	0.77
15	EU	1.32	0.99	0.57	0.54	0.36	1.31	0.85	0.47	0.30	0.50
	JPN	0.57	0.43	0.25	0.23	0.15	0.34	0.22	0.12	0.08	0.13
	KOR	0.12	0.09	0.05	0.05	0.03	0.23	0.15	0.08	0.05	0.09
	TWN	0.09	0.07	0.04	0.04	0.03	0.06	0.04	0.02	0.02	0.02
	USA	1.51	1.13	0.66	0.62	0.41	0.72	0.47	0.26	0.17	0.27

注：国家/地区代码及对应的国家/地区名称见附录二中表3，加底色数字反映了行业最主要的垂直专业化链条。

资料来源：笔者计算而得。

表 2　制造业总体国家/地区间的后向关联

年份	经济体	AUS	EU	BRA	CAN	CHN	IDN	IND	JPN	KOR	MEX	RUS	TUR	TWN	USA
1995	AUS	—	0.004	0.002	0.006	0.011	0.018	0.005	0.008	0.027	0.003	0.002	0.003	0.022	0.003
	EU	0.102*	—	0.066	0.106	0.058	0.102	0.086	0.025	0.093	0.079	0.130	0.154	0.142	0.075
	BRA	0.003	0.005	—	0.005	0.003	0.005	0.002	0.003	0.008	0.007	0.003	0.003	0.007	0.005
	CAN	0.011	0.007	0.008	—	0.007	0.007	0.006	0.008	0.016	0.015	0.003	0.003	0.015	0.041
	CHN	0.017	0.008	0.004	0.015	—	0.021	0.010	0.010	0.036	0.007	0.005	0.012	0.027	0.010
	IDN	0.012	0.002	0.001	0.002	0.009	—	0.004	0.005	0.012	0.002	0.001	0.002	0.014	0.002
	IND	0.003	0.003	0.001	0.002	0.002	0.005	—	0.003	0.004	0.002	0.003	0.003	0.005	0.002
	JPN	0.040	0.020	0.013	0.046	0.075	0.112	0.026	—	0.129	0.039	0.012	0.012	0.192	0.043
	KOR	0.011	0.006	0.008	0.013	0.040	0.043	0.009	0.011	—	0.011	0.007	0.007	0.040	0.013
	MEX	0.001	0.003	0.002	0.011	0.001	0.001	0.001	0.001	0.002	—	0.001	0.001	0.003	0.015
	RUS	0.001	0.018	0.002	0.003	0.006	0.004	0.009	0.003	0.010	0.002	—	0.037	0.014	0.003
	TUR	0.000	0.002	0.000	0.001	0.001	0.001	0.001	0.000	0.001	0.000	0.005	—	0.002	0.001
	TWN	0.010	0.004	0.003	0.008	0.038	0.018	0.003	0.006	0.012	0.007	0.001	0.003	—	0.010
	USA	0.053	0.044	0.039	0.372	0.040	0.046	0.023	0.030	0.104	0.346	0.018	0.021	0.137	—
1996	AUS	—	0.004	0.002	0.006	0.012	0.022	0.006	0.011	0.032	0.003	0.002	0.004	0.030	0.003
	EU	0.096	—	0.069	0.103	0.050	0.096	0.086	0.027	0.098	0.081	0.112	0.177	0.134	0.076
	BRA	0.003	0.005	—	0.005	0.002	0.004	0.002	0.003	0.007	0.007	0.002	0.004	0.007	0.004
	CAN	0.010	0.007	0.008	—	0.006	0.007	0.005	0.007	0.016	0.018	0.003	0.002	0.013	0.042
	CHN	0.018	0.008	0.004	0.016	—	0.019	0.010	0.013	0.040	0.008	0.004	0.009	0.031	0.010

续表

年份	经济体＼经济体	AUS	EU	BRA	CAN	CHN	IDN	IND	JPN	KOR	MEX	RUS	TUR	TWN	USA
1996	IDN	0.013	0.003	0.001	0.002	0.008	—	0.007	0.006	0.014	0.002	0.001	0.003	0.014	0.002
	IND	0.003	0.003	0.001	0.003	0.002	0.004	—	0.001	0.004	0.002	0.002	0.003	0.004	0.002
	JPN	0.035	0.018	0.012	0.037	0.059	0.089	0.018	—	0.113	0.034	0.009	0.011	0.168	0.037
	KOR	0.011	0.006	0.006	0.010	0.039	0.038	0.010	0.013	—	0.013	0.006	0.008	0.042	0.011
	MEX	0.001	0.002	0.002	0.012	0.001	0.001	0.001	0.002	0.003	—	0.001	0.001	0.003	0.017
	RUS	0.002	0.018	0.003	0.003	0.008	0.003	0.008	0.003	0.010	0.002	—	0.035	0.012	0.003
	TUR	0.000	0.003	0.000	0.001	0.001	0.001	0.001	0.000	0.002	0.001	0.005	—	0.001	0.001
	TWN	0.010	0.004	0.003	0.008	0.037	0.017	0.004	0.007	0.013	0.008	0.001	0.004	—	0.009
	USA	0.055	0.045	0.038	0.369	0.033	0.040	0.024	0.035	0.103	0.369	0.015	0.022	0.124	—
1997	AUS	—	0.004	0.002	0.006	0.013	0.025	0.007	0.013	0.036	0.003	0.001	0.006	0.031	0.003
	EU	0.095	—	0.072	0.104	0.054	0.090	0.079	0.028	0.100	0.082	0.134	0.206	0.130	0.078
	BRA	0.003	0.006	—	0.005	0.003	0.005	0.002	0.003	0.007	0.007	0.006	0.005	0.007	0.005
	CAN	0.015	0.008	0.009	—	0.006	0.007	0.006	0.008	0.017	0.017	0.003	0.004	0.014	0.042
	CHN	0.021	0.011	0.005	0.019	—	0.024	0.014	0.017	0.056	0.010	0.007	0.010	0.041	0.013
	IDN	0.019	0.003	0.002	0.003	0.008	—	0.008	0.008	0.017	0.002	0.001	0.003	0.016	0.002
	IND	0.004	0.003	0.001	0.003	0.003	0.006	—	0.002	0.005	0.002	0.002	0.004	0.006	0.003
	JPN	0.038	0.020	0.014	0.042	0.065	0.097	0.019	—	0.122	0.036	0.011	0.014	0.183	0.038
	KOR	0.015	0.006	0.006	0.011	0.043	0.039	0.010	0.015	—	0.014	0.008	0.010	0.050	0.012
	MEX	0.001	0.003	0.003	0.014	0.001	0.001	0.001	0.002	0.003	—	0.001	0.001	0.003	0.018

年份	经济体	AUS	EU	BRA	CAN	CHN	IDN	IND	JPN	KOR	MEX	RUS	TUR	TWN	USA
1997	RUS	0.001	0.020	0.003	0.004	0.007	0.003	0.009	0.004	0.009	0.003	—	0.022	0.012	0.003
	TUR	0.001	0.004	0.000	0.002	0.001	0.001	0.001	0.000	0.001	0.001	0.008	—	0.001	0.001
	TWN	0.011	0.004	0.004	0.010	0.040	0.018	0.003	0.008	0.013	0.009	0.001	0.004	—	0.010
	USA	0.059	0.051	0.045	0.400	0.036	0.043	0.026	0.040	0.119	0.375	0.019	0.032	0.141	—
	AUS	—	0.004	0.002	0.007	0.011	0.040	0.008	0.011	0.040	0.004	0.002	0.005	0.031	0.003
1998	EU	0.099	—	0.077	0.108	0.047	0.117	0.087	0.028	0.093	0.089	0.157	0.196	0.139	0.075
	BRA	0.002	0.006	—	0.005	0.002	0.007	0.002	0.002	0.006	0.007	0.010	0.005	0.006	0.004
	CAN	0.015	0.007	0.009	—	0.005	0.011	0.006	0.007	0.019	0.018	0.003	0.003	0.012	0.040
	CHN	0.025	0.012	0.005	0.020	—	0.033	0.015	0.017	0.055	0.014	0.010	0.011	0.047	0.014
	IDN	0.017	0.002	0.001	0.002	0.006	—	0.006	0.005	0.014	0.002	0.001	0.002	0.014	0.002
	IND	0.004	0.004	0.002	0.004	0.003	0.007	—	0.001	0.005	0.003	0.003	0.004	0.006	0.003
	JPN	0.039	0.019	0.013	0.048	0.058	0.099	0.020	—	0.117	0.035	0.013	0.015	0.176	0.034
	KOR	0.026	0.006	0.006	0.013	0.040	0.042	0.012	0.012	—	0.016	0.010	0.012	0.051	0.011
	MEX	0.002	0.003	0.003	0.014	0.001	0.001	0.001	0.002	0.003	—	0.002	0.001	0.003	0.016
	RUS	0.002	0.019	0.003	0.005	0.006	0.003	0.008	0.003	0.011	0.004	—	0.028	0.011	0.004
	TUR	0.001	0.005	0.000	0.002	0.001	0.001	0.001	0.000	0.001	0.001	0.007	—	0.001	0.001
	TWN	0.011	0.005	0.003	0.010	0.036	0.022	0.003	0.007	0.012	0.009	0.001	0.004	—	0.009
	USA	0.060	0.049	0.043	0.401	0.032	0.053	0.027	0.037	0.129	0.380	0.022	0.028	0.126	—
1999	AUS	—	0.004	0.003	0.007	0.011	0.025	0.006	0.011	0.035	0.004	0.004	0.003	0.034	0.003

续表

年份	经济体	AUS	EU	BRA	CAN	CHN	IDN	IND	JPN	KOR	MEX	RUS	TUR	TWN	USA
1999	EU	0.099	—	0.095	0.110	0.057	0.080	0.078	0.027	0.087	0.089	0.179	0.202	0.129	0.076
	BRA	0.002	0.005	—	0.006	0.002	0.005	0.002	0.002	0.005	0.006	0.015	0.003	0.005	0.004
	CAN	0.013	0.007	0.010	—	0.005	0.008	0.005	0.006	0.013	0.020	0.003	0.003	0.011	0.042
	CHN	0.026	0.013	0.006	0.019	—	0.025	0.019	0.018	0.055	0.014	0.016	0.011	0.047	0.014
	IDN	0.015	0.002	0.001	0.003	0.006	—	0.006	0.005	0.016	0.002	0.001	0.002	0.014	0.002
	IND	0.005	0.004	0.002	0.004	0.003	0.005	—	0.001	0.006	0.003	0.005	0.005	0.005	0.003
	JPN	0.036	0.020	0.015	0.046	0.063	0.051	0.019	—	0.122	0.037	0.013	0.013	0.169	0.032
	KOR	0.017	0.006	0.007	0.011	0.040	0.031	0.011	0.011	—	0.018	0.010	0.010	0.048	0.011
	MEX	0.002	0.003	0.003	0.017	0.001	0.001	0.001	0.001	0.003	—	0.001	0.001	0.004	0.018
	RUS	0.001	0.014	0.003	0.002	0.006	0.002	0.006	0.003	0.008	0.002	—	0.042	0.010	0.003
	TUR	0.001	0.004	0.000	0.002	0.001	0.001	0.001	0.000	0.001	0.001	0.007	—	0.001	0.001
	TWN	0.011	0.005	0.004	0.009	0.038	0.013	0.003	0.007	0.015	0.009	0.002	0.003	—	0.009
	USA	0.054	0.051	0.051	0.396	0.033	0.038	0.030	0.032	0.116	0.380	0.027	0.026	0.120	—
2000	AUS	—	0.004	0.003	0.006	0.013	0.027	0.005	0.013	0.037	0.003	0.004	0.004	0.035	0.004
	EU	0.094	—	0.092	0.109	0.065	0.076	0.075	0.029	0.092	0.090	0.164	0.214	0.130	0.081
	BRA	0.002	0.006	—	0.006	0.003	0.004	0.002	0.002	0.005	0.007	0.006	0.004	0.006	0.005
	CAN	0.015	0.009	0.011	—	0.008	0.010	0.007	0.006	0.012	0.023	0.003	0.004	0.012	0.046
	CHN	0.028	0.017	0.008	0.008	—	0.038	0.020	0.019	0.063	0.018	0.012	0.015	0.058	0.016
	IDN	0.013	0.003	0.002	0.003	0.007	—	0.005	0.007	0.019	0.003	0.001	0.003	0.017	0.002

195

续表

年份	经济体	AUS	EU	BRA	CAN	CHN	IDN	IND	JPN	KOR	MEX	RUS	TUR	TWN	USA
2000	IND	0.004	0.004	0.003	0.007	0.005	0.010	—	0.002	0.007	0.003	0.007	0.008	0.007	0.004
	JPN	0.038	0.024	0.018	0.045	0.069	0.086	0.020	—	0.130	0.040	0.014	0.015	0.191	0.034
	KOR	0.016	0.008	0.009	0.013	0.044	0.034	0.008	0.013	—	0.019	0.009	0.010	0.050	0.011
	MEX	0.002	0.005	0.003	0.019	0.001	0.001	0.001	0.002	0.003	—	0.002	0.001	0.005	0.020
	RUS	0.002	0.022	0.004	0.003	0.007	0.002	0.005	0.003	0.009	0.003	—	0.031	0.009	0.003
	TUR	0.001	0.005	0.001	0.002	0.001	0.001	0.001	0.000	0.001	0.001	0.006	—	0.002	0.001
	TWN	0.011	0.006	0.005	0.009	0.042	0.016	0.004	0.010	0.018	0.010	0.002	0.004	—	0.010
	USA	0.057	0.059	0.054	0.388	0.037	0.041	0.027	0.034	0.105	0.391	0.027	0.032	0.119	—
2001	AUS	—	0.004	0.003	0.005	0.011	0.031	0.007	0.012	0.032	0.002	0.003	0.004	0.033	0.003
	EU	0.088	—	0.107	0.107	0.068	0.086	0.072	0.032	0.095	0.089	0.172	0.221	0.126	0.080
	BRA	0.002	0.006	—	0.005	0.003	0.004	0.002	0.002	0.006	0.007	0.009	0.004	0.005	0.004
	CAN	0.014	0.008	0.011	—	0.007	0.008	0.006	0.007	0.012	0.023	0.003	0.003	0.011	0.047
	CHN	0.030	0.018	0.011	0.024	—	0.045	0.023	0.023	0.071	0.022	0.014	0.016	0.061	0.017
	IDN	0.015	0.003	0.002	0.002	0.007	—	0.005	0.007	0.019	0.002	0.001	0.004	0.017	0.002
	IND	0.004	0.004	0.004	0.007	0.005	0.011	—	0.002	0.007	0.003	0.006	0.008	0.007	0.003
	JPN	0.036	0.021	0.019	0.038	0.064	0.080	0.017	—	0.118	0.042	0.014	0.018	0.156	0.029
	KOR	0.014	0.006	0.011	0.011	0.039	0.039	0.008	0.013	—	0.016	0.009	0.010	0.041	0.008
	MEX	0.002	0.004	0.003	0.018	0.001	0.001	0.001	0.002	0.002	—	0.002	0.001	0.004	0.018
	RUS	0.002	0.020	0.005	0.002	0.008	0.004	0.005	0.003	0.012	0.002	—	0.051	0.007	0.003

续表

年份	经济体\经济体	AUS	EU	BRA	CAN	CHN	IDN	IND	JPN	KOR	MEX	RUS	TUR	TWN	USA
2001	TUR	0.001	0.005	0.001	0.001	0.001	0.001	0.001	0.000	0.001	0.001	0.006	—	0.002	0.001
	TWN	0.009	0.005	0.004	0.007	0.039	0.015	0.004	0.008	0.017	0.012	0.002	0.004	—	0.008
	USA	0.054	0.057	0.061	0.365	0.037	0.044	0.030	0.035	0.096	0.334	0.028	0.037	0.117	—
	AUS	—	0.004	0.003	0.006	0.010	0.025	0.008	0.012	0.029	0.002	0.002	0.005	0.027	0.003
	EU	0.086	—	0.106	0.105	0.074	0.072	0.078	0.031	0.089	0.088	0.165	0.238	0.121	0.080
2002	BRA	0.002	0.006	—	0.007	0.004	0.005	0.003	0.002	0.006	0.008	0.007	0.004	0.007	0.005
	CAN	0.016	0.007	0.010	—	0.007	0.007	0.006	0.006	0.011	0.020	0.003	0.005	0.010	0.044
	CHN	0.034	0.019	0.014	0.027	—	0.045	0.028	0.025	0.084	0.030	0.014	0.020	0.068	0.019
	IDN	0.016	0.003	0.002	0.002	0.007	—	0.007	0.007	0.017	0.003	0.002	0.006	0.016	0.002
	IND	0.004	0.004	0.004	0.009	0.006	0.010	—	0.002	0.007	0.003	0.004	0.011	0.008	0.004
	JPN	0.031	0.019	0.018	0.038	0.070	0.068	0.017	—	0.116	0.042	0.014	0.015	0.158	0.026
	KOR	0.014	0.007	0.008	0.012	0.040	0.029	0.009	0.012	—	0.017	0.011	0.011	0.045	0.008
	MEX	0.002	0.004	0.003	0.017	0.002	0.001	0.001	0.002	0.002	—	0.001	0.001	0.004	0.020
	RUS	0.002	0.020	0.006	0.002	0.009	0.005	0.007	0.003	0.011	0.003	—	0.035	0.012	0.003
	TUR	0.001	0.005	0.001	0.002	0.001	0.001	0.001	0.000	0.001	0.001	0.005	—	0.005	0.001
	TWN	0.010	0.005	0.005	0.008	0.046	0.014	0.004	0.009	0.018	0.016	0.002	0.005	—	0.008
	USA	0.050	0.051	0.054	0.350	0.037	0.035	0.030	0.034	0.088	0.306	0.024	0.031	0.109	—
2003	AUS	—	0.004	0.004	0.007	0.013	0.023	0.014	0.012	0.027	0.002	0.002	0.004	0.025	0.003
	EU	0.085	—	0.100	0.107	0.090	0.066	0.073	0.035	0.098	0.099	0.186	0.245	0.135	0.082

年份	经济体	AUS	EU	BRA	CAN	CHN	IDN	IND	JPN	KOR	MEX	RUS	TUR	TWN	USA
2003	BRA	0.002	0.006	—	0.008	0.006	0.005	0.002	0.003	0.007	0.009	0.007	0.004	0.009	0.005
	CAN	0.014	0.007	0.010	—	0.008	0.007	0.005	0.006	0.010	0.021	0.004	0.005	0.012	0.047
	CHN	0.036	0.023	0.016	0.032	—	0.045	0.032	0.030	0.105	0.045	0.020	0.026	0.091	0.023
	IDN	0.013	0.003	0.002	0.002	0.007	—	0.007	0.008	0.015	0.002	0.002	0.005	0.016	0.002
	IND	0.004	0.004	0.003	0.010	0.007	0.009	—	0.002	0.006	0.003	0.005	0.009	0.008	0.003
	JPN	0.028	0.019	0.018	0.034	0.078	0.063	0.015	—	0.122	0.038	0.023	0.014	0.178	0.025
	KOR	0.012	0.007	0.007	0.012	0.048	0.023	0.009	0.014	—	0.018	0.013	0.013	0.052	0.008
	MEX	0.002	0.004	0.002	0.016	0.002	0.001	0.001	0.001	0.002	—	0.001	0.001	0.004	0.020
	RUS	0.002	0.022	0.006	0.003	0.011	0.004	0.006	0.004	0.011	0.003	—	0.034	0.014	0.004
	TUR	0.001	0.005	0.001	0.001	0.001	0.001	0.001	0.000	0.001	0.001	0.006	—	0.003	0.001
	TWN	0.009	0.005	0.004	0.007	0.050	0.011	0.004	0.009	0.022	0.012	0.002	0.005	—	0.008
	USA	0.042	0.046	0.046	0.323	0.042	0.034	0.035	0.031	0.086	0.313	0.023	0.028	0.099	—
	AUS	—	0.004	0.005	0.013	0.016	0.023	0.019	0.014	0.029	0.003	0.002	0.004	0.029	0.004
	EU	0.091	—	0.101	0.107	0.109	0.077	0.083	0.040	0.107	0.107	0.153	0.247	0.145	0.087
2004	BRA	0.003	0.007	—	0.009	0.008	0.006	0.004	0.003	0.008	0.011	0.004	0.004	0.010	0.007
	CAN	0.012	0.007	0.011	0.042	0.010	0.009	0.006	0.006	0.011	0.024	0.003	0.005	0.012	0.050
	CHN	0.045	0.028	0.019	0.002	—	0.050	0.038	0.036	0.121	0.061	0.019	0.032	0.118	0.036
	IDN	0.014	0.002	0.002	0.002	0.006	—	0.008	0.008	0.014	0.002	0.001	0.005	0.017	0.002
	IND	0.005	0.005	0.003	0.012	0.008	0.013	—	0.002	0.007	0.004	0.002	0.010	0.009	0.005

续表

年份	经济体	AUS	EU	BRA	CAN	CHN	IDN	IND	JPN	KOR	MEX	RUS	TUR	TWN	USA
2004	JPN	0.031	0.021	0.018	0.035	0.090	0.074	0.018	—	0.130	0.044	0.033	0.015	0.200	0.029
	KOR	0.014	0.008	0.009	0.017	0.056	0.027	0.011	0.016	—	0.022	0.015	0.014	0.061	0.012
	MEX	0.002	0.004	0.003	0.017	0.003	0.001	0.001	0.001	0.003	—	0.001	0.001	0.005	0.025
	RUS	0.003	0.027	0.006	0.004	0.015	0.006	0.007	0.005	0.012	0.004	—	0.046	0.020	0.006
	TUR	0.001	0.006	0.001	0.002	0.001	0.001	0.001	0.000	0.001	0.001	0.006	—	0.004	0.002
	TWN	0.010	0.005	0.005	0.008	0.054	0.014	0.005	0.010	0.024	0.015	0.002	0.005	—	0.010
	USA	0.043	0.042	0.045	0.314	0.050	0.036	0.037	0.031	0.084	0.289	0.017	0.026	0.109	—
	AUS	—	0.005	0.007	0.010	0.020	0.023	0.018	0.017	0.034	0.004	0.002	0.004	0.035	0.004
	EU	0.093	—	0.089	0.106	0.097	0.077	0.087	0.042	0.105	0.109	0.140	0.222	0.143	0.089
2005	BRA	0.004	0.008	—	0.011	0.009	0.005	0.004	0.003	0.009	0.013	0.005	0.005	0.010	0.008
	CAN	0.016	0.008	0.009	—	0.010	0.009	0.006	0.007	0.010	0.024	0.003	0.004	0.011	0.053
	CHN	0.049	0.032	0.020	0.046	—	0.057	0.050	0.041	0.121	0.073	0.021	0.036	0.120	0.043
	IDN	0.012	0.003	0.002	0.002	0.006	—	0.007	0.009	0.015	0.002	0.001	0.006	0.017	0.002
	IND	0.005	0.006	0.004	0.013	0.008	0.010	—	0.002	0.006	0.004	0.002	0.009	0.009	0.005
	JPN	0.029	0.020	0.016	0.035	0.083	0.070	0.017	—	0.123	0.046	0.031	0.014	0.199	0.029
	KOR	0.014	0.010	0.009	0.014	0.058	0.024	0.012	0.019	—	0.025	0.018	0.014	0.076	0.013
	MEX	0.002	0.005	0.003	0.017	0.003	0.001	0.001	0.002	0.003	—	0.001	0.002	0.004	0.027
	RUS	0.004	0.032	0.006	0.005	0.017	0.008	0.009	0.006	0.014	0.005	—	0.051	0.019	0.007
	TUR	0.001	0.006	0.001	0.002	0.001	0.001	0.001	0.000	0.001	0.001	0.006	—	0.002	0.002

续表

年份	经济体	AUS	EU	BRA	CAN	CHN	IDN	IND	JPN	KOR	MEX	RUS	TUR	TWN	USA
2005	TWN	0.010	0.005	0.005	0.008	0.052	0.012	0.006	0.012	0.023	0.016	0.002	0.005	—	0.010
	USA	0.045	0.044	0.042	0.313	0.051	0.036	0.038	0.033	0.078	0.282	0.017	0.026	0.104	—
2006	AUS	—	0.006	0.005	0.008	0.021	0.020	0.021	0.020	0.033	0.004	0.003	0.005	0.038	0.004
	EU	0.090	—	0.085	0.104	0.101	0.066	0.102	0.048	0.105	0.106	0.138	0.227	0.141	0.091
	BRA	0.005	0.009	—	0.012	0.009	0.005	0.004	0.004	0.008	0.013	0.005	0.006	0.009	0.008
	CAN	0.022	0.008	0.008	—	0.009	0.007	0.007	0.008	0.010	0.025	0.003	0.005	0.012	0.054
	CHN	0.056	0.042	0.026	0.055	—	0.055	0.069	0.053	0.139	0.092	0.027	0.047	0.149	0.054
	IDN	0.015	0.003	0.002	0.002	0.007	—	0.009	0.011	0.015	0.003	0.001	0.007	0.019	0.002
	IND	0.006	0.007	0.003	0.013	0.007	0.010	—	0.003	0.007	0.005	0.002	0.009	0.010	0.006
	JPN	0.031	0.020	0.015	0.035	0.080	0.047	0.018	—	0.118	0.048	0.031	0.015	0.200	0.028
	KOR	0.017	0.011	0.010	0.014	0.056	0.021	0.015	0.022	—	0.031	0.020	0.014	0.078	0.013
	MEX	0.002	0.004	0.003	0.018	0.003	0.001	0.002	0.002	0.003	—	0.001	0.002	0.004	0.030
	RUS	0.006	0.033	0.008	0.006	0.016	0.009	0.012	0.008	0.018	0.006	—	0.054	0.024	0.009
	TUR	0.002	0.007	0.001	0.002	0.001	0.001	0.001	0.001	0.001	0.001	0.006	—	0.002	0.002
	TWN	0.010	0.006	0.005	0.007	0.049	0.009	0.007	0.012	0.022	0.016	0.002	0.005	—	0.010
	USA	0.046	0.045	0.041	0.305	0.055	0.033	0.045	0.038	0.074	0.271	0.016	0.027	0.103	—
2007	AUS	—	0.006	0.004	0.009	0.021	0.016	0.020	0.023	0.037	0.005	0.003	0.005	0.040	0.005
	EU	0.102	—	0.088	0.103	0.102	0.068	0.105	0.054	0.114	0.112	0.135	0.223	0.145	0.091
	BRA	0.004	0.010	—	0.011	0.010	0.005	0.004	0.004	0.008	0.013	0.004	0.006	0.010	0.008

续表

年份	经济体＼经济体	AUS	EU	BRA	CAN	CHN	IDN	IND	JPN	KOR	MEX	RUS	TUR	TWN	USA
2007	CAN	0.017	0.009	0.008	—	0.010	0.008	0.007	0.008	0.010	0.026	0.003	0.005	0.014	0.054
	CHN	0.064	0.051	0.032	0.061	—	0.058	0.080	0.062	0.163	0.104	0.036	0.058	0.164	0.060
	IDN	0.016	0.003	0.002	0.002	0.007	—	0.009	0.012	0.014	0.002	0.001	0.007	0.020	0.002
	IND	0.006	0.007	0.004	0.013	0.007	0.009	—	0.004	0.008	0.005	0.002	0.011	0.011	0.006
	JPN	0.031	0.020	0.015	0.033	0.074	0.037	0.019	—	0.117	0.046	0.029	0.015	0.192	0.027
	KOR	0.016	0.012	0.009	0.014	0.052	0.020	0.016	0.023	—	0.030	0.020	0.016	0.079	0.013
	MEX	0.003	0.005	0.003	0.017	0.003	0.001	0.003	0.003	0.004	—	0.001	0.002	0.005	0.031
	RUS	0.005	0.038	0.007	0.005	0.016	0.006	0.010	0.012	0.022	0.006	—	0.072	0.019	0.008
	TUR	0.001	0.007	0.001	0.002	0.001	0.002	0.002	0.001	0.001	0.001	0.006	—	0.002	0.001
	TWN	0.010	0.007	0.005	0.007	0.045	0.009	0.007	0.013	0.023	0.016	0.002	0.006	—	0.009
	USA	0.045	0.046	0.044	0.299	0.057	0.033	0.044	0.040	0.076	0.277	0.016	0.029	0.109	—
2008	AUS	—	0.005	0.004	0.008	0.030	0.015	0.014	0.028	0.043	0.005	0.003	0.005	0.041	0.005
	EU	0.106	—	0.092	0.122	0.125	0.072	0.093	0.055	0.127	0.111	0.134	0.213	0.154	0.091
	BRA	0.005	0.010	—	0.010	0.014	0.006	0.004	0.005	0.012	0.012	0.003	0.006	0.014	0.009
	CAN	0.021	0.009	0.014	—	0.013	0.009	0.007	0.010	0.013	0.027	0.003	0.006	0.014	0.056
	CHN	0.091	0.073	0.051	0.092	—	0.107	0.102	0.082	0.241	0.129	0.046	0.071	0.218	0.081
	IDN	0.011	0.003	0.002	0.002	0.007	—	0.009	0.013	0.016	0.002	0.001	0.005	0.020	0.002
	IND	0.006	0.007	0.005	0.015	0.007	0.009	—	0.004	0.009	0.005	0.002	0.009	0.010	0.006
	JPN	0.030	0.021	0.017	0.037	0.082	0.050	0.018	—	0.124	0.042	0.033	0.016	0.189	0.026

续表

年份	经济体	AUS	EU	BRA	CAN	CHN	IDN	IND	JPN	KOR	MEX	RUS	TUR	TWN	USA
2008	KOR	0.015	0.012	0.009	0.014	0.051	0.022	0.015	0.019	—	0.026	0.016	0.014	0.062	0.012
	MEX	0.003	0.004	0.003	0.019	0.003	0.001	0.003	0.003	0.004	—	0.001	0.002	0.005	0.031
	RUS	0.009	0.043	0.009	0.007	0.019	0.009	0.012	0.012	0.025	0.007	—	0.070	0.023	0.010
	TUR	0.002	0.007	0.001	0.002	0.002	0.002	0.002	0.001	0.002	0.001	0.006	—	0.003	0.002
	TWN	0.009	0.006	0.005	0.007	0.041	0.010	0.005	0.012	0.021	0.014	0.002	0.005	—	0.008
	USA	0.044	0.045	0.043	0.288	0.067	0.035	0.045	0.040	0.077	0.256	0.017	0.030	0.112	—
2009	AUS	—	0.004	0.003	0.009	0.027	0.013	0.019	0.020	0.040	0.004	0.002	0.003	0.032	0.003
	EU	0.074	—	0.077	0.106	0.102	0.054	0.071	0.039	0.115	0.091	0.099	0.201	0.126	0.072
	BRA	0.004	0.009	—	0.009	0.013	0.005	0.005	0.004	0.011	0.009	0.002	0.006	0.010	0.007
	CAN	0.011	0.007	0.007	—	0.011	0.005	0.006	0.007	0.011	0.024	0.003	0.004	0.010	0.045
	CHN	0.084	0.070	0.046	0.081	—	0.103	0.102	0.071	0.211	0.150	0.039	0.072	0.219	0.075
	IDN	0.011	0.003	0.002	0.002	0.008	—	0.010	0.011	0.020	0.002	0.001	0.006	0.019	0.002
	IND	0.005	0.006	0.003	0.013	0.006	0.005	—	0.002	0.006	0.004	0.001	0.007	0.008	0.005
	JPN	0.024	0.017	0.014	0.029	0.068	0.034	0.014	—	0.122	0.036	0.016	0.012	0.178	0.021
	KOR	0.013	0.010	0.008	0.013	0.046	0.018	0.012	0.016	—	0.027	0.010	0.013	0.058	0.010
	MEX	0.002	0.004	0.003	0.017	0.003	0.001	0.002	0.002	0.003	—	0.001	0.002	0.003	0.025
	RUS	0.006	0.032	0.006	0.005	0.015	0.005	0.008	0.008	0.020	0.005	—	0.061	0.023	0.006
	TUR	0.002	0.007	0.001	0.002	0.002	0.002	0.002	0.001	0.002	0.001	0.005	—	0.003	0.001
	TWN	0.007	0.005	0.004	0.005	0.034	0.008	0.004	0.009	0.021	0.012	0.002	0.005	—	0.006
	USA	0.039	0.043	0.037	0.256	0.057	0.026	0.036	0.032	0.071	0.236	0.012	0.026	0.086	—

注：加底色数据为相应年份，相应国家/地区制造业后向关联程度最高的数据，如 0.102 * 表示 1995 年澳大利亚制造业关联强度最大的国家/地区为欧盟，关联系数为 0.102.

表 3　制造业总体国家/地区间的前向关联

年份	经济体	AUS	EU	BRA	CAN	CHN	IDN	IND	JPN	KOR	MEX	RUS	TUR	TWN	USA
1995	AUS	—	0.048	0.001	0.009	0.030	0.013	0.005	0.075*	0.040	0.001	0.001	0.001	0.017	0.037
	EU	0.005	—	0.005	0.006	0.010	0.004	0.004	0.015	0.008	0.003	0.006	0.005	0.006	0.050
	BRA	0.002	0.055	—	0.004	0.006	0.003	0.002	0.021	0.009	0.003	0.002	0.001	0.004	0.045
	CAN	0.006	0.089	0.007	—	0.015	0.004	0.004	0.064	0.018	0.009	0.002	0.001	0.011	0.494
	CHN	0.006	0.048	0.002	0.006	—	0.004	0.004	0.039	0.016	0.002	0.001	0.002	0.007	0.045
	IDN	0.011	0.066	0.002	0.003	0.036	—	0.007	0.081	0.024	0.002	0.001	0.002	0.015	0.040
	IND	0.003	0.049	0.001	0.002	0.006	0.004	—	0.040	0.005	0.001	0.002	0.001	0.004	0.033
	JPN	0.004	0.038	0.002	0.005	0.025	0.008	0.002	—	0.020	0.003	0.001	0.001	0.015	0.056
	KOR	0.007	0.067	0.007	0.010	0.085	0.017	0.005	0.076	—	0.005	0.003	0.002	0.021	0.111
	MEX	0.001	0.035	0.004	0.018	0.004	0.001	0.001	0.009	0.004	—	0.001	0.000	0.003	0.251
	RUS	0.002	0.242	0.003	0.004	0.031	0.004	0.013	0.041	0.020	0.002	—	0.013	0.017	0.053
	TUR	0.001	0.091	0.001	0.002	0.007	0.001	0.001	0.006	0.003	0.001	0.007	—	0.004	0.018
	TWN	0.012	0.095	0.005	0.012	0.158	0.016	0.004	0.072	0.024	0.006	0.001	0.002	—	0.156
	USA	0.005	0.056	0.005	0.035	0.010	0.002	0.002	0.024	0.012	0.021	0.001	0.001	0.008	—
1996	AUS	—	0.049	0.002	0.010	0.032	0.015	0.006	0.069	0.053	0.002	0.001	0.002	0.019	0.040
	EU	0.006	—	0.006	0.006	0.011	0.004	0.004	0.014	0.009	0.004	0.006	0.006	0.006	0.052
	BRA	0.002	0.048	—	0.004	0.006	0.003	0.001	0.017	0.007	0.004	0.001	0.001	0.004	0.041
	CAN	0.006	0.081	0.007	—	0.014	0.004	0.003	0.052	0.017	0.012	0.002	0.001	0.008	0.503
	CHN	0.005	0.043	0.002	0.005	—	0.004	0.003	0.035	0.017	0.002	0.001	0.001	0.007	0.042

203

续表

年份	经济体	AUS	EU	BRA	CAN	CHN	IDN	IND	JPN	KOR	MEX	RUS	TUR	TWN	USA
1996	IDN	0.012	0.060	0.002	0.003	0.029	—	0.010	0.071	0.024	0.002	0.001	0.002	0.013	0.036
	IND	0.003	0.052	0.002	0.002	0.008	0.004	—	0.014	0.006	0.001	0.002	0.001	0.003	0.034
	JPN	0.005	0.038	0.002	0.005	0.026	0.009	0.002	—	0.021	0.003	0.001	0.001	0.015	0.057
	KOR	0.007	0.065	0.005	0.008	0.094	0.017	0.006	0.069	—	0.006	0.003	0.002	0.022	0.097
	MEX	0.001	0.027	0.004	0.018	0.004	0.001	0.001	0.008	0.004	—	0.000	0.000	0.002	0.232
	RUS	0.001	0.190	0.004	0.003	0.035	0.003	0.008	0.030	0.018	0.002	—	0.010	0.012	0.043
	TUR	0.001	0.102	0.001	0.002	0.007	0.001	0.002	0.004	0.005	0.001	0.009	—	0.002	0.019
	TWN	0.013	0.099	0.006	0.012	0.180	0.017	0.005	0.073	0.026	0.008	0.001	0.003	—	0.156
	USA	0.005	0.056	0.004	0.035	0.010	0.002	0.002	0.023	0.012	0.025	0.001	0.001	0.007	—
1997	AUS	—	0.054	0.002	0.010	0.038	0.019	0.007	0.079	0.055	0.002	0.001	0.003	0.021	0.046
	EU	0.006	—	0.007	0.007	0.014	0.004	0.005	0.014	0.009	0.005	0.008	0.007	0.006	0.060
	BRA	0.001	0.049	—	0.005	0.008	0.003	0.001	0.017	0.007	0.004	0.003	0.001	0.003	0.042
	CAN	0.006	0.079	0.008	—	0.016	0.004	0.003	0.050	0.016	0.014	0.002	0.001	0.009	0.506
	CHN	0.005	0.048	0.002	0.006	—	0.005	0.004	0.038	0.019	0.003	0.002	0.001	0.009	0.048
	IDN	0.017	0.064	0.003	0.004	0.034	—	0.012	0.072	0.024	0.002	0.001	0.002	0.014	0.040
	IND	0.003	0.056	0.002	0.003	0.012	0.005	—	0.016	0.006	0.002	0.002	0.002	0.004	0.039
	JPN	0.005	0.043	0.003	0.006	0.035	0.011	0.002	—	0.023	0.004	0.001	0.001	0.018	0.065
	KOR	0.010	0.070	0.006	0.009	0.127	0.021	0.007	0.080	—	0.009	0.005	0.004	0.029	0.115
	MEX	0.001	0.026	0.004	0.018	0.003	0.001	0.001	0.007	0.004	—	0.000	0.000	0.002	0.223

续表

年份	经济体	AUS	EU	BRA	CAN	CHN	IDN	IND	JPN	KOR	MEX	RUS	TUR	TWN	USA
1997	RUS	0.001	0.194	0.005	0.005	0.033	0.003	0.011	0.034	0.016	0.003	—	0.011	0.012	0.053
	TUR	0.001	0.127	0.001	0.004	0.007	0.001	0.002	0.004	0.003	0.001	0.014	—	0.001	0.028
	TWN	0.014	0.103	0.007	0.015	0.215	0.019	0.005	0.079	0.025	0.010	0.001	0.003	—	0.178
	USA	0.005	0.058	0.005	0.037	0.011	0.003	0.002	0.023	0.012	0.029	0.001	0.001	0.008	—
1998	AUS	—	0.063	0.002	0.011	0.041	0.012	0.009	0.075	0.043	0.004	0.002	0.003	0.022	0.060
	EU	0.005	—	0.006	0.007	0.012	0.002	0.005	0.012	0.006	0.005	0.007	0.006	0.005	0.059
	BRA	0.001	0.053	—	0.005	0.006	0.001	0.001	0.012	0.004	0.005	0.004	0.002	0.003	0.043
	CAN	0.006	0.081	0.008	—	0.016	0.002	0.004	0.039	0.014	0.015	0.001	0.001	0.007	0.532
	CHN	0.005	0.054	0.002	0.006	—	0.002	0.004	0.033	0.013	0.003	0.002	0.001	0.009	0.054
	IDN	0.037	0.136	0.005	0.010	0.087	—	0.021	0.124	0.029	0.007	0.002	0.004	0.031	0.091
	IND	0.003	0.063	0.002	0.003	0.013	0.002	—	0.011	0.005	0.003	0.002	0.002	0.004	0.044
	JPN	0.005	0.049	0.003	0.008	0.037	0.005	0.003	—	0.018	0.005	0.001	0.001	0.018	0.070
	KOR	0.018	0.099	0.007	0.015	0.171	0.011	0.011	0.081	—	0.015	0.010	0.006	0.035	0.155
	MEX	0.001	0.026	0.004	0.018	0.003	0.000	0.001	0.006	0.002	—	0.001	0.000	0.002	0.226
	RUS	0.002	0.243	0.006	0.008	0.043	0.002	0.013	0.036	0.014	0.007	—	0.017	0.014	0.091
	TUR	0.001	0.155	0.001	0.004	0.007	0.001	0.002	0.003	0.001	0.002	0.010	—	0.001	0.027
	TWN	0.013	0.120	0.006	0.016	0.223	0.008	0.005	0.068	0.018	0.013	0.001	0.003	—	0.185
	USA	0.004	0.055	0.005	0.035	0.010	0.001	0.002	0.018	0.009	0.030	0.001	0.001	0.006	—
1999	AUS	—	0.056	0.002	0.011	0.042	0.012	0.006	0.072	0.043	0.004	0.002	0.001	0.024	0.054

年份	经济体＼经济体	AUS	EU	BRA	CAN	CHN	IDN	IND	JPN	KOR	MEX	RUS	TUR	TWN	USA
1999	EU	0.005	—	0.006	0.008	0.015	0.002	0.004	0.013	0.007	0.006	0.005	0.007	0.005	0.062
	BRA	0.002	0.065	—	0.007	0.007	0.002	0.002	0.015	0.007	0.007	0.005	0.001	0.004	0.061
	CAN	0.005	0.070	0.006	—	0.016	0.003	0.003	0.034	0.012	0.019	0.001	0.001	0.006	0.525
	CHN	0.006	0.055	0.002	0.007	—	0.002	0.005	0.034	0.016	0.004	0.001	0.001	0.009	0.054
	IDN	0.024	0.084	0.003	0.007	0.065	—	0.016	0.087	0.037	0.006	0.001	0.003	0.023	0.062
	IND	0.004	0.057	0.002	0.004	0.015	0.002	—	0.011	0.007	0.003	0.002	0.002	0.004	0.047
	JPN	0.005	0.047	0.002	0.007	0.039	0.003	0.003	—	0.021	0.005	0.001	0.001	0.017	0.063
	KOR	0.011	0.082	0.005	0.011	0.142	0.010	0.009	0.065	—	0.015	0.003	0.004	0.028	0.125
	MEX	0.001	0.024	0.003	0.021	0.003	0.000	0.001	0.007	0.003	—	0.000	0.000	0.003	0.229
	RUS	0.002	0.289	0.008	0.007	0.066	0.002	0.016	0.052	0.023	0.005	—	0.026	0.020	0.094
	TUR	0.001	0.147	0.001	0.004	0.005	0.001	0.002	0.003	0.003	0.002	0.005	—	0.001	0.025
	TWN	0.013	0.119	0.006	0.016	0.233	0.007	0.005	0.072	0.026	0.013	0.001	0.002	—	0.185
	USA	0.004	0.054	0.004	0.037	0.011	0.001	0.002	0.017	0.010	0.033	0.001	0.001	0.006	—
2000	AUS	—	0.065	0.002	0.011	0.055	0.013	0.005	0.092	0.051	0.004	0.003	0.002	0.028	0.062
	EU	0.005	—	0.007	0.009	0.020	0.002	0.004	0.016	0.008	0.007	0.006	0.009	0.006	0.073
	BRA	0.002	0.067	—	0.007	0.009	0.002	0.001	0.016	0.005	0.008	0.002	0.002	0.004	0.065
	CAN	0.005	0.074	0.006	—	0.023	0.003	0.003	0.037	0.011	0.022	0.001	0.001	0.007	0.510
	CHN	0.005	0.063	0.002	0.008	—	0.003	0.005	0.037	0.020	0.005	0.001	0.002	0.011	0.060
	IDN	0.020	0.098	0.004	0.008	0.078	—	0.013	0.117	0.058	0.008	0.001	0.004	0.029	0.072

206

续表

年份	经济体	AUS	EU	BRA	CAN	CHN	IDN	IND	JPN	KOR	MEX	RUS	TUR	TWN	USA
2000	IND	0.003	0.064	0.003	0.006	0.020	0.005	—	0.014	0.010	0.004	0.003	0.004	0.005	0.056
	JPN	0.004	0.049	0.003	0.008	0.043	0.006	0.002	—	0.024	0.006	0.001	0.001	0.019	0.066
	KOR	0.009	0.084	0.007	0.013	0.149	0.010	0.005	0.071	—	0.016	0.003	0.004	0.028	0.113
	MEX	0.001	0.028	0.003	0.022	0.004	0.000	0.001	0.008	0.003	—	0.000	0.000	0.003	0.222
	RUS	0.002	0.310	0.009	0.006	0.059	0.002	0.009	0.048	0.020	0.007	—	0.023	0.016	0.087
	TUR	0.001	0.159	0.001	0.004	0.007	0.001	0.001	0.004	0.002	0.002	0.006	—	0.002	0.034
	TWN	0.012	0.126	0.007	0.017	0.252	0.009	0.005	0.089	0.033	0.015	0.001	0.003	—	0.188
	USA	0.004	0.059	0.005	0.039	0.012	0.001	0.002	0.019	0.010	0.038	0.001	0.001	0.006	—
2001	AUS	—	0.064	0.002	0.011	0.059	0.015	0.008	0.078	0.043	0.004	0.002	0.002	0.023	0.053
	EU	0.004	—	0.007	0.009	0.023	0.002	0.004	0.014	0.008	0.007	0.008	0.007	0.005	0.069
	BRA	0.001	0.074	—	0.007	0.012	0.002	0.002	0.014	0.007	0.009	0.005	0.001	0.003	0.068
	CAN	0.004	0.069	0.005	—	0.023	0.002	0.003	0.032	0.010	0.022	0.001	0.001	0.005	0.514
	CHN	0.005	0.062	0.002	0.007	—	0.003	0.005	0.035	0.019	0.006	0.002	0.001	0.009	0.055
	IDN	0.020	0.095	0.004	0.007	0.077	—	0.008	0.108	0.051	0.007	0.002	0.004	0.023	0.064
	IND	0.003	0.060	0.005	0.005	0.022	0.004	—	0.014	0.010	0.004	0.004	0.003	0.005	0.047
	JPN	0.004	0.049	0.003	0.007	0.052	0.006	0.002	—	0.023	0.008	0.001	0.001	0.015	0.062
	KOR	0.008	0.077	0.009	0.011	0.161	0.014	0.006	0.066	—	0.015	0.004	0.004	0.022	0.092
	MEX	0.001	0.027	0.002	0.020	0.005	0.000	0.001	0.006	0.002	—	0.000	0.000	0.002	0.206
	RUS	0.002	0.237	0.007	0.004	0.057	0.002	0.009	0.033	0.016	0.005	—	0.015	0.007	0.058

续表

年份	经济体	AUS	EU	BRA	CAN	CHN	IDN	IND	JPN	KOR	MEX	RUS	TUR	TWN	USA
2001	TUR	0.002	0.200	0.003	0.004	0.013	0.001	0.002	0.004	0.003	0.003	0.008	—	0.003	0.038
	TWN	0.010	0.123	0.006	0.016	0.300	0.010	0.006	0.077	0.034	0.022	0.002	0.002	—	0.166
	USA	0.003	0.057	0.005	0.037	0.014	0.001	0.002	0.017	0.009	0.034	0.001	0.001	0.005	—
2002	AUS	—	0.058	0.002	0.009	0.060	0.013	0.010	0.068	0.042	0.003	0.002	0.002	0.020	0.045
	EU	0.005	—	0.006	0.008	0.025	0.002	0.005	0.013	0.008	0.007	0.008	0.008	0.005	0.064
	BRA	0.002	0.081	—	0.010	0.018	0.003	0.003	0.015	0.008	0.012	0.004	0.001	0.005	0.079
	CAN	0.005	0.064	0.004	—	0.023	0.002	0.003	0.027	0.010	0.020	0.001	0.001	0.005	0.497
	CHN	0.006	0.064	0.002	0.007	—	0.004	0.006	0.033	0.023	0.007	0.002	0.002	0.009	0.058
	IDN	0.018	0.086	0.003	0.006	0.075	—	0.013	0.087	0.046	0.006	0.002	0.005	0.017	0.048
	IND	0.003	0.054	0.004	0.006	0.028	0.005	—	0.010	0.009	0.004	0.002	0.004	0.005	0.046
	JPN	0.005	0.050	0.003	0.008	0.066	0.007	0.003	—	0.027	0.008	0.002	0.001	0.017	0.060
	KOR	0.009	0.080	0.005	0.010	0.162	0.009	0.007	0.054	—	0.014	0.005	0.003	0.022	0.082
	MEX	0.001	0.024	0.002	0.019	0.007	0.000	0.001	0.005	0.002	—	0.000	0.000	0.002	0.212
	RUS	0.002	0.226	0.006	0.004	0.065	0.003	0.010	0.030	0.018	0.005	—	0.015	0.010	0.056
	TUR	0.002	0.168	0.002	0.004	0.013	0.001	0.002	0.004	0.002	0.003	0.008	—	0.007	0.033
	TWN	0.011	0.116	0.007	0.015	0.372	0.010	0.007	0.067	0.038	0.026	0.002	0.003	—	0.154
	USA	0.004	0.051	0.004	0.036	0.016	0.001	0.002	0.015	0.009	0.032	0.001	0.001	0.005	—
2003	AUS	—	0.058	0.002	0.009	0.070	0.012	0.017	0.059	0.038	0.003	0.002	0.002	0.019	0.038
	EU	0.005	—	0.005	0.008	0.030	0.002	0.005	0.014	0.008	0.006	0.009	0.009	0.005	0.057

续表

年份	经济体	AUS	EU	BRA	CAN	CHN	IDN	IND	JPN	KOR	MEX	RUS	TUR	TWN	USA
2003	BRA	0.002	0.087	—	0.010	0.031	0.003	0.003	0.016	0.009	0.011	0.004	0.002	0.006	0.074
	CAN	0.006	0.066	0.004	—	0.028	0.002	0.003	0.028	0.011	0.018	0.002	0.001	0.006	0.468
	CHN	0.007	0.076	0.003	0.008	—	0.004	0.007	0.036	0.027	0.009	0.003	0.003	0.011	0.058
	IDN	0.016	0.083	0.003	0.006	0.076	—	0.014	0.077	0.032	0.005	0.002	0.006	0.015	0.041
	IND	0.003	0.052	0.003	0.006	0.033	0.004	—	0.009	0.007	0.003	0.003	0.004	0.004	0.037
	JPN	0.005	0.053	0.003	0.007	0.080	0.007	0.003	—	0.029	0.007	0.003	0.001	0.019	0.055
	KOR	0.009	0.084	0.005	0.011	0.204	0.008	0.008	0.060	—	0.013	0.007	0.005	0.024	0.073
	MEX	0.002	0.027	0.002	0.021	0.011	0.000	0.001	0.005	0.003	—	0.000	0.001	0.002	0.220
	RUS	0.002	0.252	0.006	0.004	0.070	0.002	0.010	0.030	0.018	0.004	—	0.017	0.012	0.053
	TUR	0.002	0.164	0.001	0.003	0.014	0.001	0.002	0.004	0.002	0.002	0.010	—	0.003	0.025
	TWN	0.013	0.128	0.006	0.016	0.439	0.009	0.007	0.075	0.048	0.018	0.003	0.004	—	0.150
	USA	0.004	0.052	0.004	0.036	0.020	0.001	0.003	0.015	0.010	0.031	0.001	0.001	0.005	—
2004	AUS	—	0.063	0.002	0.010	0.071	0.011	0.026	0.058	0.034	0.003	0.002	0.002	0.019	0.044
	EU	0.006	—	0.006	0.008	0.037	0.002	0.005	0.014	0.009	0.006	0.009	0.010	0.005	0.059
	BRA	0.002	0.092	—	0.010	0.032	0.003	0.004	0.014	0.009	0.011	0.003	0.002	0.006	0.080
	CAN	0.007	0.072	0.004	—	0.040	0.003	0.004	0.031	0.012	0.019	0.002	0.002	0.006	0.478
	CHN	0.008	0.089	0.003	0.010	—	0.004	0.008	0.040	0.031	0.011	0.003	0.003	0.014	0.083
	IDN	0.018	0.088	0.004	0.005	0.078	—	0.018	0.083	0.030	0.005	0.002	0.007	0.016	0.050
	IND	0.004	0.064	0.003	0.006	0.035	0.005	—	0.010	0.008	0.003	0.002	0.005	0.005	0.045

年份	经济体＼经济体	AUS	EU	BRA	CAN	CHN	IDN	IND	JPN	KOR	MEX	RUS	TUR	TWN	USA
2004	JPN	0.005	0.061	0.003	0.008	0.100	0.007	0.003	—	0.034	0.008	0.006	0.002	0.023	0.064
	KOR	0.010	0.104	0.006	0.014	0.240	0.008	0.009	0.065	—	0.015	0.009	0.006	0.028	0.103
	MEX	0.002	0.030	0.003	0.023	0.014	0.000	0.001	0.007	0.003	—	0.001	0.001	0.003	0.277
	RUS	0.003	0.258	0.007	0.005	0.068	0.003	0.010	0.031	0.019	0.005	—	0.021	0.017	0.065
	TUR	0.002	0.181	0.001	0.005	0.014	0.001	0.002	0.004	0.003	0.002	0.010	—	0.004	0.035
	TWN	0.015	0.139	0.007	0.016	0.473	0.010	0.009	0.079	0.051	0.021	0.003	0.005	—	0.168
	USA	0.004	0.056	0.004	0.037	0.026	0.001	0.004	0.016	0.011	0.030	0.001	0.001	0.006	—
2005	AUS	—	0.064	0.003	0.008	0.083	0.012	0.023	0.057	0.038	0.004	0.003	0.003	0.019	0.044
	EU	0.006	—	0.006	0.008	0.039	0.002	0.006	0.014	0.010	0.007	0.010	0.010	0.005	0.063
	BRA	0.003	0.079	—	0.010	0.029	0.002	0.004	0.013	0.010	0.012	0.004	0.002	0.005	0.078
	CAN	0.005	0.065	0.004	—	0.035	0.002	0.004	0.025	0.010	0.019	0.002	0.002	0.005	0.480
	CHN	0.008	0.089	0.004	0.010	—	0.004	0.010	0.038	0.030	0.011	0.004	0.004	0.012	0.087
	IDN	0.013	0.083	0.005	0.005	0.080	—	0.018	0.089	0.030	0.005	0.003	0.008	0.016	0.053
	IND	0.004	0.062	0.004	0.006	0.037	0.004	—	0.011	0.008	0.004	0.002	0.005	0.004	0.048
	JPN	0.006	0.062	0.004	0.008	0.111	0.007	0.004	—	0.038	0.009	0.007	0.002	0.025	0.067
	KOR	0.010	0.112	0.007	0.011	0.251	0.007	0.010	0.063	—	0.016	0.012	0.006	0.030	0.098
	MEX	0.003	0.035	0.003	0.023	0.017	0.000	0.001	0.007	0.004	—	0.001	0.001	0.002	0.286
	RUS	0.003	0.266	0.006	0.005	0.071	0.003	0.012	0.028	0.020	0.005	—	0.023	0.012	0.063
	TUR	0.002	0.158	0.001	0.004	0.012	0.001	0.003	0.004	0.003	0.002	0.011	—	0.002	0.031

续表

年份	经济体	AUS	EU	BRA	CAN	CHN	IDN	IND	JPN	KOR	MEX	RUS	TUR	TWN	USA
2005	TWN	0.015	0.138	0.009	0.016	0.519	0.009	0.011	0.089	0.055	0.023	0.004	0.005	—	0.173
	USA	0.004	0.056	0.004	0.037	0.030	0.001	0.004	0.016	0.011	0.030	0.002	0.001	0.006	—
2006	AUS	—	0.071	0.003	0.009	0.101	0.013	0.033	0.064	0.039	0.004	0.004	0.003	0.024	0.049
	EU	0.005	—	0.006	0.008	0.047	0.002	0.008	0.015	0.010	0.007	0.012	0.011	0.005	0.064
	BRA	0.003	0.081	—	0.010	0.030	0.002	0.004	0.013	0.008	0.011	0.004	0.002	0.003	0.072
	CAN	0.005	0.069	0.004	—	0.042	0.003	0.005	0.026	0.011	0.022	0.002	0.002	0.005	0.476
	CHN	0.008	0.097	0.004	0.010	—	0.004	0.013	0.037	0.031	0.012	0.005	0.004	0.012	0.091
	IDN	0.014	0.078	0.006	0.005	0.078	—	0.020	0.076	0.026	0.005	0.003	0.008	0.014	0.047
	IND	0.004	0.069	0.003	0.006	0.036	0.004	—	0.011	0.009	0.004	0.002	0.004	0.005	0.053
	JPN	0.006	0.066	0.004	0.009	0.137	0.006	0.005	—	0.042	0.010	0.009	0.002	0.026	0.069
	KOR	0.011	0.109	0.007	0.011	0.275	0.007	0.013	0.062	—	0.019	0.016	0.006	0.029	0.094
	MEX	0.002	0.035	0.003	0.022	0.019	0.001	0.002	0.007	0.004	—	0.001	0.001	0.002	0.288
	RUS	0.003	0.264	0.007	0.006	0.065	0.004	0.012	0.032	0.021	0.005	—	0.024	0.012	0.071
	TUR	0.002	0.179	0.002	0.004	0.014	0.001	0.003	0.005	0.003	0.002	0.014	—	0.002	0.034
	TWN	0.015	0.151	0.010	0.016	0.584	0.009	0.015	0.092	0.057	0.024	0.005	0.006	—	0.178
	USA	0.004	0.059	0.005	0.037	0.038	0.002	0.006	0.017	0.011	0.031	0.002	0.001	0.006	—
2007	AUS	—	0.078	0.003	0.008	0.115	0.012	0.032	0.066	0.043	0.005	0.004	0.004	0.023	0.050
	EU	0.006	—	0.007	0.008	0.053	0.002	0.009	0.015	0.011	0.007	0.013	0.011	0.005	0.059
	BRA	0.003	0.082	—	0.008	0.033	0.002	0.004	0.013	0.008	0.010	0.004	0.002	0.004	0.056

续表

年份	经济体	AUS	EU	BRA	CAN	CHN	IDN	IND	JPN	KOR	MEX	RUS	TUR	TWN	USA
2007	CAN	0.005	0.081	0.005	—	0.054	0.003	0.006	0.024	0.012	0.022	0.003	0.002	0.006	0.454
	CHN	0.008	0.104	0.005	0.009	—	0.004	0.015	0.034	0.031	0.011	0.007	0.005	0.011	0.083
	IDN	0.014	0.078	0.006	0.005	0.078	—	0.022	0.072	0.028	0.004	0.003	0.009	0.013	0.041
	IND	0.004	0.068	0.004	0.005	0.036	0.003	—	0.010	0.009	0.003	0.002	0.005	0.004	0.043
	JPN	0.007	0.075	0.004	0.008	0.158	0.005	0.006	—	0.046	0.010	0.011	0.003	0.026	0.067
	KOR	0.010	0.117	0.007	0.010	0.300	0.007	0.016	0.061	—	0.017	0.019	0.007	0.029	0.092
	MEX	0.003	0.041	0.004	0.022	0.027	0.001	0.003	0.008	0.005	—	0.002	0.001	0.003	0.285
	RUS	0.003	0.238	0.006	0.004	0.057	0.002	0.010	0.029	0.018	0.004	—	0.024	0.008	0.047
	TUR	0.002	0.186	0.002	0.003	0.016	0.001	0.005	0.005	0.003	0.002	0.014	—	0.002	0.024
	TWN	0.016	0.174	0.010	0.015	0.637	0.009	0.018	0.087	0.059	0.023	0.006	0.008	—	0.166
	USA	0.005	0.064	0.006	0.037	0.048	0.002	0.006	0.017	0.012	0.032	0.002	0.002	0.006	—
2008	AUS	—	0.076	0.004	0.009	0.148	0.011	0.023	0.076	0.043	0.005	0.005	0.003	0.024	0.052
	EU	0.006	—	0.008	0.009	0.075	0.003	0.008	0.016	0.011	0.007	0.016	0.010	0.005	0.056
	BRA	0.003	0.073	—	0.006	0.045	0.002	0.003	0.013	0.009	0.008	0.003	0.002	0.005	0.047
	CAN	0.006	0.080	0.009	—	0.076	0.004	0.006	0.025	0.013	0.022	0.004	0.002	0.005	0.425
	CHN	0.010	0.124	0.008	0.011	—	0.006	0.016	0.040	0.036	0.012	0.009	0.005	0.012	0.088
	IDN	0.011	0.078	0.006	0.004	0.095	—	0.020	0.063	0.026	0.003	0.003	0.006	0.011	0.038
	IND	0.004	0.072	0.005	0.006	0.046	0.004	—	0.011	0.010	0.003	0.002	0.004	0.004	0.044
	JPN	0.006	0.076	0.006	0.009	0.195	0.008	0.006	—	0.043	0.009	0.014	0.003	0.024	0.059

续表

年份	经济体	AUS	EU	BRA	CAN	CHN	IDN	IND	JPN	KOR	MEX	RUS	TUR	TWN	USA
2008	KOR	0.010	0.135	0.009	0.011	0.371	0.010	0.015	0.063	—	0.016	0.021	0.007	0.023	0.086
	MEX	0.003	0.042	0.005	0.024	0.034	0.001	0.003	0.009	0.005	—	0.002	0.001	0.003	0.272
	RUS	0.003	0.216	0.008	0.004	0.073	0.003	0.010	0.027	0.018	0.004	—	0.021	0.008	0.048
	TUR	0.002	0.174	0.003	0.004	0.026	0.002	0.005	0.007	0.005	0.002	0.018	—	0.002	0.027
	TWN	0.015	0.167	0.014	0.015	0.703	0.011	0.014	0.085	0.054	0.021	0.007	0.006	—	0.144
	USA	0.005	0.068	0.007	0.038	0.069	0.002	0.007	0.019	0.011	0.031	0.003	0.002	0.007	—
2009	AUS	—	0.044	0.003	0.006	0.139	0.010	0.036	0.041	0.036	0.002	0.003	0.001	0.013	0.028
	EU	0.005	—	0.008	0.008	0.082	0.003	0.007	0.013	0.011	0.005	0.010	0.009	0.004	0.046
	BRA	0.002	0.054	—	0.005	0.052	0.002	0.004	0.010	0.008	0.005	0.001	0.002	0.003	0.030
	CAN	0.004	0.062	0.006	—	0.075	0.002	0.005	0.019	0.011	0.018	0.002	0.002	0.004	0.342
	CHN	0.009	0.094	0.007	0.009	—	0.006	0.015	0.030	0.026	0.010	0.005	0.004	0.009	0.069
	IDN	0.010	0.059	0.006	0.003	0.090	—	0.019	0.044	0.018	0.003	0.002	0.006	0.007	0.027
	IND	0.004	0.050	0.004	0.004	0.040	0.003	—	0.006	0.006	0.002	0.001	0.003	0.003	0.035
	JPN	0.006	0.059	0.005	0.007	0.205	0.007	0.005	—	0.043	0.007	0.006	0.002	0.021	0.049
	KOR	0.010	0.108	0.009	0.010	0.415	0.010	0.014	0.052	—	0.014	0.010	0.007	0.020	0.074
	MEX	0.003	0.037	0.006	0.024	0.050	0.001	0.002	0.007	0.005	—	0.001	0.001	0.002	0.254
	RUS	0.003	0.191	0.007	0.003	0.097	0.003	0.009	0.020	0.016	0.003	—	0.022	0.007	0.034
	TUR	0.003	0.170	0.004	0.003	0.034	0.003	0.006	0.005	0.005	0.002	0.012	—	0.003	0.022
	TWN	0.014	0.137	0.013	0.013	0.787	0.013	0.014	0.077	0.059	0.018	0.004	0.006	—	0.122
	USA	0.005	0.061	0.007	0.035	0.073	0.002	0.007	0.016	0.011	0.026	0.002	0.002	0.005	—

注：加底色数据为相应年份，相应国家/地区制造业前向关联程度最高的数据，如 0.075 * 表示 1995 年澳大利亚制造业前向关联程度最高的国家/地区是日本，关联系数为 0.075。

213

表 4 2009 年制造业总体国家/地区间关联

经济体\经济体	AUS	EU	BRA	CAN	CHN	IDN	IND	JPN	KOR	MEX	RUS	TUR	TWN	USA
AUS	—	0.024	0.003	0.008	0.083	0.011	0.027	0.030	0.038	0.003	0.002	0.002	0.023	0.016
EU	0.040	—	0.042	0.057	0.092	0.028	0.039	0.026	0.063	0.048	0.054	0.105	0.065	0.059
BRA	0.003	0.032	—	0.007	0.033	0.003	0.005	0.007	0.009	0.007	0.002	0.004	0.006	0.018
CAN	0.008	0.035	0.006	—	0.043	0.004	0.005	0.013	0.011	0.021	0.002	0.003	0.007	0.193
CHN	0.046	0.082	0.026	0.045	—	0.055	0.059	0.050	0.119	0.080	0.022	0.038	0.114	0.072
IDN	0.010	0.031	0.004	0.003	0.049	—	0.014	0.027	0.019	0.003	0.002	0.006	0.013	0.015
IND	0.004	0.028	0.003	0.009	0.023	0.004	—	0.004	0.006	0.003	0.001	0.005	0.005	0.020
JPN	0.015	0.038	0.010	0.018	0.136	0.021	0.010	—	0.082	0.021	0.011	0.007	0.099	0.035
KOR	0.011	0.059	0.008	0.011	0.231	0.014	0.013	0.034	—	0.020	0.010	0.010	0.039	0.042
MEX	0.003	0.020	0.005	0.020	0.027	0.001	0.002	0.004	0.004	—	0.001	0.001	0.002	0.139
RUS	0.004	0.112	0.006	0.004	0.056	0.004	0.008	0.014	0.018	0.004	—	0.042	0.015	0.020
TUR	0.002	0.088	0.003	0.003	0.018	0.002	0.004	0.003	0.004	0.001	0.008	—	0.003	0.012
TWN	0.010	0.071	0.009	0.009	0.411	0.011	0.009	0.043	0.040	0.015	0.003	0.005	—	0.064
USA	0.022	0.052	0.022	0.145	0.065	0.014	0.022	0.024	0.041	0.131	0.007	0.014	0.045	—

注：加底色数据为关联系数大于 0.08 的国家关联。

数据来源：笔者计算而得。

表 5　2009 年制造业总体国家/地区间平均产业链长度

经济体\经济体	AUS	EU	BRA	CAN	CHN	IDN	IND	JPN	KOR	MEX	RUS	TUR	TWN	USA
AUS	—	2.276	2.478	1.844	2.811	1.742	2.110	2.238	2.103	1.942	2.063	1.668	1.997	2.334
EU	2.280	—	2.135	2.012	2.798	1.879	2.214	2.435	2.284	2.066	2.070	1.817	1.947	2.242
BRA	2.625	2.208	—	2.087	2.510	1.913	1.950	2.306	2.353	1.986	1.746	1.928	2.189	2.178
CAN	2.192	2.197	2.147	—	2.733	1.952	2.198	2.094	2.219	2.104	2.370	2.278	1.980	1.834
CHN	2.846	2.836	2.833	2.551	—	2.384	2.665	2.717	2.455	2.610	2.635	2.338	2.335	2.729
IDN	1.873	1.967	2.001	1.787	2.409	—	1.702	1.859	1.988	1.833	2.109	1.784	1.664	1.930
IND	2.217	2.235	2.122	2.059	2.494	1.698	—	2.341	2.111	2.154	2.235	1.892	1.983	2.099
JPN	2.562	2.497	2.510	2.232	2.810	2.054	2.493	—	2.258	2.377	2.592	2.306	2.018	2.476
KOR	2.282	2.450	2.181	2.123	2.594	1.913	2.353	2.455	—	2.089	2.058	1.917	1.894	2.309
MEX	2.617	2.452	1.969	1.619	3.066	1.851	2.375	2.742	2.571	—	2.033	2.207	2.142	1.857
RUS	3.426	2.252	1.972	2.093	2.529	1.859	2.018	2.173	2.274	2.047	—	1.751	1.921	2.114
TUR	2.252	1.892	2.394	1.873	2.739	1.869	2.277	3.060	2.334	2.216	1.838	—	2.080	2.178
TWN	2.166	2.188	2.048	1.933	2.295	1.724	2.224	2.130	1.936	1.997	2.585	1.974	—	2.031
USA	2.309	2.232	2.152	1.728	2.812	2.044	2.274	2.230	2.019	1.792	2.311	2.177	1.839	—

注：加底色数据为对应于表 4 所选关联的平均产业链长度。

数据来源：笔者计算而得。

图书在版编目(CIP)数据

中国制造业的国际分工地位：增加值角度下的垂直
专业化/张咏华著. -- 北京：社会科学文献出版社，
2017.8
（河南大学经济学学术文库）
ISBN 978 - 7 - 5201 - 0900 - 0

Ⅰ.①中… Ⅱ.①张… Ⅲ.①制造工业 - 国际分工 -
研究 - 中国 Ⅳ.①F426.4

中国版本图书馆 CIP 数据核字（2017）第 123802 号

· 河南大学经济学学术文库 ·

中国制造业的国际分工地位
——增加值角度下的垂直专业化

著　　者／张咏华

出 版 人／谢寿光
项目统筹／恽　薇　陈凤玲
责任编辑／陈凤玲　田　康

出　　版／社会科学文献出版社·经济与管理分社（010）59367226
　　　　　地址：北京市北三环中路甲 29 号院华龙大厦　邮编：100029
　　　　　网址：www.ssap.com.cn
发　　行／市场营销中心（010）59367081　59367018
印　　装／北京季蜂印刷有限公司

规　　格／开　本：787mm × 1092mm　1/16
　　　　　印　张：14.75　字　数：241 千字
版　　次／2017 年 8 月第 1 版　2017 年 8 月第 1 次印刷
书　　号／ISBN 978 - 7 - 5201 - 0900 - 0
定　　价／79.00 元